教養として知っておきたい

「王室」で読み解く世界史

宇山卓栄

日本実業出版社

はじめに

天皇陛下は英語で「エンペラーEmperor」、つまり、皇帝です。現在、世界で王（King）はいるものの、「エンペラー」と呼ばれる人物は天皇陛下ただ1人です。そして、日本は天皇陛下を戴く世界唯一の「帝国」です。

国際社会において、「エンペラー」である天皇は王よりも格上とされます。では、皇帝と王とは何がどう違うのでしょうか。

本書はこうした疑問に答える本です。日本の皇室やヨーロッパの王室をはじめ、中東やアフリカにおよぶ全世界の王室をわかりやすく解説した画期的な本です。中国やロシアなど王室が残っていない国についても、なぜ、王室が滅んだのかについて解説しています。この本1冊で、全世界の王室の過去と現在がスッキリわかります。

王室が残っている国と残っていない国、たとえばイギリス（＝王国）とフランス（＝共和国）はなぜ、そのように運命が別れたのか。両国の国民はなぜ、そのような運命の選択をしたのか。

強大な皇帝制を誇った中国がなぜ、それを葬ったのか。サウジアラビアなどの中東の王たちはいったい何者なのか。

そして、王国であることがよいことなのかどうか、21世紀の現在にとって、王とは何か。このようなことを読者の皆様とともに、考えて参りたいと思います。

世界の王室の歴史について考えながら、日本皇室を知る。それが日本の根幹を知り、世界を知ることにつながります。

多くの読者の皆様にご好評いただいた前作の『「民族」で読み解く世界史』に続き、本作では「王室」によって、世界史のダイナミズムを俯瞰していきます。

2018年11月

宇山卓栄

教養として知っておきたい　「王室」で読み解く世界史●目次

第2部

第4部 スペイン、ベルギー、ドイツなど

第8部
東南アジア、インド・中央アジア

カバーデザイン　志岐デザイン事務所（萩原睦）
本文DTP　一企画

第1部

世界の王室を理解するために

Chapter 1

「王」を理解しない人は無教養で悲惨である

なぜ血統にこだわるのか

「血筋が悪い人とは付き合うな！」

一昔前まで、こんな差別的言動がよく聞かれました。血筋や家柄で結婚を左右された時代もありました。いまでもあるかもしれませんが、血筋だけで人間の価値は決まらないということをわれわれは理解するようになっています。血筋という要因は、今日のような多様社会では、以前ほど重要ではありません。

しかし、王は違います。王は、血筋そのものです。王は、血筋や血統から離れて存在することはできません。

「王」を意味する英語のKing（キング）やドイツ語のKönig（ケーニヒ）は古ゲルマン語のkuni（クーニ）が変化したものです。kuniは「血族・血縁」を意味します。英語やドイツ語などの「王」には、「血族・血縁」という意味が表裏一体のものとして内在されています。

王が王であるためには、王の血統を引き、王の血統を残すこと、つまり、血統の連続性を保つことができるかどうかにかかっています。その意味では、多少〝バカ殿〟であっても、王は精力家で好色、子だくさんであるべきです。

王の血統というものは、王の自己満足のためではなく、民衆のために必要なものです。それがなければ、民衆は悲惨な目に遭うでしょう。かつて、王は国の主でした。誰でも王になれるのならば、野心家たちは王の座をめぐり、なりふり構わず争いはじめ、戦争の絶えない世の中になってしまいます。

そこで、王位継承者を王の血統にのみ限定し、一般人が王位を狙うという邪《よこしま》な考えを抱くことを未然に防止しました。王の血統は、秩序と同義でした。血統こそが最高の政治原則であり、王位の正統性を唯一、保障するものでした。血統の継承の連鎖において、王は戦争を防ぎ、国家を安泰に保つことができます。王の血統によって、政権が永遠に維持されるという原則が簒奪《さんだつ》や変乱に対する最大の抑止力となりました。

王は子づくりに励み、王位継承をスムーズに間断なく進めることが第1の役割でした。王が病弱であるなどの理由で子をなせなければ、王位継承をめぐり戦禍が生じます。どれだけ有能な王であっても、子をなせない王は民衆にとってよき王とはいえませんでした。

◆「正統主義（レジティミズム　legitimism）」の復活

18世紀末、フランス革命で、民衆は国王ルイ16世と王妃マリー・アントワネットを殺しました。王を失ったフランスは秩序を失います。陰謀が渦巻き、ならず者たちが跋扈《ばっこ》して殺戮《さつりく》を繰り返し、人々を恐怖のどん底に陥れました。

そして、そのならず者たちの大将にのし上がっていったのがナポレオンです。ナポレオンが従えた将軍たちは皆、得体の知れない強欲な野心家たちで、その将校たちは盗賊や詐欺師、殺人者といった〝ワケあり〟の者ばかりでした。ナポレオンは、このような怖いもの知らずの人間を率いてヨーロッパ中を荒らし回り、略奪・強姦の限りを尽くしました。

しかし、ナポレオンが皇帝の座に

マリー・ルイーズ（フランソワ・ジェラール画、1810年、ルーブル美術館蔵）ナポレオンは個性的な美人顔の彼女を愛した。しかし、ナポレオンが本当に愛したのは、ハプスブルク皇女という彼女の「血統」だった。

就き、自らの野心を満たしたとき、秩序と安定を求めはじめます。ナポレオンはハプスブルク家の皇女マリー・ルイーズと結婚し、自らが王族の仲間入りをして、フランス革命で崩壊してしまった王室の秩序を再建しようとしたのです。

しかし、ナポレオンは失敗しました。ナポレオンには、血統の正統性がありません。ナポレオンが婚姻によりハプスブルク家の縁戚者になったとしても、コルシカ島出身の野暮な田舎者という血筋は消えません。

ナポレオンのような田舎者が皇帝になれるのならば、自分もなれると考える者が後を絶たず、皮肉にもナポレオンの存在自体が社会不安と変乱の温床となったのです。

最終的には保守派が巻き返し、ナポレオンを失脚させました。そして、1814～15年のウィーン会議で「正統主義（レジティミズム legitimism）」を採択し、ヨーロッパ諸国の王室をフランス革命以前の状態に戻し、秩序を回復させようとしたのです。フランスでも、ブルボン王室が復活しました。

わが国の皇統、日本人の深い知恵

フランス革命とナポレオン時代の騒動で痛い思いをして、ヨーロッパ人は「王室の安泰＝秩序維持の根幹」という基礎的な政治原則、つまり「正統主義」の重要性について思い知らされました。ただし、フランス人はこの原則をすぐに忘れて、再び騒動（二月革命）に巻き込まれるのですが。

「正統主義」の原則の重要性を世界のなかで最もよく理解していたのが、日本人です。日本には、万世一系の天皇家があります。明治時代、福澤諭吉が「わが国の皇統は国体とともに連綿として外国に比類なし」（『文明論之概略』１８７５年）と述べたように、日本の皇室は古代から現在につながる一貫性をもちます。

万世一系については異論や諸説があるものの、系譜を約１５００年、辿《たど》ることのできる王統の一貫性を有するのは、世界史のなかでもわが国だけであることは間違いありません。

日本では、中世以降、源平の武人政権から徳川の江戸幕府にいたるまで、いかなる武人政権も天皇の地位を侵すことはありませんでした。天皇の血統が神聖不可侵であることを武人たちはよく理解し、天皇によって委託された政権を預かるということを前提として、天皇を唯一の主権者と仰ぎ、その立場を変えることはありませんでした。

これは、日本人の深い知恵です。しばしば有力者によって王統が廃絶させられた諸外国と異なり、わが国は天皇の永続性により、無用な変乱や革命に巻き込まれることなく、国家の安定を長い歴史のなかで維持することができました。

その意味において、わが国は世界のどの国よりも「正統主義」を徹底してきた国です。わが国では、「正統主義」は当然の政治原則であったので、ヨーロッパ諸国のようにわざわざ言い立てる必要がありませんでした。それは、すべての日本人の心の中に自明のこととして浸潤していたのです。

王の血統が失われるとどうなるのか

歴史上、「正統主義」が最も頻繁に踏みにじられたのが中国です。中国の王朝は入れ替わりが激しく、それも多くの王朝が民衆の反乱によって崩壊させられています。中国の皇帝は、民衆に畏怖される存在であったかもしれませんが、敬愛される存在ではありませんでした。

血統の正統性は、中国人には顧みられませんでした。そのため、百姓から身を起こして皇帝になった者がいます。14世紀、明《みん》王朝を建国した朱元璋《しゅげんしょう》は貧農から身を起こし、反乱軍のなかで人望を集めて天下を取り、洪武《こうぶ》帝として即位しました。紀元前3世紀末に漢王朝を建国した高祖《こうそ》劉邦《りゅうほう》も農民出身ですが、豪農で豊かであったといわれています。朱元璋は〝水飲み百姓〟で、両親や兄弟を飢餓で亡くしました。読み書きができず、成人して反乱軍に身を投じているときに猛勉強をしたようです。

洪武帝（14世紀、中国国家博物館蔵）　朱元璋はその苦労のためか、奇怪な容貌で知られる。“超能力的”な洞察力で戦争に勝ち、また人心を掌握した。

朱元璋は暗い過去を背負い、苦労が多かったためか、猜疑心の強い人物で、謀反を極端に恐れていました。そして、自らの側近や有能な臣下をことごとく処刑しました（「胡藍《こらん》の獄」）。その数は、7万人にのぼるといわれています。

能臣たちは朝、仕事で家を出るときに、家に帰ってくることができないかもしれないということで、家族に別れを告げました。殺されることなく無事に家に帰ることができれば、再会を喜び合ったといいます。

明王朝の歴代皇帝は朱元璋に倣《なら》い、多くの能臣を粛清したため、能力ある人材が朝廷に集まらず、愚昧な政治が続き、発展が阻害されました。

「正統主義」が徹底されず、どこの馬の骨ともわからない者が王の座に就くと、このような疑心暗鬼と人心の荒廃を招きます。日本では、同じく百姓出身の豊臣秀吉が将軍になれず、幕府を開くことができませんでした。それは、「正統主義」の政治原則を揺るがすことはできないという万人の総意によるもので、日本人の優れたバランス感覚の表われでした。

貧農の朱元璋を祖とする明の帝室には何の威厳も正統性もなく、あるのは恐怖政治と陰謀、腐敗と諦念《ていねん》だけでした。

「国の意識」が根づかなかった中国

〝水飲み百姓〟が皇帝になれるのですから、異民族の外部侵入者も堂々と皇帝になることができます。モンゴル人などが突如、襲来し、王宮を侵して、帝を廃し、自らがその玉座に座りました。中国の王朝の大半が異民族による王朝で、中国人の漢人がつくった王朝はほとんどありません。

中国では、王朝がコロコロ変わり、ついに人々に国というものの意識が根づきませんでした。国の意識がないために、公共の意識もありません。人が道で倒れていても、誰も助けない、そこら中にゴミや公害を撒き散らして平然としている――。そんな、自分さえよければよい人間ばかりが集まる荒廃した社会になってしまうのです。

こうしたことは、「正統主義」を軽んじ、ならず者や簒奪者が覇を競う無秩序な世が長期的に続いたことにより生ずるものです。国の支柱となるべき精神や規範というものが欠落した状態が歴史的に慢性化し、それが今日の共産党政権まで続いているのです。

共産主義を掲げながら、実態は資本主義で、一部の者が暴利を貪《むさぼ》るという矛盾を、現在の中国の民衆はおかしいとは思わないのです。なぜならば、彼らには精神や規範の意識がもともとないからです。

世界の王室のいま

最初から重くて難しい話が続いたので、ここでウォーミングアップしてみたいと思います。現在、世界に王室はいくつあるでしょうか。正解は27です（24〜25ページ図1-1参照）。18世紀には、ほとんどの国に王がいましたが、市民革命や民主化、または植民地支配や共産主義革命を経て、現在、27の王室を残すのみとなってしまいました。

アジアには、6つの王室があります。日本と東南アジアの国々に残っています。インド・中央アジア方面には、残っていません。タイで、在位70年を超え、生存する君主で在位期間が最長だったラーマ9世（プミポン国王）が2016年、崩御しました。そして、ラーマ10世（ワチラーロンコーン国王）が王位を継承しました。ちなみに、プミポン国王亡き後、イギリス女王エリザベス2世が現存する在位最長の王となりました。

ヨーロッパには、10の王室があります。イギリス王室をはじめ、北欧3国（デンマーク、スウェーデン、ノルウェー）やベネルクス3国（ベルギー、オランダ、ルクセンブルク）などの王室が残っています。現在のスペイン王室は、フランスの太陽王ルイ14世の血統を受け継ぐ、ヨーロッパのなかでも最も歴史の深い王家です。2018年、イギリスのヘンリー王子とメーガン・マークルさんの結婚式が話題となりました。

中東には、6つの王室があります。サウジアラビア王室をはじめ、中東の王室は石油利権を一手に握り、桁違いの豪勢な暮らしをしていることで知られています。その一方で、国民は貧窮し、飢えています。サウジアラビアのムハンマド王太子がジャーナリストのカショギ記者殺害にかかわっているとの報道もあります。

この本では、これらの現存する王室がどのような血統や歴史を有し、今日にいたっているのかをスッキリと理解できるように、わかりやすく解き明かしていきます。そして、各国の王室はその国や社会の特徴（文化・宗教、経済・階級など）にどのように関係しているのかを根本的に理解していきます。

現在、王室の残っていない国についても考えます。たとえば、ロシアや中国です。なぜ、王室が廃絶されたのか、そのことがこれらの国にどのような影響を与えているのかを考えます。アメリカのように、もともと王室がない国もあります。アメリカの建国の父たちは、王のいない自国について、どう考えていたのかについても探っていきます。

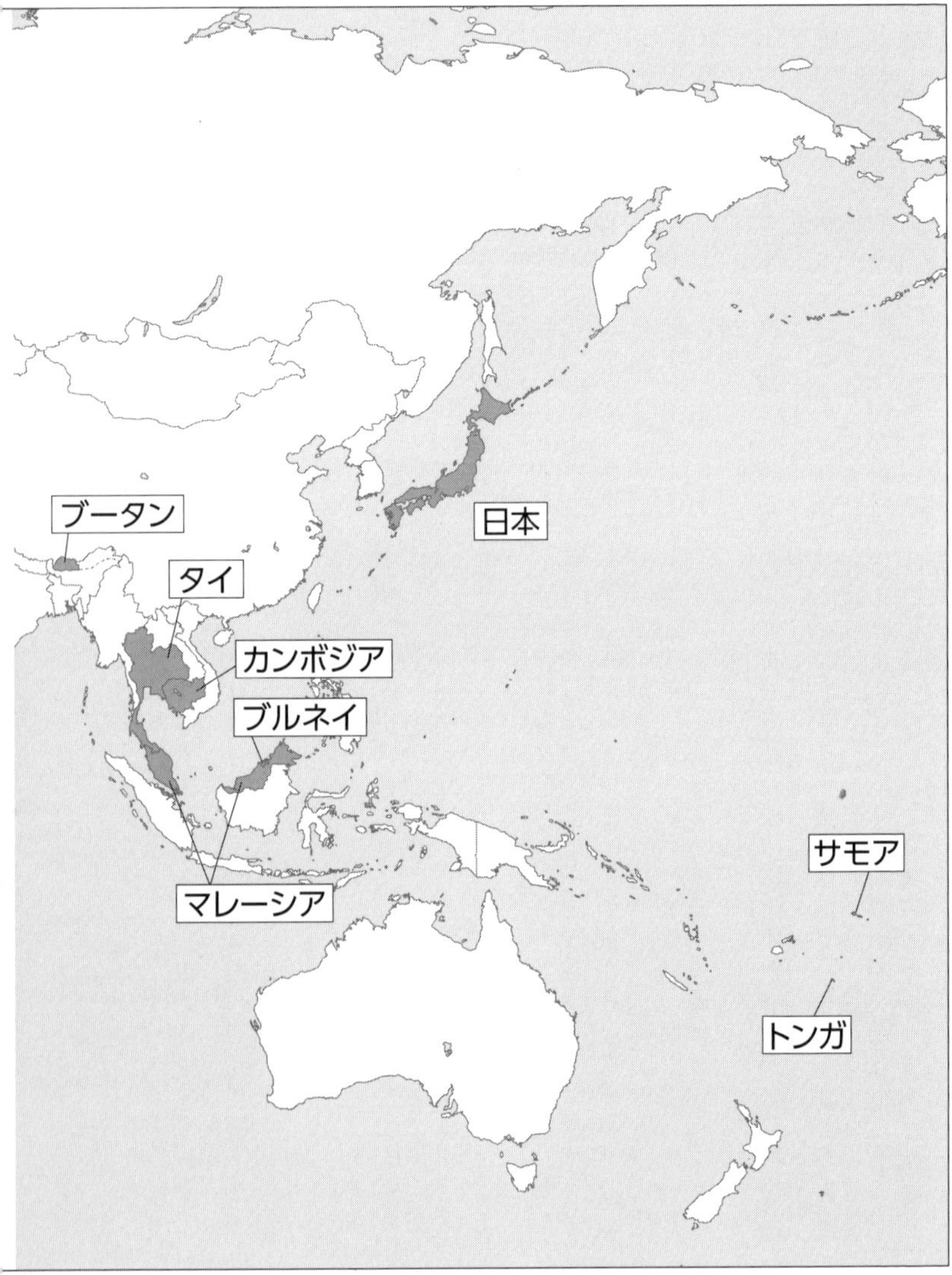
ブータン
日本
タイ
カンボジア
ブルネイ
マレーシア
サモア
トンガ

図1-1　王室が存在している国（日本は皇室）

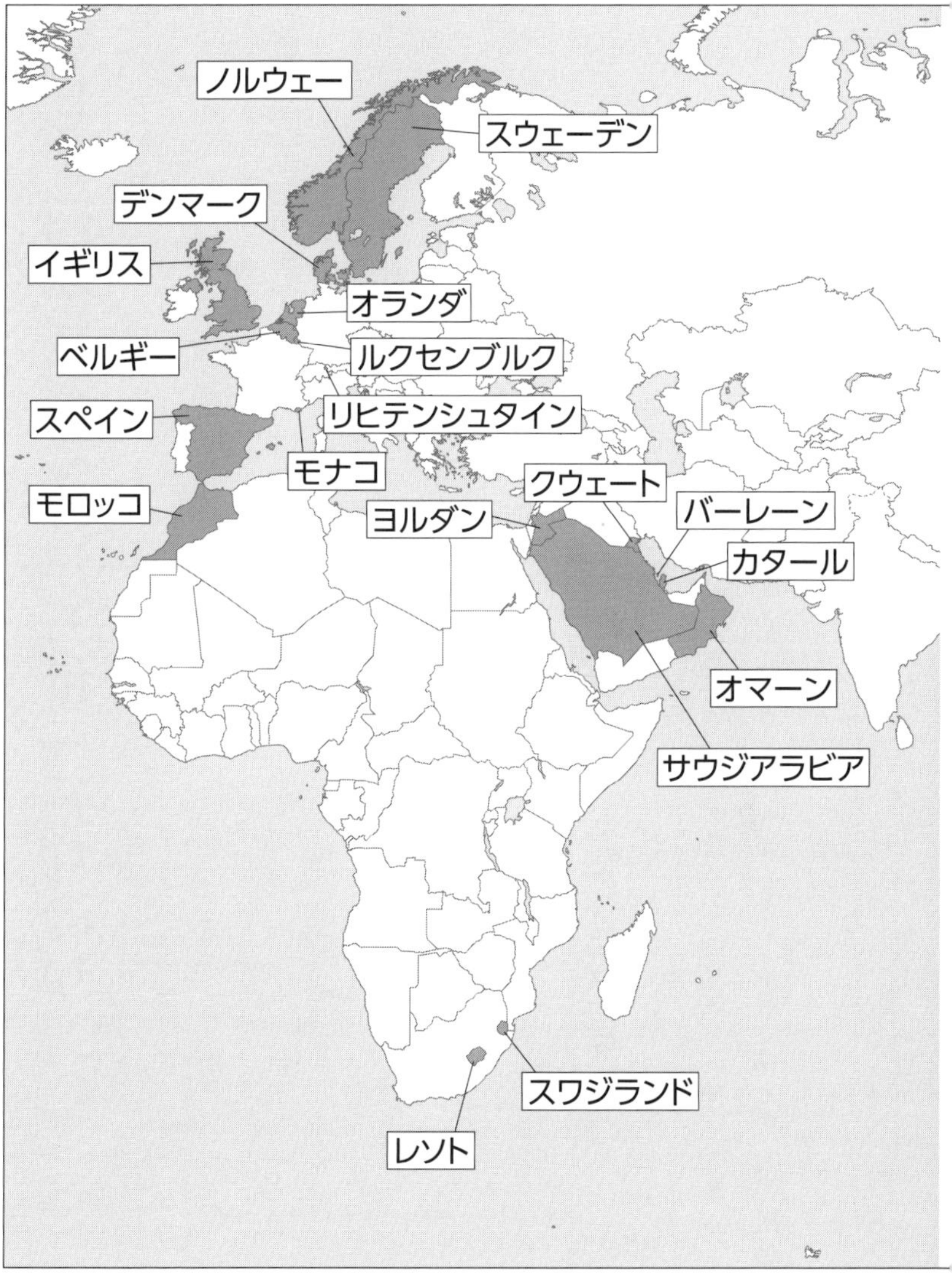

Chapter 2

なぜ、日本皇室だけが万世一系なのか

男系天皇に限定することは女性差別なのか

国連女子差別撤廃委員会というものがありますが、この機関は日本の皇室典範に対し、「女性差別」という認定を下し、自らの無知蒙昧《むちもうまい》を晒《さら》しました。皇室典範には、以下のようにあります。

皇位は、皇統に属する男系の男子が、これを継承する。（『皇室典範』第一条）

同委員会は２０１６年、皇位継承権が男系男子の皇族だけにあるのは女性への差別であると批判し、皇室典範の改正を求める勧告を日本政府に突きつけるつもりでした。日本政府の抗議もあり、最終的には取り下げられました。

もちろん、『皇室典範』は「女性差別」を意図するものではありません。そもそも、『皇室典範』がなぜ、このような条項を有するのかという歴史的背景を同委員会は理解していません。

図2-1　日本の皇族と皇位継承順位

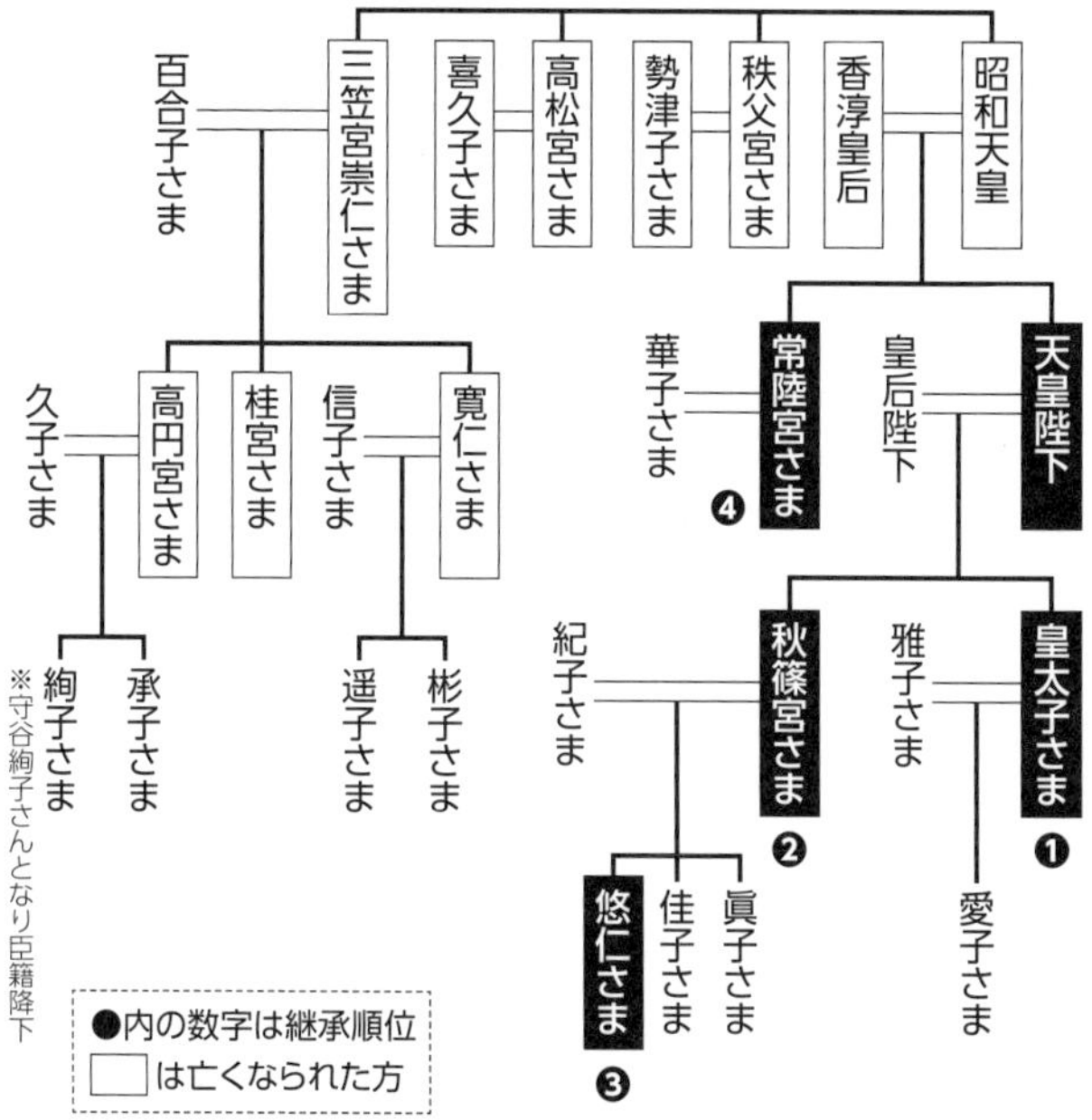

「男性天皇」や「女性天皇」は単に性別を指すものですが、「男系天皇」や「女系天皇」といった場合、性別とは関係ありません。「男系天皇」とは「皇族の父親と一般女性」の間に生まれた天皇であり、性別は問いません。仮に愛子さまが天皇に即位された場合、「男系の女性天皇」になります。

「女系天皇」は「皇族の母親と一般男性」の間に生まれた天皇であり、やはり、性別は問いません。仮に愛子さまが一般男性と結婚して男子を生み、その男子が天皇に即位すると「女系の男性天皇」となります。しかし、わが国では歴史的に「女系天皇」を認めてきませんでした。なぜでしょうか。

日本の天皇には、かつて8人の女性天皇が存在しましたが、これらの女性天皇はすべて「男系の女性天皇」でした。日本の歴史上、女性天皇は存在しましたが、女系天皇は存在せず、今日にいたるまで、天皇家は男系を外れたことがありません。

天皇家は民間女性を皇后などに迎えて皇族にすることはあっても、民間男性を皇族にしたことはありません。民間の男性は、皇族になれないのです。つまり、男系継承とは女性を排除する制度ではなく、むしろ男性を排除する制度です。その意味において、国連女子差別撤廃委員会が言う「女性差別」にはまったくあたりません。

◆女系天皇を認めるとどうなるのか

では、なぜこのような男系継承の維持が必要なのでしょうか。女性天皇が民間男性と結婚し、子を生んだとします。そうすると、生まれた子はその民間男性の家系の子になります。その子が皇位を継承すれば、その民間男性の家系の新しい王朝となってしまいます。

このように、女系天皇を認めるということは、皇室が民間人に乗っ取られてしまうということとを意味します。野心をもった男が皇族に近づき、自分の子を天皇に即位させ、自分の王朝をつくることができてしまうのです。その野心をもった男が外国人だったら、どうでしょうか。外国人が皇室を乗っ取ることもできます。そのようなことを防止するために、日本では女系天皇を歴史的に認めてこなかったのです。

ヨーロッパでは、こうした規定がなかったために、女系王の即位によって国が乗っ取られた例がいくつもあります。

有名な例がスペインです。ハプスブルク家の皇子フィリップは、スペイン王女フアナと結婚しました。２人の間にできた子がカール５世（スペイン名：カルロス１世）です。スペイン王国に男子の後継ぎがなかったため、カール５世はスペイン王位を母フアナから相続します。こうして、スペイン王国は合法的にハプスブルク家に乗っ取られたのです。

この手法でハプスブルク家は諸国を乗っ取り、オーストリアとドイツ、オランダ、ベルギー、スペインにわたる広大な領土を有する大帝国（神聖ローマ帝国）となりました。ハプスブルク家というのは、悪い言い方をすると〝結婚詐欺師〟の一族です。フィリップのような美形男子が各国の王侯貴族の娘をたぶらかして、諸国を巧みに乗っ取りました。

ハプスブルク家に限らず、ヨーロッパの王侯貴族にはこういう盗賊まがいの人間が多かったのです。

◆男系継承否定者の理屈

安易に女系継承を認めると、ヨーロッパのように、皇室が盗賊たちの乗っ取り合戦の場になってしまいます。日本の先人たちは、国体《こくたい》を保つためには男系継承を守る以外にないと考えました。その先人たちの深い思慮によって、日本の皇統は世界唯一の万世一系となることができたのです。

国連女子差別撤廃委員会の「女系女子にも皇位継承が可能となるよう皇室典範を改正すべきだ」との勧告は、盗賊に皇室が乗っ取られてもよいということと同義であり、その歴史に対する無理解は到底、認められるものではありません。

同委員会は「慰安婦問題を教科書に記述し、歴史的事実を客観的に教えるべき」という勧告も日本に突きつけています。同委員会は、国際連合人権理事会が設置している外部専門家からなる組織で、日本人もメンバーとして入っていますが、どのような組織なのかはいわずとも知れています。このような委員会が、国連の正式な諮問機関として、名を連ねていること自体、大問題です。

その他、皇室の男系継承を否定する識者は「男系継承は中国の家父長制に由来するもの」という見解を吹聴しますが、それはまったく違います。家父長制というのは、父が家の主として統率権を有するという考え方ですが、この家父長制は中国由来のものではなく、どこの国や地域にもある一般的な考え方です。家父長制を「中国に由来する恥ずべき封建主義の遺物」として否定して、そこから女系継承を認めようとする魂胆のようですが、まず、その前提が間違っています。

現在、秋篠宮家の長男悠仁《ひさひと》さまがおられるため、すぐに男系継承が途絶えるということはありません。男系継承を守りながら、長期的な視点として、皇位を安定的に継承するため、戦後に皇籍を離脱させられた旧宮家の皇籍復帰も選択肢として排除せず、国民が納得できる議論を着実に積み上げていくしかありません。

ところで、天皇に姓はありません。姓は天皇によって与えられる朝廷での役職や地位を表わすものです。天皇は自分で自分に姓を与えることができず、姓のないまま、今日にいたります。また、日本の皇室が万世一系であったことも大きな理由です。諸外国のように、頻繁に王朝が変われば、姓による区別も必要だったでしょうが、1つの家系しかない日本の皇室にはそのような区別も必要ありません。ちなみに、姓は天皇が与えるものであるのに対し、名字は個人が自由につけてよいものです。また、氏は古代の親族ごとの集団の名のことでした。

◆実はアジアも一夫一妻制

アジアでは一夫多妻制が認められていたのに対し、ヨーロッパでは禁じられていたということが一般的にいわれます。しかし、こうした説明は正確ではありません。実は、アジアでも多くの国が一夫一妻制をとっています。かつて、日本をはじめ、中国や中東などのアジア系の王朝では、皇帝や王に多くの側室がいました。貴族や諸侯たちにも、同じく側室がいました。しかし、このことをもって一夫多妻制が認められていたとはいえないのです。

側室とは、文字通り、正室の側にある付属物のようなもので、正室のみが唯一の妻であり、家族であるのに対して、側室は家族ではなく、「借り腹」という位置づけでした。その意味で、正室のみが正式な妻です。皇室や王室においても、皇后や王后は1人で、その他の妃たちは側室であるので、厳密には妻ではありません。アジアもヨーロッパと同じく、少なくとも建前上は一夫一妻制なのです。

ヨーロッパで一夫多妻制を禁じていたのは、キリスト教がそれを禁じていたからだという俗説がありますが、聖書のどこにも、そのようなことを明確に示す戒律はありません。ヨーロッパでは、中世まで一夫多妻制でした。8〜9世紀に活躍したカール大帝なども、複数の妻をもっていました。それが近世へと時代が進むにつれて、一夫多妻制を社会通念上、忌避する習慣が定着しはじめます。そして、ローマ・カトリック教会もこの習慣に後から便乗して、一夫多妻制を禁じました。

いつ定着し、なぜ忌避されるようになったのか、その理由ははっきりとわかっていません。女性を思いやる道徳心がそうさせたという一般的な解釈がありますが、それが理由でないことだけは確かです。というのは、ヨーロッパの王侯貴族は公妾《こうしょう》制を採用したからです。

側室制と公妾制の違いとは

側室と公妾が決定的に違う点は、その子が王位継承権をもつかもたないかです。側室の生んだ子は王位継承権を与えられるのに対し、公妾の生んだ子は王位継承権を与えられません。

アジアでは、王の種でありさえすれば、誰の腹から生まれた子であれ、王の子として扱われました。しかし、ヨーロッパでは、公妾の子は王の正式な子として扱われず、王位継承権や財産相続権も認められませんでした（一部の例外あり）。公妾の子は父王から爵位を授かって、一貴族となるのが通例でした。

古代ギリシアのアリストテレスは、「生まれてくる子供のあらゆる形相（性質）は男の種（精

図2-2　側室制と公妾制

	地域	子の継承権	位置づけ
側室制	アジア	あり	借り腹
公妾制	ヨーロッパ	なし	王のブレーン

子）によって決まり、女はただそれを受け入れる土のような存在で種を育てる役割しかない」と述べています。遺伝子学の知識もなかった時代ですから、こういう発想になるのでしょうが、このアリストテレス的な発想を後に共有してきたのはアジアであり、ヨーロッパではなかったのです。側室制と公妾制の違いが、それを如実に表わしています。

公妾の生んだ子でも王の種の子であることは間違いないのに、なぜ王の子とは見なされないのでしょうか。一般的な概説書などでは、非嫡出子に王位継承権を拡大して認めてしまうと、不満分子が非嫡出子を担ぎ出して、内乱の原因になると説明されています。たしかに、それもあるでしょう。

しかし、本当の理由はヨーロッパのほうがアジアよりも身分の序列について潔癖なところがあり、アジアの王室のように、女性の身分の貴賤を問わず、王の子は王の子として認めるという寛容さがなかったことが大きいのではないかと思います。王の子は、その母もまた高貴でなければならない、という強迫観念がヨーロッパの王室にあったと見るべきです。

一方、アジアの王室が側室の生んだ子を王の子として認めたのは、前述のようなアリストテレス的な男尊女卑の考え方が根底にあったことは間違いないでしょう。嫡出と非嫡出をめぐる

ポンパドゥール夫人（フランソワ・ブーシェ画、1756年、アルテ・ピナコテーク蔵） 公妾ポンパドゥールはヴォルテールやディドロなどの啓蒙思想家を支援し、女性への教育も積極的に推進した。

考え方は、ヨーロッパもアジアも一長一短があるといえます。

ちなみに、公妾は公式な地位であり、フランス王ルイ15世の公妾であったポンパドゥール夫人に代表されるように、王のブレーンとして外交や人事、学芸の振興などに深くかかわりました。公妾は単なる王の愛人ではなく、宮廷の政治や文化を支える廷臣でした。

なぜ、ヨーロッパでは女系継承を認めたのか

アジアでは、側室制のあるおかげで、皇帝や王に何十人も子がいるのは普通でした。皇帝や王自身が健康でありさえすれば、男系子孫をいくらでも残すことができ、継承者が途絶えることはありませんでした。側室制によって男系男子の子孫を絶やさないようにしたことは、貴族

や武家も同じです。

一方、ヨーロッパの王室が男系継承を守ることができなかったのは、側室制がなかったことが大きな原因でした。公妾に子をたくさん生ませたとしても、その子には王位継承権はないため、皇后・王后の出産にのみ、王統の継承がかかっていました。

当然、后によっては子がなかったり、女子しかいないということがたびたび起こりました。夫婦の不仲などで子ができないこともありました。そういう状況で男系継承にこだわると、王統が断絶してしまうので、女帝・女王、女系継承を認めざるを得ず、王統の継承の安定を図ったのです。その結果、前述のハプスブルク家の王位乗っ取りのようなことが頻発しました。

「正統主義」によって、王統と国体の永続性を貫こうとする立場から見れば、側室制によって男系男子の子孫を確保する方法が合理性を有していることは、いうまでもありません。日本の皇室も、明治天皇の時代までは側室が置かれました。

しかし、今日において、側室制が道徳的な観点から人々に受け入れられるものではないのは明白です。本来、われわれ民衆の社会通念を皇室にあてはめることは、不適切かつ不遜なことではあるものの、皇室・王室の威厳というものが、万人に対して普遍的に通用するものでなくてはならないということもあり、社会通念を無視することもできません。側室制を有しない現在の皇室が男系継承を保つことができるのか、ここが最も悩ましいところなのです。

第2部

ヨーロッパの君主たち

Chapter 3

王と皇帝、「似たようなもの」ではない！

◆皇帝は王よりも偉いのか

現在、世界で「エンペラー Emperor（皇帝）」と呼ばれる人物は、たった1人だけいます。それは、日本の天皇です。世界に王はいるものの、皇帝は天皇を除いて、残っていません。国際社会において、天皇のみが「King」よりも格上とされる「Emperor」と見なされます。

皇帝というのは、一般的に広大な領域を支配する君主で、複数の地域や国、民族の王を配下にもちます。その意味では、天皇は日本一国の君主でしかないので、皇帝よりも王に近いと思われます。しかし、天皇という言葉の意味やその歴史的経緯から、天皇は「Emperor」と見なされ、そのような称号で扱われることが国際儀礼となっています。

ヨーロッパにおいて、皇帝はローマ時代の「カエサルの後継者」という意味をもちます。皇帝はドイツ語で「カイザー（Kaiser）」、ロシア語で「ツァー（Czar）」といい、ともにカエサル（英語名：シーザー）のことです。ローマ帝国の初代皇帝はアウグストゥスですが、帝国の基礎を築いたのはカエサルであるので、カエサルを追慕する意味で、個人名が最高権力者を意味する称号となり、受け継がれるようになりました。

日本語では、カイザーやツァーを「皇帝」と訳しますが、これらの言葉そのものには「皇帝」という意味はありません。

「皇帝」の意味に近いのは、ローマ軍の最高司令官を意味する「インペラトル（ラテン語：imperator）」です。これは「インペリウム（命令権）をもつ者」という意味で、後の時代に英語の「皇帝」を表わす「エンペラー」となります。

◆ローマ皇帝の帝位はこうして受け継がれた

カエサルやアウグストゥスが築いたローマ帝国は約400年間続き、西暦395年、東西に分裂します。ローマ帝国の分裂以降、皇帝位は東西の2つに分かれ、西ローマ皇帝と東ローマ皇帝が並び立つことになります。

しかし、西ローマ帝国はゲルマン人（Germanのドイツ語読み、つまりドイツ人）の反乱で、早くも476年に滅んでしまいました。以降、西側ではゲルマン人勢力が各地に割拠し、戦乱

図3-1　ローマ帝国の東西分裂

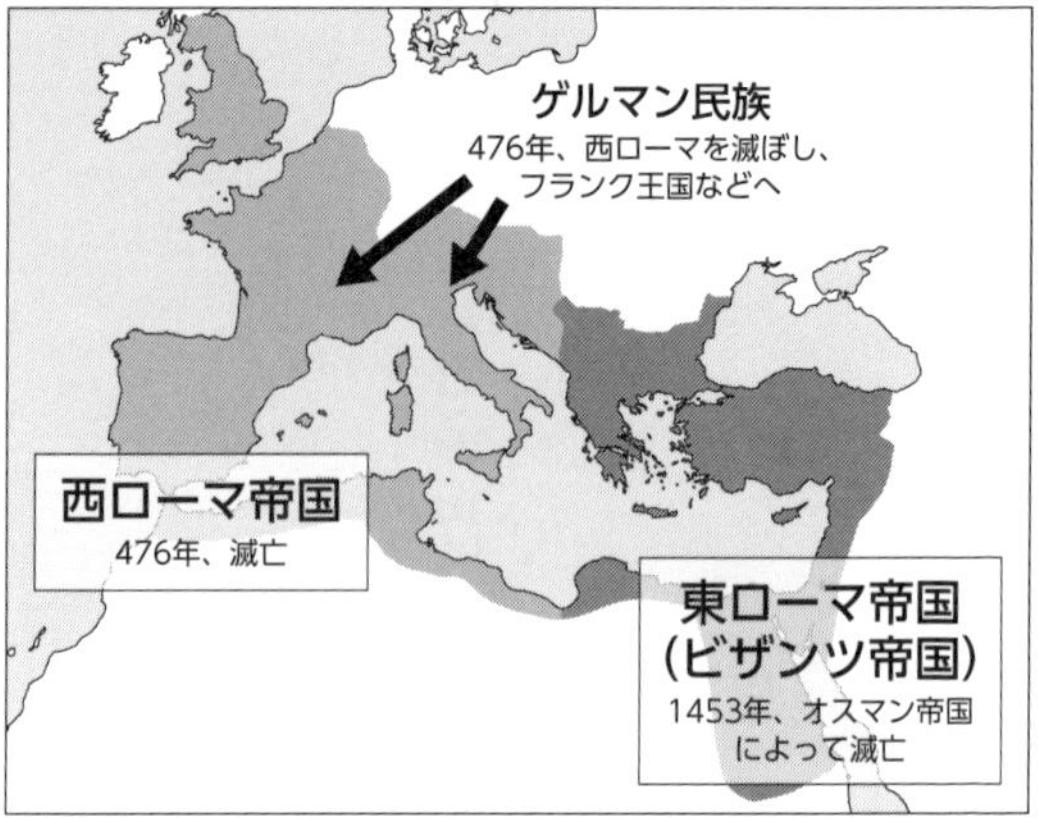

の時代が300年以上、続きます。

ゲルマン人の一派のフランク族が力をつけ、バラバラであった西側を統一します。そして、フランク族の族長であったカール（大帝）という人物が、すでに滅んだ西ローマ帝国を復活させるべく、800年に西ローマ皇帝の座に就きます。476年から800年まで324年間、空白であった西ローマ皇帝位をカールが復活させたのです。

西ローマ皇帝位は、カールからオットー1世へと引き継がれます。オットー1世はカールの血を引く子孫で、ドイツ王でした。彼は962年、神聖ローマ帝国を樹立します。神聖ローマ帝国は図3-2のように、「①西ローマ帝国（395年）→②カール帝国（800年）→③神聖ローマ帝国（962年）」と推移し、3つ目の「西ローマ帝国」にあたります。

神聖ローマ帝国というと大仰《おおぎょう》に聞こえるのですが、その実態はドイツ一国を支配していたに過ぎません。カール帝国（800年）が旧西ローマ帝国領の大半を回復していたことと対照

図3-2　ヨーロッパの帝室系図

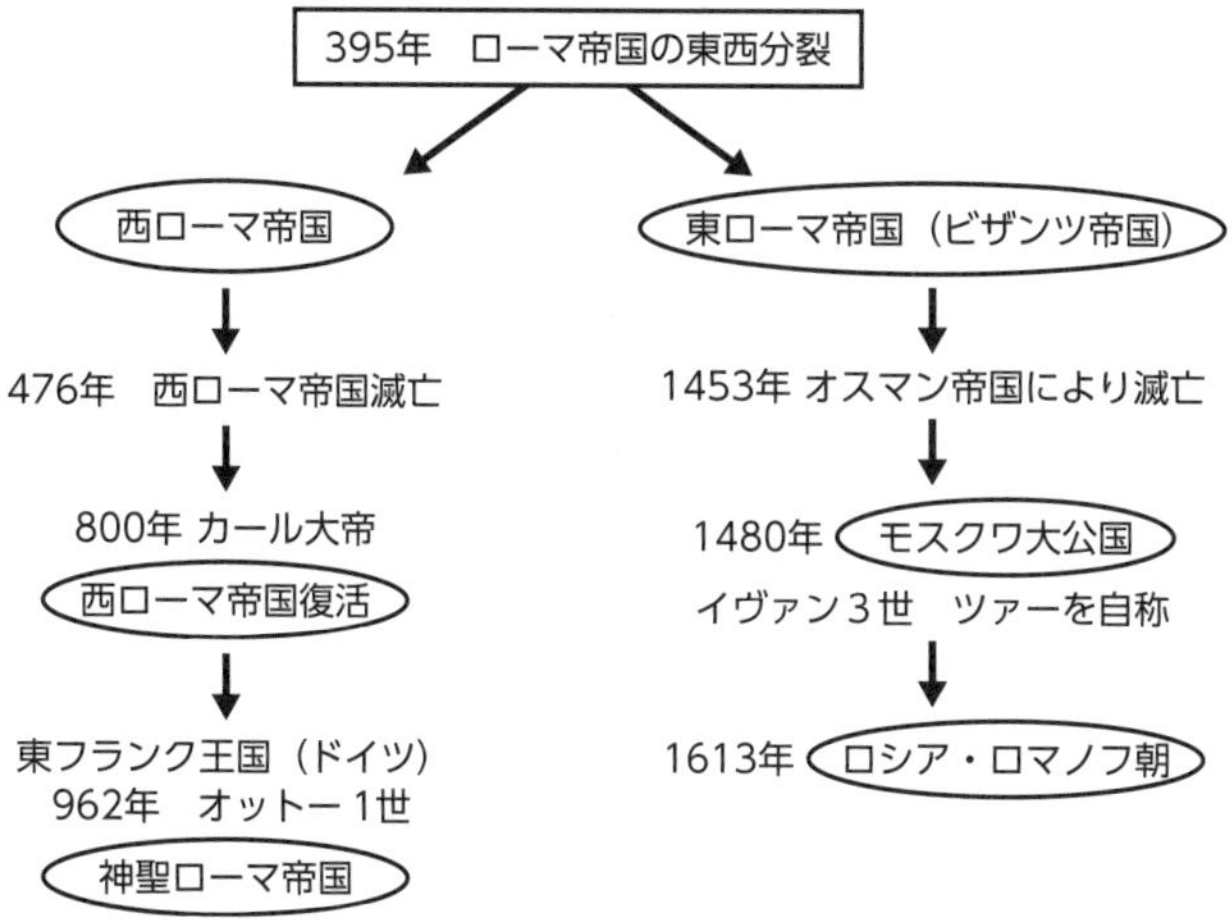

的で、帝位を引き継いだということのみをもって、「帝国」と名乗っていました。

神聖ローマ帝国の帝位は引き継がれ、15世紀にオーストリア貴族のハプスブルク家に世襲されるようになりました。したがって、ハプスブルク家が最終的な皇帝家となります。

なぜ、ロシア人が帝位を継承したのか

一方、東ローマ帝国は西ローマ帝国が４７６年に滅んだ後も、１０００年にわたり帝国が続き、皇帝位が引き継がれます。東ローマ帝国はビザンティウム（現在のイスタンブル）に首都が置かれたため、ビザンツ帝国とも呼ばれます。東ローマ帝国は、１４５３年、オスマン帝国に滅ぼされます。

しばらくの皇帝空位の期間を経て、1480年、ロシア貴族のモスクワ大公イヴァン3世が東ローマ皇帝位の後継者となることを名乗り出て、自らをツァー（Czar＝シーザーのこと）と称します。彼の子イヴァン4世の時代に帝位継承が内外に認められ、以後、ロシア人が皇帝位を引き継いでいきます。

17世紀にロマノフ朝が発足し、帝位を歴代継承する皇帝家となります。ロマノフ朝は20世紀のロシア革命まで続きます。

このように、ヨーロッパの皇帝家はその祖先を辿《たど》っていくとローマ帝国の皇帝に行き着きます。ただし、血統・血脈を受け継いでいるのではありません。ここが、血統を受け継いでいる日本の皇室と違うところです。

彼らはローマ帝国時代から優秀な者を養子に迎え、帝位を引き継がせていました。また、実力者が武力闘争やクーデターによって皇帝となることもしばしばありました。

800年に帝位に就いたカール大帝はゲルマン人で、ラテン人であるローマ人とは血のつながりはありません。カール以降の帝位継承も幾度も断絶に見舞われ、遠い傍系の子孫に帝位を引き継がせたことなどもあり、現実には血のつながりを確認することはできません。

ハプスブルク家が帝位を世襲する以前は、選挙制で皇帝が選ばれていたこともありました。したがって、図3-2のようなヨーロッパの皇帝系譜図は概念的で政治的なものであり、血統を表わすものではありません。

◆ヨーロッパに帝室が3つあったのはなぜか

西側では19世紀、神聖ローマ皇帝位を歴代世襲したハプスブルク家に対抗する新勢力ホーエンツォレルン家が台頭します。北ドイツのプロイセンから発祥し、ドイツ全土を支配したホーエンツォレルン家は、神聖ローマ帝国の流れを汲む分派でした。ホーエンツォレルン家は、衰退するハプスブルク家に代わり、自らが皇帝位を引き継ぐことを主張し、１８７１年、ドイツ帝国を樹立します。このとき、神聖ローマ帝国の皇帝継承者として、旧勢力のハプスブルク家と新勢力のホーエンツォレルン家が並び立つことになります。

ドイツにおいて、９６２年発足の神聖ローマ帝国は第一帝国、１８７１年発足のホーエンツォレルン家のドイツ帝国が第二帝国、ヒトラーのナチス・ドイツが第三帝国となります。

ヨーロッパ人は、自らの歴史がローマ帝国から始まるものと

図3-3 ヨーロッパの３つの帝室

皇帝（＝カエサルの後継者）

●西ローマ帝国系列（Kaiser）

ハプスブルク家（本拠：オーストリア）

ホーエンツォレルン家（本拠：ドイツ）

●東ローマ帝国系列（Czar）

ロマノフ家（本拠：ロシア）

とらえています。西ローマ帝国の継承者が神聖ローマ帝国の歴代皇帝であり、この流れのなかにオーストリアのハプスブルク家とドイツのホーエンツォレルン家があります。東ローマ帝国（ビザンツ帝国）の継承者がロシアのロマノフ家です。

ヨーロッパの帝室は、ハプスブルク家とホーエンツォレルン家、そしてロマノフ家の3家だけで、彼らはいわゆる「カエサルの後継者」なのです。

第1次世界大戦（1914～18年）でオーストリア帝国とドイツ帝国はともに敗戦し、帝国が解体され、ハプスブルク家とホーエンツォレルン家は帝位を失います。

両家とも、家系そのものは続いており、今日でも当主がいます。ハプスブルク家の当主はカール・ハプスブルク＝ロートリンゲン氏、欧州議会議員を務めています。ホーエンツォレルン家の当主はゲオルク・フリードリヒ・フォン・プロイセン氏、財団の理事長などを務めています。彼らは名誉貴族の地位を与えられています。

ロマノフ家皇帝は1917年のロシア革命で退位させられ、翌年、革命軍により皇帝一家全員が処刑されます。ロマノフ家の血をひく末裔《まつえい》で、現在の当主はマリヤ・ウラジーミロヴナ・ロマノヴァ氏です。やはり、彼女も名誉貴族の地位を与えられています。

3つの皇帝家は、こうして帝位を失いました。そのため、今日ではヨーロッパに帝室というものは存在しません。

皇帝がいない「大英帝国」

フランスの太陽王ルイ14世やイギリスのエリザベス女王などがいかに強大といえども、彼らはローマ帝国の系譜の流れのなかに属していないため、皇帝（カエサル）ではありません。また、ナポレオンが皇帝になりますが、系譜も血統もなく、武力によって強引に勝ち得たものに過ぎません。

では、「大英帝国（British Empire）」はどうなるのでしょうか。たしかに「帝国」とありますが、「イギリス皇帝」はいません。皇帝がいないのに、どうして「帝国」と呼ぶのかと不思議に思われるかもしれません。帝国とは、複数の地域や民族を含む広大な地域を支配する国家を指し、国家の形態を表わす言葉です。したがって、イギリスのように、その国家の君主が皇帝である必要はありません。

古代において、東西に広大な版図を形成したアレクサンドロス帝国がありました。これも「帝国」と呼ばれますが、その君主のアレクサンドロスは「大王」であって、皇帝ではありません。

複数の地域や民族を含む広大な地域を支配する国家であったとしても、「帝国」とは呼ばれないこともあります。たとえば、ポルトガルやスペイン、オランダは大航海時代以降、海外に広大な植民地をもちましたが、「帝国」とは呼ばれません。スペインがまれに「スペイン帝国」と呼ばれることがありますが、一般的ではありません。

「帝国」と呼ぶかどうかは、自称も含めて、その言い回しが定着するかどうかにかかっているることが大きく、慣習的なものに過ぎないのです。しかし、皇帝という呼称は「カエサルの後継者」の系譜にある者しか使えません（ナポレオンなどの例外を除く）。

イギリスがたとえ自らの国を「大英帝国」と呼んだとしても、自らの国王を「大英皇帝」と呼ぶことはできなかったのです。

Chapter 4

いまでも残っている王室は誕生の背景から違う

皇帝になれても王にはなれない

ナポレオンが王ではなく「皇帝」になったのは、なぜでしょうか。彼は、皇帝にはなれても、王になることはできなかったからです。皇帝は、王よりも格上の存在です。格上の皇帝になることができて、格下の王になれなかったというのは、どういうことなのでしょうか。

皇帝はChapter3でも述べたように、必ずしも血統を必要としていません。血統に関係なく、実力者が皇帝になるという前例が数多くあります。たとえば、カール大帝はローマ皇帝とは血統的な関係がないにもかかわらず、実力者であったため、皇帝になりました。

しかし、王は違います。「王（King）」は古ゲルマン語のkuni（血族・血縁）の意味を内包し、血統の正統性を前提にしています。王になるためには、必ずそれが要求されます。

これが、ナポレオンのようなどこの馬の骨ともわからない者が王にはなれなかった理由です。

ただし、神聖ローマ皇帝位をハプスブルク家が世襲しはじめる15世紀には、皇帝位にも血統の継承性が重んじられるようになり、王位の継承性とバランスを取ることが慣習的に定着します。そのため、ナポレオンが19世紀初頭に突如、皇帝になったことは、ヨーロッパの保守派の間では到底、認められるものでないばかりか、ほとんど嘲笑の的であったのです。

◆今日の王室が周辺部で残っているわけ

「王（King）」という言葉が「血族・血縁」に由来するように、ヨーロッパの王はもともと「部族長」でした。部族長が1つの部族をまとめ、さらに1つの民族をまとめ、一定の領土を支配領域とすることで、王が「一国の君主」となります。

ローマ帝国の末期の4世紀以降、このような王たちが独立勢力として王国を形成しました。4世紀～11世紀までの約700年間で、ヨーロッパ各地で紆余曲折を経て、王国の原形が出揃い、ほとんどの地域・国で、それぞれ王室が創始されます。

このように、王国は地域の一部族から発生し、同族関係にある民族を糾合しながら、自然発生的に一定の規模に発展したものであり、その主が王であるのです。

皇帝がローマ帝国を一律に起点としているのに対し、王は地域・国によって、それぞれ独自

図4-1　ヨーロッパの王国の特徴

	地域・国	形成の根拠と形態	王権の強弱
周辺部の王国	イギリス・イベリア・北欧・東欧	土着性・血縁性 →自然発生的	強
中心部の王国	ドイツ・フランス・イタリア	西ローマ帝国分裂 →帝権から派生	弱

の起点をもっています。その意味で、王は領土・領域としての土着性と、部族・民族としての血縁性を強く有しています。

このような土着性と血縁性を基盤にした王国は、ローマ帝国の支配領域、つまり、ヨーロッパの中心部から外れた周辺部で発生しました。その周辺部とはイギリス・イベリア半島（スペイン・ポルトガル）・北欧・東欧の地域です。これら周辺部の王国は、イギリスのノルマン朝をはじめ、王権が強く、その土着性と血縁性のリアリティによって地域と密接に結びついていました。

こうした結びつきが、今日でもこれらの地域で王室が残っていることの大きな原因といえます。周辺部の王国は、その自発性とともに地域の要請に沿って発展し、人々の意識にも自然に受容されてきたのです。

中心部の王権はなぜ弱かったのか

自然発生的でないかたち、いわば上からの押しつけのようなかたちで形成された王国が、ヨーロッパの中心部に位置するドイツ・フランス・

図4-2　西ローマ帝国の３国分裂

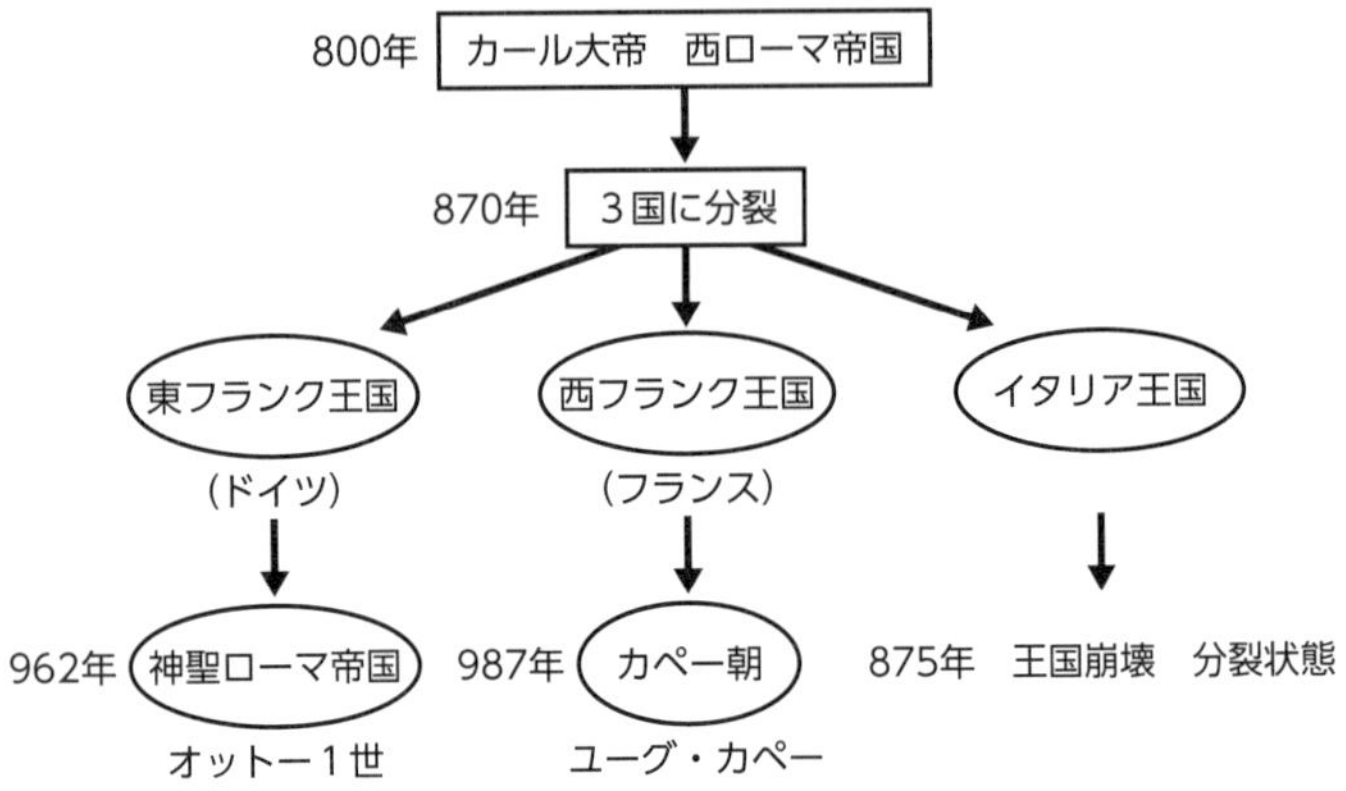

イタリアの3国でした。これらの国の王国は、ヨーロッパのなかで最も早い時期に形成されました。

カール大帝が８００年、西ローマ帝国を復活させるものの、彼の死後、一族の争いで帝国は分裂します。最終的に８７０年、西フランク王国（フランス）、東フランク王国（ドイツ）、イタリア王国の3国に分断され、今日の中央ヨーロッパの原形となります。

これらの王国はカール大帝の西ローマ帝国を起源にし、そこから派生した王国で、地域の土着性を直接の根拠としていません。

もともと、カールはゲルマン人の王で、フランス・ドイツを支配し、地域との土着性や民族との血縁性をもっていました。しかし、その支配領域が拡がり、帝国に格上げされると、土着性・血縁性が切れてしまい、支配権がバーチャル（仮想）化し、リアリティを失っていきます。カールが皇帝になることによって、権威は高まったものの、失われるものも少なからずあったのです。

カールの帝国が短命に終わった最大の原因は、支配権のリアリティを失ったことにあります。その失われた土着性・血縁性を取り戻すために、カールの死後、帝国が分断され、地域の実情に沿った統治を試みようとしたのです。

しかし、一度失われたものを取り戻すことは容易ではなく、分断されたドイツ・フランス・イタリアの3国の王室は、強い支配権を確立することができませんでした。これら3国は、カール大帝の西ローマ帝国から派生した王国で、王権の権威は高かったものの、イギリスや北欧などの周辺部の王国と比べ、王権自体は弱かったのです。

3国の国王たちは皆、カール大帝の子孫です。カール大帝はカロリング家という王家の出身なので、3国の王室はカロリング朝として始まります。

ちなみに、「カロリング」は姓ではなく「カールの」という意味です。カロリング家の勃興を決定づけたカール・マルテルという人物の「カール」に由来します。ゲルマン人は、中世の初期まで姓をもっていませんでした。テオドリックやアラリックというゲルマン王が有名ですが、彼らには名があるのみで、姓がありません。カール・マルテルの「マルテル」はあだ名で、姓ではありません。「マルテル（Martell）」は「鉄鎚」という意味なので、「鉄槌のごときカール」というあだ名です。

一方、ラテン人には姓がありました。たとえば、カエサルは「ガイウス（名）・ユリウス（氏族姓）・カエサル（家族姓）」です。

カロリング家の血統（ドイツ・フランス・イタリア）

分断された3国のうち、イタリア王国は早くも875年に崩壊し、教皇領や領邦など各地方勢力に分裂し、バラバラになります。ゲルマン人であるカロリング家は、もともとイタリアに基盤をもっていなかったため、支配はほとんどおよびませんでした。イタリアの分裂状態は、19世紀まで続きます。

西フランク王国（フランス）は12代の国王が続きましたが、987年、カロリング家が断絶し、姻戚関係にあったパリ伯ユーグ・カペーにより、カペー朝が創始されます。フランスという国名は、フランクに由来します。ローマ帝国の末期、フランク族はライン川流域から西進し、フランスに定住します。フランスはフランク族の本拠地でしたが、カール大帝の時代以後、彼らは王権を確立させることができませんでした。

フランスで、王位はカペー朝（987年）→ヴァロワ朝（1328年）→ブルボン朝（1589年）へと引き継がれます。

東フランク王国（ドイツ）は、3国のなかで王権が比較的、強いほうでした。911年、カロリング家は断絶しますが、女系のザクセン家が王位を引き継ぎます。オットー1世の時代に強勢を誇り、ヨーロッパに侵入していたアジア系のマジャール人を撃退するなどして、王権を強化しました。ローマ教皇との連携を強め、962年、教皇からローマ皇帝の冠を受けます。オットー1世は、西ローマ帝国の再復活を託されました。

オットー1世の帝国は、「神聖ローマ帝国」とも呼ばれます。しかし、この輝かしい名とは裏腹に、この帝国はドイツのみを支配したに過ぎず、カール大帝の帝国のような西ヨーロッパのすべてを支配した帝国ではありません。神聖ローマ帝国といいながらも、イタリア・ローマを支配しておらず、名前だけの「帝国」でした。

オットー1世（ストラスブール大聖堂ステンドグラス、12世紀ごろ） 神聖ローマ帝国の初代皇帝。「オットー大帝」とも呼ばれる。バイエルンなどの有力部族を抑え、外敵の侵入を防止して勢力を拡大した。

オットー1世の死

後、歴代神聖ローマ皇帝がローマを手に入れようとイタリアにたびたび攻め込みますが、失敗しています。

神聖ローマ皇帝の位はザクセン家、ザーリアー家、ホーエンシュタウフェン家などの女系の家系が引き継ぎ、15世紀にハプスブルク家が世襲するようになります。

◆「海賊」を始祖とする王室（イギリス・ロシア・北欧）

ローマ帝国は、地中海という「水の路」の交通ネットワークの上に築かれました。ヨーロッパには、もう1つ大きな「水の路」があります。北部のバルト海・北海です。

古来より、モノの運搬は「水の路」を行く船で行なわれていたため、「水の路」に沿って経済圏が形成されていきます。このことは、日本でも同じです。17世紀、江戸時代が始まるまで、日本の経済の中心は瀬戸内海を取り囲む西日本でした。瀬戸内海から淀川をさかのぼり、琵琶湖にいたる「水の路」の上に首都京都や商都大阪が形成されました。

温暖な地中海は航海が容易でしたが、バルト海・北海は寒冷で波が荒く、航海には高度な技術と頑丈な船が欠かせません。9世紀ごろ、造船技術が飛躍的に発展し、バルト海・北海における「水の路」の交易は急速に拡大し、沿岸部に物流拠点が形成されます。

バルト海・北海の交易を担ったのが、「ヴァイキング（入江の民）」と呼ばれるゲルマン人の一派でした。彼らは、北欧に住んでいたため、「北方の人＝ノルマン人」とも呼ばれました。ノルマン人は「ヴァイキング＝海賊」というイメージが強いのですが、彼らは「略奪者」ではなく、交易によって沿岸部を振興した「創造者」です。当初、ノルマン人はバルト海・北海沿岸地域を急速に征服したため、海賊というイメージが根強く残ったものと思われます。

日本人にとって、ヴァイキングという言葉から連想されるイメージは、「バイキング＝食べ放題」のように、「略奪者のごとく食い散らす」というものかもしれません。ちなみに、「バイキング＝食べ放題」という言葉は、日本人がつくった和製語句です。１９５７（昭和32）年、東京の帝国ホテルで北欧のブッフェ形式の「スモーガスボード」が導入されました。日本人にとって、「スモーガスボード」が発音しにくかったため、北欧の人々を表わす古い呼称「バイキング」が使われました。

ノルマン人は「水の路」の交易ネットワークで巨万の富を蓄積し、北欧・北フランス・イギリス・ロシアに自らの国を築いていきます。

バルト海沿岸に9世紀、ノルマン人のルス族がノヴゴロド国を建国し、ロシアの母体となります。「ルス」はロシアの語源となりました。このノヴゴロド国から派生したモスクワ大公国やロマノフ王朝などが、ツァー（Czar）位を継承します。

同時期に、スウェーデンやデンマークでもノルマン人の王国が形成されていきます。ノルマン人はイギリスやフランスにも進出し、１０６６年、ノルマン朝を創始します。このノルマン朝が、イギリス王室の始祖となります。

◆「私の第1の目標は国王の尊厳」

16世紀から17世紀にかけて、ヨーロッパ各国で強大な王権が登場します。スペイン、イギリス、フランスなどの王権はとくに強大で、「絶対王政」と呼ばれることもあります。

この時代に、銃や大砲などの火器が戦争に本格導入され、軍隊が大規模化します。組織化された戦争では、軍事力を支える国家の役割が大きくなり、外敵に打ち勝つために、国家の統合が必要不可欠でした。

しかし、どの国においても、地方に割拠する貴族や諸侯がおり、彼らは自分たちの地方での権益を守るため、国王による国家の統合に抵抗しました。この地方の貴族たちというのは、日本でいうところの地方大名たち、つまり、殿様のイメージです。国王やその側近たちは、国家を統合するため、地方の貴族と戦わなければなりません。17世紀、フランスでその役割を背負ったのが、宰相のリシュリューでした。

リシュリューはカトリック教会の聖職者で枢機卿となり、同時にフランス王国宰相として、国王ルイ13世に仕えました。

リシュリューはタイユ税という土地税を制定し、広大な領土をもつ貴族に税を納めさせ、王権拡大のための財源とします。また、彼は官僚機構を整備し、中央が行政を一元的に支配する制度を構築しました。中央から派遣された「アンタンダン（intendant）」と呼ばれる地方監察官が地方行政の実権を掌握し、貴族や諸侯たちの力を削いでいきます。

民衆に対する課税も容赦なく、たびたび農民反乱が起こりましたが、それに対するリシュリューの弾圧は凄まじいものでした。「仮借なきリシュリュー。恐るべき枢機卿は人を支配するよりも粉砕する」と、人々から恐れられました。しかし、リシュリューは、「私の第1の目標は国王の尊厳、第2は国家の盛大である」と述べ、彼に反対する者を徹底的に弾圧しました。

冷酷無比な宰相リシュリューを、国王のルイ13世も嫌いました。ルイ13世は、リシュリューを何度も追放してしまおうと考えましたが、リシュリューほどの逸材が他になく、やむを得ず、思い留まっています。

◆「ペンは剣よりも強し」の本来の意味

「ペンは剣よりも強し」という格言は、ご存知のとおり、「思想や言論の影響力は、武力よりも強い」という意味で一般的に理解されます。しかし、実際には、この格言は当初、そのような意味で使われたものではありません。1839年、イギリスの小説家で戯曲家のエドワード・ブルワー＝リットンが戯曲『枢機卿リシュリュー（Cardinal Richelieu）』で、リシュリューにこの格言を語らせて、用いたのが最初とされています。

リシュリューは王権の拡大と国家統一の目標を掲げ、これに従わない者を「国家の敵」と見なし、徹底的に弾圧しました。

リットンは、戯曲のなかで「権力のもとでは、ペンは剣よりも強い」というセリフをリシュリューに語らせています。このセリフは、国家に反旗を翻し、反乱を企てる者に対して、いつでも逮捕状や死刑執行命令に、ペンでサインして〝始末〟することができる、という文脈で語られます。リシュリューの冷血さを表現するために用いられたセリフなのです。

その後、この言葉は一人歩きし、文筆家たちによって、「言論は武力より強い」というわれわれが本来、知っている意味に変化し、定着したと考えられています。

アンリ・ポール・モット『ラ=ロシェル攻防戦のリシュリュー』（1881年、オービニー・ベーノン博物館蔵） 新教徒たちは王権に従わず、フランス西部の港街のラ=ロシェルに、半ば独立した共和国を形成。リシュリューは1627年、ラ=ロシェルに総攻撃をかけた。イギリス海軍がフランス王軍を妨害するべく、ラ=ロシェルの支援に回る。絵に描かれている大きな杭は、イギリス艦船を防ぐためのもの。１年にわたる攻防戦で、ラ=ロシェルは陥落した。

リシュリューは、臨終に際して聴罪司祭が「汝は汝の敵を愛するか」と問うたのに対し、「私には国家の敵の他に敵はなかった」と答えました。

リシュリューの揺るぎない信念と実行力により、フランス王権の地位が固まり、「絶対王政」が確立します。フランスは、強大な王権とともに発展し、ルイ14世の時代に王権は絶頂期を迎えます。ルイ14世の「朕は国家なり」という有名な言葉に代表されるように、その後、フランス革命が起きる１７８９年までの約１２０年にわたり、王は国家に君臨しました。

ルイ14世（在位１６４３～１７１５年）は、「太陽王」と呼ばれます。フランスは当時、人口約2000万を擁し、国土は肥沃で、ヨーロッパ随一の国力をもちました。イギリスの人口が900万、スペインも900万、ドイツ・オーストリアあわせて1500万と比べれば、フランスの強大さがわかります。人口の多さを利用して、ルイ14世はヨーロッパ最大の陸軍を編成します。フランス陸軍は、侵略戦争を続け、版図を拡張し、現在のフランスとほぼ同じ範囲を領土としました。

また、ルイ14世は、国王の偉大さを誇示するため、ヴェルサイユ宮殿を造営するなどの大公共事業を展開しました。

Chapter 5

「影の君主」、教皇とは何か

◆教皇の権威と君主の権威

皇帝は複数の国や民族を支配し、王は1つの国や民族を支配します。その意味において、皇帝は王よりも格上と見なされます。では、皇帝と教皇(ローマ法王)とでは、どちらが格上でしょうか。現在、世界に唯一残っている皇帝(Emperor)の天皇と教皇を比べたら、どうでしょうか。

結論からいって、天皇と教皇の格や権威を比べることはできません。一部、天皇のほうが格上とする俗説がありますが、正式な根拠はありません。同じように、各国の王と教皇を比べることもできません。なぜならば、教皇の権威というものは宗教的なものであるため、世俗の君主の権威とは異なるものであるからです。

しかし、ヨーロッパ中世において、教皇・皇帝・王がその序列をめぐって激しく争い、権威

図5-1　現代の教皇

教皇名	在位期間年	出身国
ピウス10世	1903～1914	オーストリア
ベネディクトゥス15世	1914～1922	イタリア
ピウス11世	1922～1939	オーストリア
ピウス12世	1939～1958	イタリア
ヨハネ23世	1958～1963	イタリア
パウロ６世	1963～1978	イタリア
ヨハネ・パウロ１世	1978	イタリア
ヨハネ・パウロ２世	1978～2005	ポーランド
ベネディクト16世	2005～2013	ドイツ
フランシスコ	2013～現在	アルゼンチン

と権力ともに、教皇が皇帝や王に対し、優位であった時期がありました。皇帝が教皇に跪《ひざまず》いて恭順した「カノッサの屈辱」という事件などもありました。

教皇は、日本で「法王」とも呼ばれますが、カトリック教会は「教皇」を正式な呼び名としています。１９４２（昭和17）年、日本とバチカン（ローマ教皇庁）が外交関係を樹立したとき、「法王」を定訳としたため、日本ではこの呼び名が慣例となっています。カトリック教会は、世俗の君主のイメージの強い「王」という字を含む「法王」でなく、「教える」という字を含む「教皇」のほうがふさわしいとしています。

現在の教皇は第２６６代目のフランシスコ教皇聖《せい》下《か》（２０１３年～）です。フランシスコ聖下は、イタリア系アルゼンチン人です。

教皇は、各地のカトリック教会を代表する枢機卿（カーディナル）たちが「コンクラーベ（ラテン語の「鍵がかけられた」の意）」という選出会に集まり、外部と隔離された状態で選挙を行ない、選出されます。したがって、教皇位の継承は世襲ではありません。

教皇はペトロの後継者

皇帝や王のような世俗世界の指導者の権力を「俗権」というのに対し、教皇や聖職者のような宗教世界の指導者の権力を「聖権」といいます。

中世ヨーロッパにおいて、教皇や聖職者は聖権だけに留まらず、俗権ももちました。ヨーロッパの各地域で徴税権を握り、地方政治を取り仕切り、軍隊もコントロールしました。

聖職者がなぜ、そのような世俗的な力をもち得たのでしょうか。一言でいえば、聖職者に信用があったからです。神が絶対であった中世において、神の威光を背景にした聖職者の判断が尊重されました。たとえば、税金を重くするか軽くするかを、神の意向に沿うか沿わないかという基準で、聖職者が決定したのです。

あらゆる世俗の分野において、聖職者の判断が求められ、聖職者が認めたもののみが正当性をもち、それを中心としてものごとが回りました。

教皇はローマ・カトリック教会の主座であり、キリストの12使徒の１人ペトロの後継者です。

キリストの死後、ペトロがローマにやって来て、この地に教会を開きました。当初、ローマ帝国の迫害を受けながらも、ローマ教会は信徒により守られ、発展していきます。ローマ帝国が4世紀にキリスト教を公認して以降、ローマ教会の地位が確立し、その主座である教皇の地位も認知されました。教皇は使徒ペトロに由来する特別な起源をもつことから、キリスト教世界の指導者となります。

5世紀半ばの教皇レオ1世は「自分の声はペトロの声である」と述べ、イエスや使徒の代理人を自認します。

こうして教皇の位は歴代引き継がれ、今日まで続きます。

◆教皇の癒着関係と不法な帝位授与

ローマ帝国は395年に東西に分裂した後、476年、西ローマ帝国が早くも崩壊し、西ローマ皇帝位は廃位されます。しかし、キリスト教の指導者である教皇位は残り、旧西ローマ帝国内の最高指導者となります。ただ、最高指導者といっても実質的な権限はなかったため、教皇は自分に従う世俗勢力を取り込み、影響力を確保しなければなりませんでした。

旧西ローマ帝国では、ゲルマン人勢力が拡大していきます。教皇はゲルマン人にカトリックを布教していきながら、彼らと結託します。6世紀末に活躍した教皇グレゴリウス1世（「大教皇」と尊称されました）はゲルマン人のカトリック改宗に成功し、ローマ教会の支持基盤を形成します。グレゴリウス1世は西ヨーロッパの全キリスト教世界の最高の指導者として、教皇の地位を事実上、築きました。

ゲルマン人の有力者も教皇にすり寄り、その権威を利用することで、ゲルマン人部族を束ねる正当性を獲得することができました。

ゲルマン人には強大な組織力と軍隊がありましたが、権威がありません。一方、教皇には軍隊がありません。両者は互いにないものを補完し合いながら、癒着関係を深めていきます。

教皇とゲルマン人の癒着関係は急速に深まり、800年、教皇レオ3世はゲルマン人の王カールに皇帝の位を授けます。レオ3世のこの行為は、2つの意味で不法でした。

第1に、ゲルマン人にはローマ皇帝の位を継ぐための何の正統性もありません。皇帝は王のように必ずしも血統を必要とはせず（Chapter4参照）、実力のある者がその資格をもつという考え方がローマ帝国時代からありました。しかし、いかに実力があろうとも、もともと西ローマ帝国がゲルマン人に滅亡させられた過去もあり、ゲルマン人がローマ皇帝になることに、政治的な正統性はもちろんのこと、人々の共通の許容認識はありませんでした。

第2に、教皇が皇帝を任命する権限などありません。教皇は宗教指導者というだけで、ロー

フリードリヒ・カウルバッハ『カール大帝の戴冠式』（1861年、バイエルン州議会マクシミリアン議事堂蔵）　カール（中央で跪いている人物）に帝冠を授けている人物がレオ３世。

マ帝国の政治権限や政治権威を本来的に有していません。レオ3世の任命行為に法的な根拠は一切なく、越権であったことはいうまでもありません。

以上のような2つの不法性から、レオ3世の行為は反発を招くことは必至でした。そのため、皇帝位の授与の準備は極秘で進められて、サン・ピエトロ大聖堂での戴冠式を奇襲作戦のごとく一気に終わらせます。カール本人が戴冠されることを知らなかったという説もあるほど、それは電撃的なものでした。周囲を出し抜いてカールの皇帝就任を既成事実化させてしまうことが、レオ3世の狙いだったのです。

◆ワケありの教皇、レオ3世

では、レオ3世がこのような強引な行動を取ったのはなぜでしょうか。レオ3世は貧困階級出身であるにもかかわらず、その豪腕を発揮して徒党をなし、聖職者として異例の出世を遂げ、教皇にまで登り詰めた人物です。敵対勢力の暗殺などを繰り返し、あらゆる不正に手を染めてきました。

当然、レオ3世に恨みをもつ勢力が多くあり、命を常に狙われます。レオ3世は暗殺者から逃れるため、ローマを脱出し、アルプスを越えてフランク王国のカールのもとへ逃げ込んだこともありました。

身の危険が迫るなか、レオ3世は自分を守ってくれる者を求めていました。守ってくれさえすれば誰でもよく、帝位の授与であれ何であれ、保身のためなら手段は選ばなかったのです。それほど、レオ3世は追い詰められていました。

教科書や概説書では、当時、強大な力を誇っていた東側のビザンツ帝国（東ローマ帝国）に対抗するため、レオ3世がゲルマン人のカールの力を必要としたと説明されます。そのような理由もありましたが、一番の理由は堅気の人間ではなかったレオ3世が闇勢力との抗争のなかで、自分の命惜しさに実力者のカールにすがりついた、ということです。カールも、窮地に立たされた教皇を利用しました。

カール戴冠が「西ヨーロッパ世界の誕生」を意味するといったことが一般的に説明されますが、それは後づけの理屈に過ぎません。

ワケありの教皇が苦し紛れにやった帝位授与の奇策によって、西ローマ皇帝は復活し、この皇帝位が962年のオットー1世の戴冠以降、神聖ローマ皇帝位として代々、受け継がれていきます。ヨーロッパ（とくに西側）の皇帝位というのは、こうしたワケありの人間が思いつきでやった、何の正統性も根拠もない不法行為に端を発するものでした。

いずれにしても、レオ3世の不法行為は19世紀にナポレオンによって悪用されます。ナポレオンは、レオ3世がカールに帝位を授与したように、当時の教皇ピウス7世に、自分にも帝位授与することを迫りました。コルシカの田舎者は、1000年前の教皇の不法行為につけ込んだのです。

◆中世に国家意識はなかった

11世紀、皇帝が教皇よりも優位な状態が続きました。皇帝は自らの勢力を拡大するため、諸侯に圧力をかけます。諸侯とは地方で領土をもった豪族や貴族などで、日本でいうところの「大名」のような存在で、地方の殿様たちのことです。

皇帝と対立した諸侯は、教皇を頼りました。教皇は諸侯を取り込みながら、世俗権力を強めていきます。こうして教皇の力は、諸侯との連携を背景に皇帝の力を凌ぐようになります。皇帝ハインリヒ4世は1077年、イタリア北部のカノッサにて、教皇グレゴリウス7世に恭順することを誓います（カノッサの屈辱）。

中世ヨーロッパでは、教皇を中心に、キリスト教による連帯や、それにもとづく宗教的な組織への帰属意識が強く、国家の存在やその意識が稀薄でした。宗教が国家や民族を超えて、連帯への意識の中核となっていました。中世において、フランス国王、イギリス国王、ドイツ皇帝などの

エドゥアルド・シュウォイザー『カノッサ城の前のハインリヒ4世』（1862年、ミュンヘン・マクシミリアン財団蔵） 皇帝が冬の寒空のなか、裸足で教皇に許しを請うている。

国家の君主は、名ばかりのものでしかありませんでした。

教皇は強大な権力をもちながらも、地方の政治を諸侯に丸投げし、地方分権的で緩やかな教皇連合体を形成していました。そのため、中央集権的な国家は生まれず、地方がそれぞれのやり方で統治を任されていました。

一方、教皇は十字軍を編成し、軍事権を握ります。十字軍は東側ヨーロッパに侵入したイスラムのセルジューク朝を撃退することに成功し、キリストの生誕の地イェルサレムを防衛することを任務とします。十字軍は、東方にあってビザンツ帝国に圧力をかけ、東側ヨーロッパを支配するにいたります。

十字軍の指導者たる教皇の権威も高まり、13世紀に教皇インノケンティウス3世が登場し、教皇権力の絶頂期を迎えます。インノケンティウス3世は「教皇は太陽、皇帝は月」と、教皇権の強大さを喩えました。

しかし、その後、十字軍はイスラム勢力に敗退し続け、14世紀にその失敗が明らかになると、指導者である教皇の権威も地に墜ちます。教皇は没落し、代わって皇帝や王などの世俗勢力が台頭する新しい時代へと転換していきます。

第3部

イギリス、フランス、オランダ

Chapter 6

イギリス王室の血統をさかのぼる

王室にとっての人種や宗教

故ダイアナ元妃の次男ヘンリー王子と、アフリカ系アメリカ人の母をもつ女優メーガン・マークルさんは２０１８年5月19日、ウィンザー城で結婚式を挙げました。メーガンさんの離婚歴や人種などを批判的に取り上げる報道もありましたが、イギリス王室に新しい風を吹き込みました。

結婚式に政治家を招待せず、戦地で障害を負った兵士らを招待し、贈り物を受けつけない代わりに慈善団体への寄付を呼びかけるなど、独自の取り組みがありました。

アフリカ系の黒人を母にもつメーガンさんがイギリス王室に嫁いだことは、人種の壁を越える画期的な出来事といえるでしょう。一方で、宗教の壁はいまだ残っています。イギリスは16世紀以来、プロテスタント（新教）派の国教会を奉じています。このイギリス国教会の首長はエリザベス女王が務めています。

これに対し、メーガンさんはカトリック（旧教）であったとされます。メーガンさんは、結婚式の前にセント・ジェームズ宮殿内の王室礼拝堂で洗礼を受け、国教会に改宗しました。英国王室の宗教に合わせたというかたちです。

もともと、1701年に制定された王位継承法で、国教会信徒のみが王位継承権をもち、その配偶者も国教会信徒でなければならないと定められていました。これは、宗教戦争が頻繁に発生していたヨーロッパで、異教徒との政略結婚により王室が乗っ取られることを防ぐための手立てでした。

しかし、2013年、新王位継承法が制定（2015年施行）され、王室はカトリック教徒との結婚が認められるようになりました。そのため、メーガンさんが改宗しなかったとしても、法律上、結婚は可能でした。ただ、2013年の新法では、王室が結婚できる異教徒はカトリック教徒のみで、その他の宗教は認められていません。

イギリス王室のみならず、ヨーロッパの王室は原則、他宗教はもちろん、他宗派との結婚を認めていません。今日、宗教戦争の危機は薄らいだとはいえ、宗教の壁を越えるのは容易ではありません。

「開戦スピーチ」で国民を鼓舞したエリザベス女王の父

今日のイギリス王室は、ウィンザー朝といいます。もともと、イギリス王室は18世紀以来、ハノーヴァー朝でした。第1次世界大戦中の1917年、国王のジョージ5世は敵国ドイツの領邦であるハノーヴァー（後段で詳述）の名が冠された名称を避け、王宮のあるウィンザー城にちなんでウィンザー朝と改称しました。ウィンザー朝はジョージ5世から始まり、現在のエリザベス2世で4代目になります。

ジョージ5世が死去し、長子のエドワード8世が即位します。しかし、彼は離婚経験のあるアメリカ人女性のウォリス・シンプソンとの結婚を望み、世論の反感を買います。ウォリスは人妻で、エドワード8世はウォリスの夫に離婚を迫り、暴行事件まで起こしています。

当時のスタンリー・ボールドウィン首相はエドワード8世に「王制が危機に晒《さら》されている」と警告し、退位を迫りました。これに対し、エドワード8世は王位を捨て、ウォリスとの結婚を選びました。エド

図6-1　ウィンザー朝の歴代4人の国王

国王	在位期間
ジョージ5世	1917〜1936年
エドワード8世	1936年
ジョージ6世	1936〜1952年
エリザベス2世	1952年〜

ワード8世の行動は「王冠を賭けた恋」といわれました。

その後、エドワード8世の弟でエリザベス2世の父であるジョージ6世が即位します。ジョージ6世は非常に内気な国王で、生まれつき吃音《きつおん》に悩まされ、人前でまともに話すことができませんでした。アカデミー賞を受賞した映画『英国王のスピーチ』（２０１０年）はジョージ6世と王の吃音を治療した言語療法士との友情を、史実をもとに描いた作品です。

ジョージ6世は最終的に吃音を克服し、第２次世界大戦の「開戦スピーチ」で堂々の演説を行ない、国民を驚かせ、鼓舞しました。

なぜ、「チャールズ王太子」でなく、「チャールズ皇太子」と呼ぶのか

そして、１９５2年、ジョージ6世の死去でエリザベス2世が即位します。エリザベス2世は在位中の君主のなかで最高齢、２０１9年4月に93歳を迎えます。２０１5年、在位期間が63年を超え、ヴィクトリア女王を抜いてイギリス史上最長在位の国王となりました。現在でも、精力的に年間２００件以上の公務をこなしています。

エリザベス2世の夫フィリップ殿下は、ギリシア王族の出身（ギリシア名はフィリッポス）です。このギリシア王室がデンマーク王室の血統も引いていたため、フィリップ殿下は「ギリ

図6-2　イギリス王位継承順位

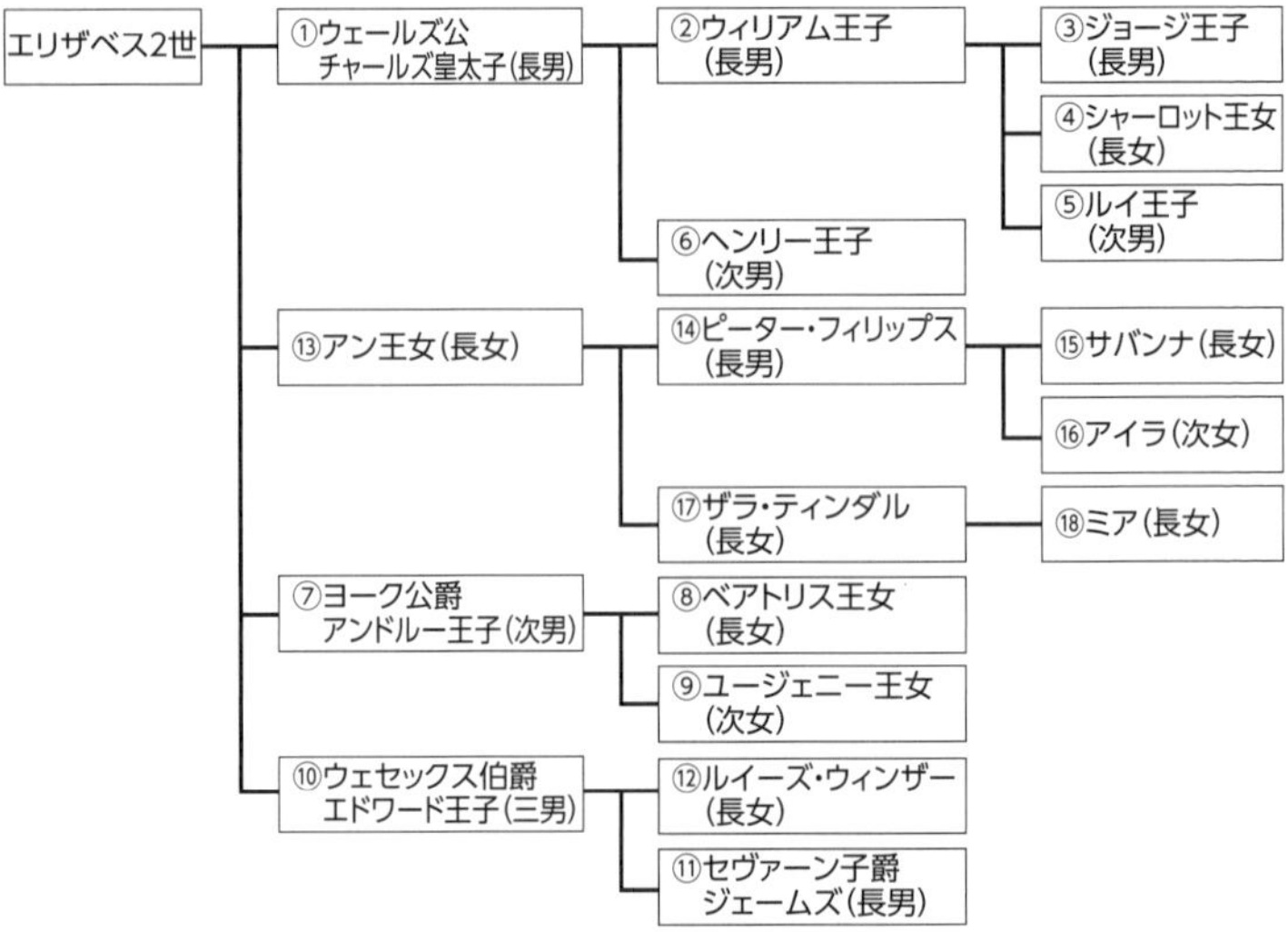

シア王子およびデンマーク王子」という称号を名乗っていました。ところが、ギリシアでクーデターが発生し、王制が倒されます。フィリップ殿下はギリシアを去り、最終的にイギリスに定住しました。

　フィリップ殿下はイギリス海軍に入隊し、第2次世界大戦に従軍しました。非常に有能な軍人で、将来を嘱望されていました。

　戦後、イギリスに帰化し、ギリシア正教会からイギリス国教会への改宗を行ない、1947年、当時は王女であったエリザベス2世と結婚します。結婚後、ジョージ6世からエディンバラ公爵の爵位が授与されました。

　エリザベス2世とフィリップ殿下の間に

は、チャールズ第1王子をはじめ、4人の子がいます。

　ところで、チャールズ第1王子を日本では「チャールズ皇太子」と呼ぶ習慣があります。本来ならば、エリザベス2世は皇帝ではないので、その王位継承者は「皇太子」ではなく「王太子」と呼ばなければなりません。にもかかわらず、なぜ「皇太子」と呼ぶのでしょうか。

　それは、日本にもともと「王太子」という言葉や称号がなかったからです。「Crown Prince（クラウン・プリンス）」という英語の日本語訳は「皇太子」であるため、わざわざ「王太子」と訳し変えませんでした。「王太子」と訳すと「皇太子」よりも格下の扱いになってしまうことへの配慮であり、そのことが慣習的に定着したのです。

　日本では、イギリスをはじめ、その他の国々の王太子もすべて「皇太子」と呼ぶ習慣が一般的にあります。

なぜ、イギリス王室はドイツ人の家系なのか

　イギリス王室は、ステュアート朝（17世紀）→ハノーヴァー朝（18世紀）→ウィンザー朝（20世紀）と続いています。

　ハノーヴァー朝は1714年、ステュアート朝の断絶を受け、ドイツ北部の貴族の家系であ

ったハノーヴァー家から国王ジョージ1世を迎えて成立しました。つまり、今日のイギリス王室はドイツ人の家系です。なぜ、イギリスはドイツ人を王に迎えたのでしょうか。
ステュアート朝は、初代の国王ジェームズ1世以下、6人の国王がいました。6人目のアン女王で断絶した際、ジェームズ1世の孫娘がドイツにいました。この孫娘の名はゾフィーといいます。ゾフィーの母がジェームズ1世の長女エリザベスで、ドイツの貴族ファルツ侯に嫁ぎ、生まれた子がゾフィーです。ゾフィーは、同じくドイツの貴族ハノーヴァー侯に嫁ぎました。

図6-3　ハノーヴァー朝誕生までの王統

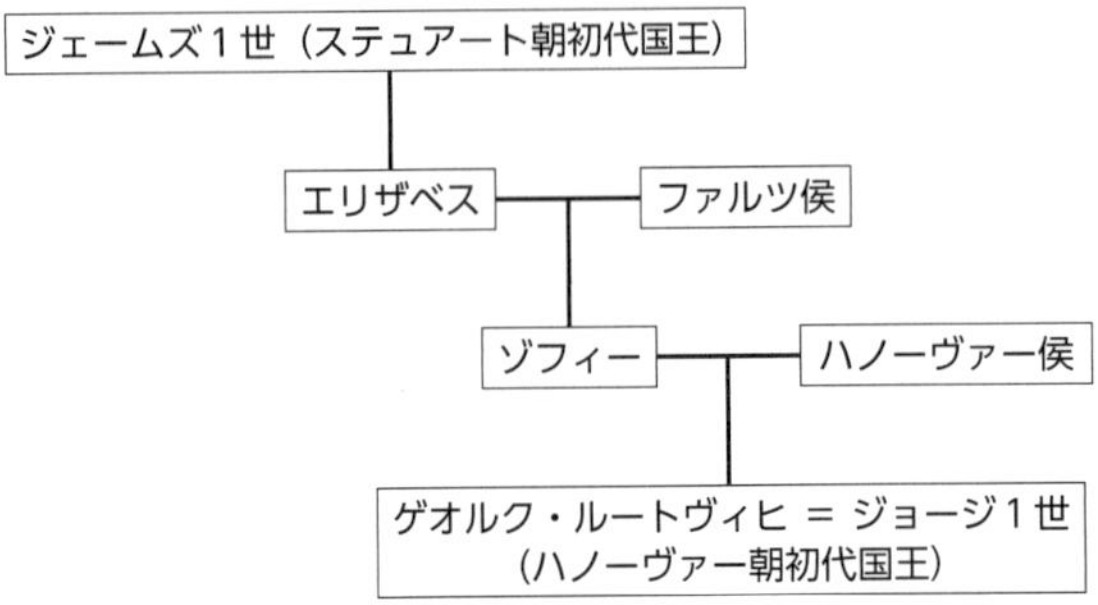

ステュアート朝最後のアン女王に子がなかったため、ゾフィーがイギリス王位継承者と認められました。しかし、ゾフィーはアン女王より2か月早く死去したため、女王の死後はゾフィーの長男であるゲオルク・ルートヴィヒが、イギリス国王ジョージ1世として迎えられました。ドイツ語のゲオルク（Georg）は英語のジョージ（George）です。
1701年に制定された王位継承法に「継承者はステュアート家の血を引く者でなければな

らない」という条項があり、イギリスの王位継承者はゾフィーの子孫に限られました。そのため、ゾフィーは今日にいたるまで、イギリス王室の直接の祖とされます。

◆女王をイメージ利用した大英帝国

ゾフィーの子のジョージ1世は、イギリス王位とハノーヴァー選帝侯の地位を兼ねました。ジョージ1世は英語を解せず、イギリスに馴染《なじ》まなかったため、ドイツのハノーヴァーに滞在することがほとんどでした。そのため、イギリス国政に関与することが少なく、「王は君臨すれども統治せず」といわれ、イギリスの立憲君主政治が定着し、責任内閣制が確立していきます。イギリスの議員たちは、国王を政治介入させないためにも、あえてドイツ人の王を選んだのです。

ゾフィー・フォン・デア・ファルツ
（ピーター・リリー画、1658年ごろ、個人蔵） 現在のイギリス王室の祖。才色兼備の女性として知られ、政治感覚にも優れ、夫のハノーヴァー侯を補佐した。

ハノーヴァー朝は、その後、ジョー

ジ2世、ジョージ3世、ジョージ4世と続き、19世紀後半のヴィクトリア女王時代の繁栄期を迎えます。

ヴィクトリア時代、イギリスは世界に進出して領土を拡大し、地球の全陸地面積の約4分の1、世界全人口の約4分の1（4億人）を支配するにいたります。名実ともに、イギリスは帝国となります。ヴィクトリア女王は、植民地の現地人を文明化することを大英帝国の使命とし、世界各地の異なる民族が大英帝国の臣民となることで救われる、という信条を強く抱いていました。

世界各地における大英帝国の支配への抵抗は強まる一方でしたが、ヴィクトリアが〝女王〟であったため、その抵抗心を和らげることに効果がありました。ヴィクトリア女王は「帝国の母」として、教育などの慈善活動を支援し、インドのガンジーもヴィクトリア女王を敬愛していました。

しかし、実際には、ヴィクトリア女王はイギリスの植民地の抵抗や反乱に対して、容赦ない措置をとるよう、首相のディズレーリなどに命じています。そのため、ヴィクトリア時代のイギリスが戦争をしていない時期はほとんどありませんでした。

1901年、ヴィクトリア女王が死去すると、長男のエドワード7世が即位します。そして、エドワード7世の子であるジョージ5世が続き、1917年、王朝名がハノーヴァー朝からウインザー朝に変わり、今日にいたります。

イギリス王朝の移り変わり

ここまで、ステュアート朝↓ハノーヴァー朝↓ウィンザー朝の変遷について見てきましたが、これ以前の王朝についても、簡単に見ておきましょう。

ステュアート朝の前には、テューダー朝がありました。有名なエリザベス1世は、このテューダー朝の王です。

図6-4　イギリス王朝の変遷

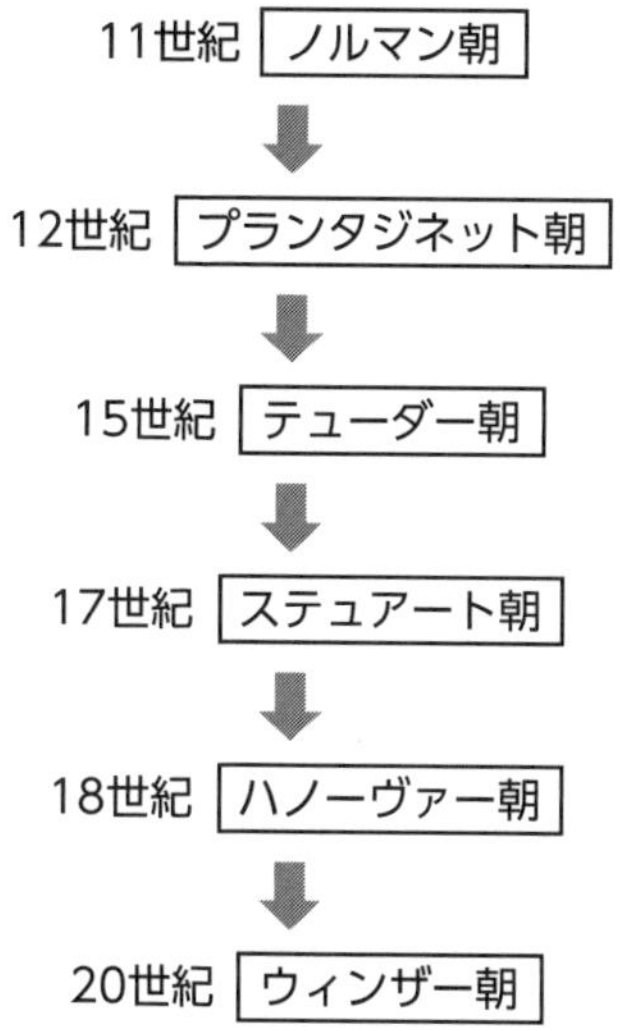

エリザベス1世はカトリック（旧教）と国教会の宗教対立を収束させ、世界最強のスペイン無敵艦隊を破り、イギリスが大国となる基礎を築きました。

エリザベス1世は「私は国と結婚した」と言い、生涯独身でした。国内外の政治的事情が複雑に絡み、結婚できなかったのです。ただし、レスター伯をはじめ、愛人と

ジェームズ1世（ジョン・ド・クリッツ画、1605年ごろ、プラド美術館蔵）　イギリスを好んだジェームズ1世は、イギリス王になってからスコットランドに1度しか帰らなかった。

される男は多くいました。それでも子に恵まれず、テューダー朝は断絶します。

1603年、エリザベス1世が死去すると、スコットランド王ジェームズ6世（ステュアート家）がイギリス王（イングランド王）ジェームズ1世として即位し、ステュアート朝が始まります。ジェームズ1世は、エリザベス1世の遠戚にあたります。

当時、スコットランドはイギリス（イングランド）と統合されておらず、別々の国家でした。そのため、イギリスとスコットランドは同君連合のかたちを取りました。

ジェームズ1世はイギリスとスコットランドの統一を望みましたが、両国は強硬に反対しました。しかし、ジェームズ1世は「グレートブリテン王（King of Great Britain）」と名乗り、両国の統合の王として振る舞いました。また、統合硬貨の「ユナイト」を発行しました。イギリスとスコットランドはジェームズ1世の時代の100年後の1707年に統合され、グレートブリテン王国となります。

テューダー朝の前の王朝として、プランタジネット朝があります。この王朝では、イギリスとフランスが百年戦争と呼ばれる大規模な戦争を戦いました。さらに、プランタジネット朝の前にノルマン朝があります。「ヴァイキング」と呼ばれたノルマン人がつくった王朝です（Chapter4参照）。

Chapter 7

なぜイギリス王室は残り、フランス王室は消えたのか

王を殺したイギリス人とフランス人

歴史上、王の首が地に転がるのを見て喜んだ国民がいます。イギリス人とフランス人です。政敵による暗殺で葬られた王は古今東西たくさんいますが、民衆の意思によって、民衆の手で、そして民衆の前で公開処刑された王の例は、イギリス国王チャールズ1世とフランス国王ルイ16世だけです。

日本の歴史のなかで、民衆によって天皇が処刑されるなどということが考えられるでしょうか。われわれの父祖は、そのような発想の片鱗すらもち合わせなかったでしょう。592年、崇峻《すしゅん》天皇が大臣の蘇我馬子《うまこ》によって殺されていますが、これは政敵の暗殺であって、民衆による処刑ではありません。

しかし、イギリス人やフランス人は違います。自分たちの王を自分たちの手で殺したのです。

１６４９年、チャールズ１世は市民革命で、裁判により死刑宣告。ホワイトホール宮殿のバンケティング・ハウス前で公開処刑されました。１７９３年、ルイ16世はフランス革命で、国民公会による投票の結果、死刑宣告。コンコルド広場で公開処刑されました。

チャールズ１世は、斧で斬首されました。斧は打ち損じることがあり、一撃で仕留められなければ悶え苦しむことになります。死刑囚を苦しませるため、首切り役人がわざと打ち損じることもありました。幸い、チャールズ１世は一撃で首を落とされました。

一方、フランスはいくぶん〝人道的〟でした。打ち損じのない、百発百中の処刑具のギロチンが開発されていました。ルイ16世は工具マニアで、施錠などを自ら工作するのが趣味でした。その知見から、ギロチンの刃の角度を、摩擦抵抗を減らすた

アンソニー・ヴァン・ダイク『チャールズ１世三面肖像』（1635〜1636年、ロイヤル・コレクション蔵） 大変な動物愛好家で、犬を溺愛した。彼が飼っていた犬種は、国王の名をとって「キャバリア・キング・チャールズ・スパニエル（通称「キャバリア」）」と命名された。愛妻家で、妾をもたなかった珍しい国王でもある。

ルイ16世（アントワーヌ＝フランソワ・カレ画、1788年、ヴェルサイユ宮殿蔵）　妻のマリー・アントワネットに操られる暗愚な王というイメージがつきまとう。包茎が酷く、子をなせなかったので手術したと伝えられる。

めに斜めにするとよく切れる、と助言していました。そのよく切れるギロチンで、まさか自分の首も切られることになるとは思っていなかったでしょう。

翌年、王妃のマリー・アントワネットもギロチンで処刑されます。

ブルジョワとは何か

イギリスもフランスも革命後、王制が復活します。イギリスは復活後、二度と王制が廃止されることはなかったのに対し、フランスは１８４８年、王制が再び廃止され、それ以降、復活することはなく、今日にいたっています。なぜ、このような違いが生じたのでしょうか。

図7-1　階級と政治体制

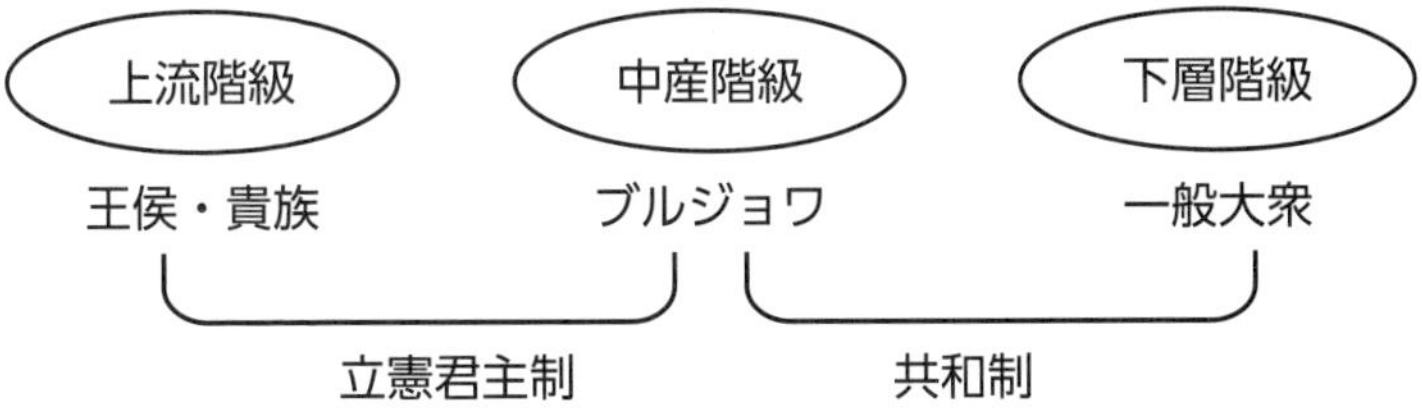

一言でいえば、イギリスの保守勢力がズル賢く、民衆の不満をうまく逸《そ》らして王制を維持できたのに対し、フランスの保守勢力はそういう政治的巧妙さをもち合わせていなかったからです。

16～17世紀、貨幣経済が浸透し、ヨーロッパ各地にマーケットが整備され、ブルジョワという新しい勢力が台頭してきます。ブルジョワとは、商工業に携わるビジネスマンのことです。大銀行の社長も、企業の社長も、中小企業商店の社員も、皆一様にビジネスマンである限り、ブルジョワです。

ブルジョワは、ドイツ語のブルク（Burg 都市、城）に由来する言葉です。中世において、城壁の中でマーケットが開催されました。そのマーケットにかかわった商工業の従事者たちを「城壁の中の住民」として、ブルガー（Burger）と呼びました。フランス語でブルジョワ（Bourgeois）です。フランス革命で商工業者のブルジョワが活躍し、大きな社会的影響力をもったため、フランス語読みのブルジョワが一般化しました。ブルジョワは市民革命であるフランス革命を担ったことから、市民という意味をもつようにもなります。

王侯・貴族の保守勢力は上流階級です。一方、ブルジョワは中産階級です。16～17世紀の「近世」と呼ばれる時代以降、ブルジョワが社会の中核的存在となり、経済発展や近代化を牽引していきます。

このブルジョワが下層階級と結びつくと共和制となり、上流階級と結びつくと立憲君主制となります。フランスが前者のケースとなり、イギリスは後者のケースとなりました。

◆誰が国王処刑を望んだのか

上流階級と下層階級の綱引きのなかで、ブルジョワ中産階級がどちらにつくかが政治体制を決するうえで重要でした。

イギリスの場合、上流階級がさまざまな妥協案をブルジョワ中産階級に提示し、彼らをうまく取り込みました。王侯・貴族がものごとを勝手に決める（専制）のではなく、ルールや権利関係を明文化し、それに皆が従うことによって、公正さを担保しようとしました。具体的には、1688年に制定された「権利の章典」が、これにあたります。ブルジョワもこうしたルールの明文化に賛同し、王制を掲げる上流階級と共存する道を歩みます。「権利の章典」が基礎となり、イギリスでは立憲君主制が発展します。

しかし、「権利の章典」が制定される50年前、イギリスのブルジョワの大半は上流階級に激しく反発し、下層階級と連携しました。上流階級は自分たちの特権にしがみつき、新規の産業参入を阻み、税制も自分たちにだけ有利なように組まれていました。上流階級とブルジョワの対立は強まるばかりで、妥協の余地がなかったのです。

ブルジョワ勢力を率いた指導者クロムウェルは1642年、市民革命を起こし、王党派を破り、国王チャールズ1世を捕えました。チャールズ1世の処刑をめぐり、ブルジョワ勢力の内部で対立が生じました。国王処刑に賛成したのは、下層階級でした。彼らは共和派で、貴族などの特権階級を排斥しようとしました。ブルジョワ勢力の大半が、この下層階級の意見に同調しました。

一方、チャールズ1世の処刑に反対したのはブルジョワの右派勢力でした。彼らは共和制には反対で、身分の序列を残す立憲君主制を主張しました。革命の指導者クロムウェルは多数派の左派勢力に与《くみ》し、1649年、国王を処刑しました。

◆共和制は危険と理解した中産階級

革命後、クロムウェルは護国卿（在任1653〜58年）に就任し、共和制を掲げますが、下層階級のための政治を行なったのかというと、実際のところ、そうではありません。

クロムウェルの政治的スタンスは、彼の政権が発足する前と後とで大きく異なります。政権発足前、クロムウェルは下層階級とともに市民革命を起こし、革命軍を率いて王党派を倒しました。そして、下層階級の要求に従い、チャールズ1世を処刑しました。

オリヴァー・クロムウェル（ロバート・ウォーカー画、1649年、ロンドン・ナショナル・ポートレイト・ギャラリー蔵）クロムウェルは死後、「王殺し」の張本人として貶められてきた。彼の政治手腕や人物への評価が正当になされるのは、19世紀以降のことである。

しかし、政権を握ると、クロムウェルは下層階級を弾圧しはじめます。とくに、下層階級で急進的な共和制を主張した水平派と呼ばれる人々を危険視し、大勢を処刑しました。一方、クロムウェルは政権運営のために、台頭するブルジョワ中産階級の経済力が必要と考え、中産階級を擁護する政治を行ないます。

ブルジョワ勢力も、下層階級と手を組むことは危険だと感じていました。人口の大半が下層階級で、彼らのすべてが自分たちの権利を要求して暴れはじめれば、収拾がつかなくなってしまいます。ブルジョワたち中産階級も、その地位を追われてしまいます。

クロムウェルは革命後のそうした空気の変化を読んで、政治スタンスを変化させていったのです。

うまく妥協したイギリス人

クロムウェルの死後、ブルジョワ勢力は貴族の上流階級との連携を強めていきます。ブルジョワ勢力は自分たちの身分を守るため、身分制社会を強く肯定するようになります。

ブルジョワ勢力は議会政治を主張し、上流階級は王制を主張していました。そして、両者の折衷案である立憲君主制が成立します。立憲君主制とは、王の存在を認めながらも、その独裁を許さず、議会が定める憲法にもとづき、王の権力を制限する制度です。

上流、中産階級の両者は議会勢力を形成し、共和派を排除しながら穏健な立憲君主政治を掲げ、王政復古を実現させました。1660年、チャールズ2世が即位します。

当初、チャールズ2世は立憲君主主義の精神に理解を示し、議会と妥協しながら、うまく関係を構築していました。しかし、徐々に議会の意向を聞かなくなり、議会との対立が深まります。チャールズ2世が死去すると、弟のジェームズ2世が即位しました。ジェームズ2世は強硬保守的で、専制支配の復活をめざします。議会との対立は避け難く、1688年、名誉革命となり、ジェームズ2世は追放され、前述の「権利の章典」が制定されました。

名誉革命以後、イギリス議会は国王に実質的な政治権力を認めず、これまで国王がもっていた外交交渉権、関税や消費税などの徴税権、行政執行権などを取り上げてしまいます。「国王は君臨すれども統治せず」という有名な言葉が生まれ、イギリスの立憲君主制が確立します。そして、王制を打倒する市民革命は二度とイギリスでは起こらなかったのです。

◆なぜ、フランスでは下層階級が強かったのか

一方、フランスでは上流階級とブルジョワの妥協が成立しませんでした。ブルジョワは、上流階級よりも下層階級と協調する道を選んだのです。フランス王室が残らなかった最大の理由が、ここにあります。

フランスでは、イギリスと異なり、下層階級の勢力が革命後も大きな役割を果たしました。国王ルイ16世が処刑されると、周辺の王国は革命が自国に波及することを恐れて、フランスに軍事介入しようとします。イギリスのような島国には、革命後、他国の介入がありませんでしたが、大陸国のフランスは違います。

フランスは、自国に介入しようとするプロイセン王国やオーストリア帝国の軍を排斥し、打ち倒すために強力な陸軍を必要としました。この陸軍兵士を構成していたのが、下層階級の民衆でした。戦場で命を賭けて戦う彼らは、強い政治的発言権をもち、誰も彼らを軽視できませんでした。クロムウェルは革命後、容赦なく下層階級を弾圧しましたが、こんなことはフランスでは絶対にできないことでした。

他国の侵攻の危機に晒されていたフランスでは、下層階級の兵士たちこそが革命国家の第1の守護者であり、その権利や主張は絶対的なものでした。こうした兵士たちに担ぎ出され、のし上がっていったのが軍人のナポレオンなのです。ナポレオンは、下層階級の代表者です。

ブルジョワ勢力も、ナポレオンら下層階級の勢力を支援しました。フランスのブルジョワにとって、下層階級と手を組むことは必然であり、その意味において、王制が存続できる余地はありませんでした。

ナポレオン時代の19世紀初頭において、陸軍の兵士の数が戦争の勝ち負けを左右しました。

19世紀後半からは、兵士の数よりも装備や兵器の質が勝ち負けの主な要因になります。ナポレオンの強さの秘訣は、ヨーロッパ随一の人口を誇るフランスの徴兵できる兵力数が、他国を圧倒していたからでした。そして、フランスの強大な軍事力を支えたのが、下層階級の民衆だったのです。

「かつてのフランスの栄光」を期待された皇帝

さすがのナポレオン軍も諸外国の包囲網が強まり、ついに瓦解します。ナポレオンは、大西洋の孤島セント・ヘレナ島に流されます。そして、1815年、王政復古となり、ルイ16世の弟のルイ18世が即位し、ブルボン王朝が復活しました。

しかし、下層階級の不満のエネルギーは溜まっており、早くも1848年には再び市民革命（二月革命）というかたちで爆発します。このとき、国王は処刑されずに済みましたが、退位させられます。これ以降、二度とフランスで王制が復活することはありませんでした。

王制崩壊後、共和制が敷かれましたが、共和主義者たちは政権をまともに運営することができず、混乱を極めました。この混乱を収拾したのが、ナポレオンの甥のナポレオン3世でした。

かつて、ナポレオンは下層階級（とくに兵士）の支持を基盤にしながら、ブルジョワ中産階級の支持も獲得し、皇帝になりました。このように、下層・中産階級の幅広い支持を同時に獲得していく政治手法は、ナポレオン・ボナパルトの名にちなんで「ボナパルティズム」と呼ばれます。いわば、ナポレオンは下層・中産の両階級を仲介するフィクサーだったのです。

　このボナパルティズムと同じ手法で政権を獲得したのが、ナポレオン3世です。1852年、国民の圧倒的な支持を受け、ナポレオン3世は皇帝に即位します。国民は、「かつてのフランスの栄光」の再現を甥のナポレオン3世に託したのです。

　ナポレオン3世は、農民、労働者などを取り込むための福祉的な諸政策を打ち出します。1855年、パリで万国博覧会が開催され、パリ市内が今日のかたちに整備されます。

　一方、ナポレオン3世は産業資本家などブルジョワの支持を得るため、対外戦争を積極的に行ないます。アロー戦争で中国市場へ、イタリア統一戦争に介入してイタリア市

ナポレオン3世（アドルフ・イヴォン画、1868年、ウォルターズ・アート・ミュージアム蔵）　叔父と同じく、ナポレオン3世は君主としての正統性をもっていなかったために、他のヨーロッパ君主から鼻であしらわれていた。とくに、ロシア皇帝は彼を「成り上がり者」と露骨に嫌っていた。

場へ、インドシナ出兵でベトナム・カンボジア市場へ進出し、さらにメキシコ遠征など、海外市場の獲得に奔走しました。

ナポレオン3世は中産・下層階級の両方に立脚し、バランスのとれた政治を進めていましたが、1870年、プロイセン・フランス戦争で敗れ、帝政が崩壊します。ナポレオン3世はプロイセン（ドイツ）の捕虜となり、その後、釈放されてイギリスに亡命しました。同年、第三共和政が発足。ブルジョワ派のティエールが首班につき、議会制をとります。ちなみに、第一共和政がフランス革命後、第二共和政が二月革命後です。

第三共和政は1940年、ナチスのパリ侵攻まで続きます。戦後の1946年、第四共和政が成立し、1958年にド・ゴール大統領の就任とともに第五共和政が成立し、今日にいたります。

Chapter 8

『夜警』の国オランダはいつ王国になったのか

◆ドラッグも売春も自己責任の自由の国

オランダでは、マリファナ（乾燥大麻）を使用することができます。よく誤解されているのですが、合法ではありません。オランダの法律で、大麻は所持も使用も禁止されています。しかし、自治体ごとの判断で、個人使用で5グラム以下の大麻であれば、起訴が猶予されます。つまり、違法ですが罰せられないのです。

首都アムステルダムでは「飾り窓」と呼ばれる大規模な売春街があることも、よく知られています。ドラッグも売春も、自己責任の範囲内でやればよい、政府がいちいち取り締まらない、ということになっています。自由の国オランダならではの発想です。

オランダは、16世紀にスペインから独立し、王を置かない連邦制の共和国となります（ネーデルラント連邦共和国）。ホラント州をはじめ、各州がほとんど完全な自治権を有しました。

レンブラント・ファン・レイン『夜警』（1642年、アムステルダム国立美術館蔵）　市民による共同統治と共同管理の理念を掲げたオランダの当時の様子をうかがい知ることができる。

オランダは商人の国です。商人たちは自由な交易・通商を求めるため、権力によって規制が敷かれるのを嫌います。

そこで、自分たちのことは自分たちで解決する自治が徹底されました。国家権力を抑制する観点から、警察組織も最小限に留められました。オランダを代表する画家レンブラントの『夜警』には、市民の自警団が街をパトロールする姿が描かれています。

自治の原則がオランダの国家成立以来の伝統であり、その延長線上に「ドラッグや売春を自己責任で」と容認する今日のスタンスがあるのです。

オランダはかつてドイツの一部だった

自治の原則を徹底してきたオランダですが、現在、オランダは王国（立憲君主制）であり、共和国ではありません。正式な国号は「ネーデルラント王国（Koninkrijk der Nederlanden）」です。

2013年、ベアトリクス女王が長男のウィレム＝アレクサンダーに譲位しました。ベアトリクス女王は、テレビ演説で譲位を布告しました。オランダの王朝は、オラニエ＝ナッサウ朝です。オランダは、いつ、どのように王国になったのでしょうか。オランダ王室の歴史をさかのぼってみましょう。

オランダは、もともとドイツ（神聖ローマ帝国）の一部でした。オランダは英語でDutch（ダッチ）ですが、このDutchはドイツ（Deutsche）のことです。つまり、オランダは国名をもっていませんでした。16世紀にオランダが独立すると、イギリスはオランダとドイツを区別するために、Dutch（ダッチ）はオランダを、German（ジャーマン、ゲルマンのこと）はドイツを指すということにしたのです。

オランダの国土のほとんどが標高200メートル以下で、その4分の1が海面より低い干拓地です。そのため、「低地地方＝ニーダーラント（Niderland）」（Niderはドイツ語で「低い」の意味）と呼ばれていました。ニーダーラントが転じて、オランダ語のネーデルラント（Nederland）になります。

オランダ諸州のなかで、アムステルダムを擁するホラント州が最も豊かであったので、諸州を代表し、「ホラント」の名が国名となります。日本語のオランダは、ホラントが訛ったものです。

中世において、オランダの人々は極端に貧しく、苦労して干拓事業に励み、12世紀ごろ、ようやく酪農地や耕作地に変えていくことができました。

◆独立戦争を戦ったオランダ王室の祖

当時のドイツは、神聖ローマ帝国の支配下にありました。神聖ローマ帝国は、スペインからドイツ・オーストリア、東欧にいたるまで広大な領土を有していました。そして、オランダもまた神聖ローマ帝国の支配下にありました。

16世紀、神聖ローマ帝国皇帝のカール5世は、広大な帝国領をオーストリア系とスペイン系に分けます（Chapter9で詳述）。そして、子のフェリペ2世にスペインやオランダなどを相続させました。以降、スペイン王フェリペ２世の圧政が続きます。このころ、オランダでは急速に商業が発展し、アムステルダムには銀行、証券会社、保険会社などの金融機関が立ち並び、豊富な資金をヨーロッパ中から集めました。

オランダは強い経済力を背景に、スペインと激しい独立戦争を戦い、１５８１年、独立します（１６４８年のウェストファリア条約で列国から正式に独立承認）。この独立戦争でオランダ軍を率いて戦ったのが、ナッサウ家のウィレム１世です。

ウィレム１世は当初、スペインに服従していましたが、１５６８年、オランダ軍が蜂起すると、意を決します。しかし、オランダ軍はスペイン軍に比べると弱小で、連戦連敗しました。正面からでは勝てないと悟ったウィレム１世は、商船を改造して軍船にし、沿岸都市に駐留するスペイン軍を神出鬼没で襲う作戦を指揮します。この作戦が成功し、港

ウィレム１世（アドリアン・キー画、1579年ごろ、アムステルダム国立美術館） ウィレム１世は若いころ、皇帝カール５世から有能さを認められてオランダ統治を任されたが、フェリペ２世とは激しく対立した。

湾都市を奪還していきます。

◆ドイツの一貴族だったナッサウ家

オランダを独立に導いたウィレム1世はナッサウ家出身で、この家系が現在のオランダ王室にいたるまで受け継がれています。

ナッサウはドイツ西部のラインラント・ファルツ州の地方都市で、ナッサウ家はこの地を治めるドイツの一貴族でした。

ナッサウ家は、16世紀初めに婚姻にもとづく相続でオランダ南部のブレダを獲得し、オランダと深くかかわるようになります。ウィレム1世よりも3代前のナッサウ家当主ヘンドリック3世は、神聖ローマ皇帝からホラント州、ゼーラント州、ユトレヒト州の総督に任命されてい

図8-1　ナッサウ家の勢力拡大

ます。

さらに、ナッサウ家は16世紀半ば、婚姻にもとづく相続で南フランスのオランジュ公（オランダ語でオラニエ）領を獲得しました。これ以降、ナッサウ家は「オラニエ＝ナッサウ家」と名乗り、家柄として格上であったオラニエ家を優先し、オラニエ公と呼ばれるようになります。

この家系から出たウィレム１世がオランダ独立戦争を指揮し、彼の子孫たちがオランダの共和国総督の地位を世襲していきます。

ちなみに、ナッサウ家が領有していたオランジュ公領は１７１３年、太陽王ルイ14世によってフランスに併合されます。そのため、オラニエ公の称号は名目上のものとなります。

なぜ、オランダ総督がイギリス王になったのか

17世紀に入ると、オランダは「自由な商業」の理念を掲げ、国内外からヒト・モノ・カネを呼び込み、急速に発展し、世界征服に乗り出します。三十年戦争（１６１８〜４８年）のヨーロッパ混乱の間隙《かんげき》をつき、オランダはアジアに進出。マラッカ海峡を支配し、東南アジア、台湾・中国に進出して、果ては江戸期の日本にも到達しました。

しかし、オランダはイギリスと海上貿易の利権をめぐり、対立します。イギリスで、市民革

ウィレム３世（ゴトフリート・ネラー画、1680年代、スコットランド国立美術館）　ウィレム３世は、事実上の「英蘭同盟」の証しとして、イギリス王に迎えられた。

命を経てクロムウェルが独裁政権を成立させると、英蘭戦争となります（「蘭」はオランダのことです）。商業大国オランダもイギリスの海軍力には勝てず、敗退しました。以後、オランダの勢力は衰え、イギリスの優位が確立します。

　イギリスは海外進出し、北米やインドにおいて、フランスとの対立が激化しました。フランスも１６４３年、ルイ14世が即位し、海外に積極進出していました。フランスに対抗するため、イギリスはオランダとの関係を修復します。

　オランダは英蘭戦争でイギリスに敗北し、復讐感情をもっていました。そのオランダに対し、イギリスは破格の誠意を示します。１６８８年、名誉革命でジェームズ2世が追放され、オランダから総督ウィレム３世と妻メアリを国王として招きます。オランダのトップをイギリス国王として迎え、オランダと一体化していきます。

ウィレム3世は、ウィレム1世から数えて5代目のオランダ総督です。妻のメアリはステュアート王家出身であったため、夫妻は共同統治者としてのイギリス王と認められたのです。オラニエは英語で「オレンジ」なので、「オレンジ公ウィリアム」と呼ばれました。1代限りではあったものの、オランダとイギリスにおいて、同君連合が成立しました。

イギリスはオランダの支援を得て、フランスとの戦争を100年間にわたって展開しました。第2次英仏百年戦争と呼ばれるこの戦争に、イギリスは最終的に勝利し、18世紀の後半、世界に君臨する大英帝国となります。

共和国の伝統を捨てたオランダ

ウィレム3世から数えて3代目のオランダ総督ウィレム5世の時代、フランス革命が起こります。1802年、オランダはナポレオンにより占領され、ウィレム5世は総督の座を追われます。

オランダはフランスの支配を受けますが、ナポレオンが没落すると、オラニエ＝ナッサウ家が復活します。しかし、このとき共和国の総督として復活したのではなく、立憲君主制の王国の王として復活しました。

ナポレオン失脚後、１８１４～15年のウィーン会議で「正統主義（レジティミズム legitimism）」が採択され、ヨーロッパ諸国の王室をフランス革命以前の状態に戻しました。この保守協調の体制のなかで、諸国はオランダが共和国になることを認めません。フランス革命後の共和国政府が、フランスのみならず、ヨーロッパ全体を大混乱に陥れたことに対するヨーロッパ諸国の警戒は強く、共和派勢力を徹底的に弾圧しなければならない状況のなかで、オランダも抵抗できませんでした。

オランダは王国となることを認める代わりに、南ネーデルラント（ベルギー）の併合が認められました。ベルギーは１８３０年に独立するまで、オランダ王国の支配下に置かれます（Chapter10で詳述します）。

こうして、ウィレム6世が１８１５年、オランダ王ウィレム１世として王位に就き、オランダ総督を代々引き継いできたオラニエ＝ナッサウ家はオランダ王室となります。ウィレム１世から数えて、現国王のウィレム＝アレクサンダーは7代目になります。

3代続く「女王の国」

オランダの王位継承は、長子相続制になっています。男女に関係なく、長子が王位を継ぎます。ただし、これは1983年以降のことで、それ以前は男子優先で、男子の近親者がいない場合に限り、その最も近親の女性が継承すると規定されていました。

図8-2 オランダ歴代王（オラニエ＝ナッサウ家）

国王	在位期間	続柄
ウィレム1世	1815〜1840年	総督から国王に
ウィレム2世	1840〜1849年	ウィレム1世の息子
ウィレム3世	1849〜1890年	ウィレム2世の息子
ウィルヘルミナ	1890〜1948年	ウィレム3世の娘
ユリアナ	1948〜1980年	ウィルヘルミナの娘
ベアトリクス	1980〜2013年	ユリアナの娘
ウィレム=アレクサンダー	2013年〜	ベアトリクスの息子

現国王のウィレム＝アレクサンダーには、長女カタリナ・アマリア王女（2003年生まれ）がいます。長子相続制のため、王女が次の王位継承者です。二女、三女と女子が続いており、いずれにしても、オランダ次期国王は女王の可能性が高いといえます。オランダは、女王が戦前から3代にわたり続きました。まさに「女王の国」といってよいでしょう。

ウィレム＝アレクサンダー国王の母ベアトリクス元女王は、ドイツ人外交官クラウス王配と結婚しました。クラウス王配は若いころ、ナチス党員であったため、オランダ国民は結婚を批判しました。それに悩んだクラウス王配は、適応障害を患います。クラウス王配はユーモラスな性格で、「私の仕事は儀式に参加してテープをカットすることだ」などと言って、周囲を笑わせることがよくありました。最終的に、国民の人気者となります（2002年に死去）。

夫が適応障害を患ったことから、ベアトリクス元女王は日本の雅子妃の適応障害を心配し、長期静養のため、雅子妃をオランダに招いたことがあります。

ベアトリクス女王は１９９５年、オランダ領植民地であったインドネシアを訪問したとき、「植民地支配はお互いに恵みを与えた」と演説して、物議を醸しました。

ウィレム＝アレクサンダー国王は、ライデン大学で歴史学を修めます。アルゼンチン出身のマクシマ・ソレギエタと婚約したとき、批判されました。マクシマの父が悪名高いアルゼンチン軍事政権の大臣だったからです。２人は２００２年に結婚しています。ウィレム＝アレクサンダー国王は、手堅い性格で知られます。

第4部

スペイン、ベルギー、ドイツなど

Chapter 9

スペイン王室は太陽王ルイ14世の子孫

呪われたスペイン王家

王というものは多くの場合、不幸であったと思います。ハプスブルク家の王たちは、とくにそうでした。

先端肥大症という病気があります。スペイン・ハプスブルク家の王族は、この病気に苦しめられました。成長期において、成長ホルモンの過剰分泌により、下顎がせり出し、唇が厚くなり、額が突き出ます。手足が長くなり、体の筋肉が収縮、とくに顎の筋肉が弱くなり、口を閉じることができなくなります。

スペイン・ハプスブルク朝の最後の王カルロス2世は、典型的な先端肥大症でした。カルロス2世は知的障害もあり、「衣服を身につけた動物」と呼ばれていました。性的にも不能で、子をなすことができず、彼の代で断絶します。

スペイン・ハプスブルク家の子は多くが10歳以上まで生き残ることができず、夭折しました。16世紀から17世紀までのハプスブルク家34人の子のうち、10人（29・4％）は1歳までに死亡、17人（50・0％）は10歳までに死亡しています。当時の一般的な乳幼児死亡率と比べても、明らかに高い数字です。カルロス2世も夭折すると見られていましたが、39歳まで生きました。

人々は病に苦しむ王族たちを見て、「王家は呪われている」と考えていました。疾患や障害、奇形をもった子が生まれたのは、何代にもわたり近親結婚を繰り返したためです。王家では、叔父と姪、いとこ同士など血縁者間での結婚が繰り返され、遺伝性疾患が生じました。

スペイン・ハプスブルク家の約8割が3等身以内の結婚で、近親交配の密着率（近親交配係数）が異常に高かったことがわかっています。

カルロス2世（フアン・カレーニョ・デ・ミランダ画、1680年、プラド美術館蔵） カルロス2世は知的障害に加え、さまざまな精神疾患に苦しめられた。王妃が死んだとき、精神錯乱に陥り、王妃の遺骸を掘り起こした。

なぜ、ハプスブルク家は近親婚を繰り返したのか

近親交配が病弱な子を生むという認識は、当時でも一定のレベルでありました。それにもかかわらず、ハプスブルク家はあえて近親婚を行ないました。なぜでしょうか。それを理解するために、ハプスブルク家の歴史をさかのぼります。

ハプスブルク家は10世紀ごろ、ライン川上流のドイツ南部、現在のスイスに起こった貴族です。ライン川とドナウ川の結節点となる地域一帯を領土とし、水運の利を生かした交易を活発に営み、富を集積していました。13世紀に、オーストリア・ウィーンを本拠地にし、ドイツ南部全域に領土を拡大します。

神聖ローマ帝国（ドイツ）の皇帝位に野心をもち、豊富な財力でドイツ諸侯を懐柔し、皇帝に選出されるようになります。15世紀、ハプスブルク家の帝位世襲が認められ、神聖ローマ帝国は19世紀にナポレオンに解体させられるまで、ハプスブルク家により引き継がれます。

ハプスブルク家が帝位を世襲して間もないころ、皇帝マクシミリアン1世はブルゴーニュ公の娘と結婚します。ブルゴーニュ公はフランスの貴族で、東北フランスからネーデルラント（オランダ、ベルギー）を領有していました。ブルゴーニュ公に男子の跡継ぎがなかったため、マ

図9-1　ハプスブルク家姻戚

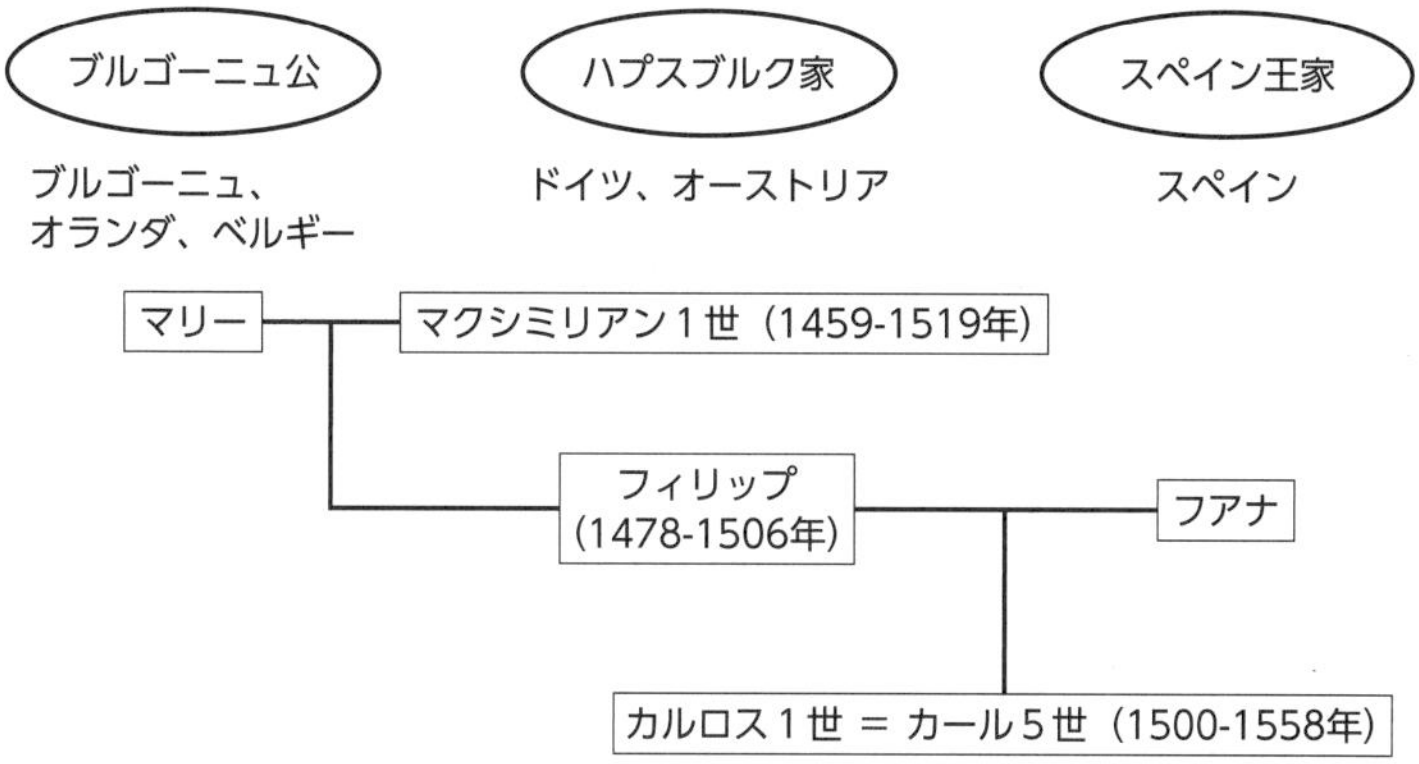

クシミリアン１世はブルゴーニュ公領ネーデルラントを相続します。

マクシミリアン１世の子フィリップはスペイン王女ファナと結婚をしますので、孫のカール５世はスペイン人の血が半分流れています。スペイン王国に男子の跡継ぎがなかったため、カール５世はスペインを相続します。したがって、神聖ローマ皇帝カール５世は、同時にスペイン国王カルロス１世でもあります。

婚姻関係にもとづく相続が続き、ハプスブルク家はカール５世の時代にオーストリアとドイツ、オランダ、ベルギー、スペインにわたる広大な領土を有する大帝国となりました。その他、ナポリ王国、シチリア王国などの南イタリアも領土とします。

ハプスブルク家は、このころから近親婚を繰り返すようになります。自分たちが婚姻関係にもとづく相続によって領土を拡大してきたため、こんどは他家に同じことをされてしまうのではないか、という警戒心からでした。そして、領土を奪われないために、他家との婚姻を禁ずる暗黙のルールがつくられていきました。領土などの財産への独占欲が、こうした歪んだ近親婚を生み出した最大の原因といえます。

2つのハプスブルク、オーストリア系とスペイン系

ハプスブルク帝国はカール5世の時代に全盛を誇りますが、カール5世の死後、領土が2つに分かれます。カール5世は弟のフェルディナント1世に神聖ローマ皇帝位とオーストリア・ドイツを相続させました。これをオーストリア系ハプスブルクといいます。さらに、子のフェリペ2世にスペイン・ネーデルラントを相続させました。これをスペイン系ハプスブルクといいます。

大航海時代を迎え、大西洋岸に位置するスペインの発展は著しく、強勢を誇りましたが、1588年、スペイン無敵艦隊（アルマダ）がイギリス海軍に敗北して制海権を奪われ、衰退します。オーストリア系も、1618年に始まる三十年戦争でフランスに敗北し、衰退します。

オーストリア系もスペイン系と同じく、多くの近親婚を繰り返しています。しかし、スペイン系ほど近親交配の密着率（近親交配係数）が高くはなく、カルロス2世のような障害をもっ

図9-2　カール5世後のハプスブルク帝国分割

オーストリア系	スペイン系
弟・フェルディナント1世	子・フェリペ2世
ドイツ・オーストリア・東欧	スペイン・オランダ・ベルギー
→神聖ローマ帝国（1806年まで） オーストリア帝国（1918年まで）	→スペイン王国（1700年まで）

た者が生まれてくることは多くありませんでした。

オーストリア系は健康な子だくさんの家系で、18世紀の女帝として有名なマリア・テレジアは男子5人、女子11人の計16人の子をつくりました。その末娘がマリア・アントーニア（フランス語読みでマリー・アントワネット）で、フランス王ルイ16世の妃となります。

オーストリア系の家系はその後も続きますが、第1次世界大戦の敗北で、1918年、帝国が解体されてしまいます。

一方、スペイン系はフェリペ2世以降、フェリペ3世→フェリペ4世→カルロス2世と4代のスペイン王が続きますが、1700年、カルロス2世の死去によって、王統が断絶します。

なぜ、フランス人がスペイン王室の祖なのか

スペイン・ハプスブルク朝が断絶すると、フランス王ルイ14世（ブルボン朝）は自分の孫フ

図9-3　スペイン・ハプスブルク家とブルボン家との関係

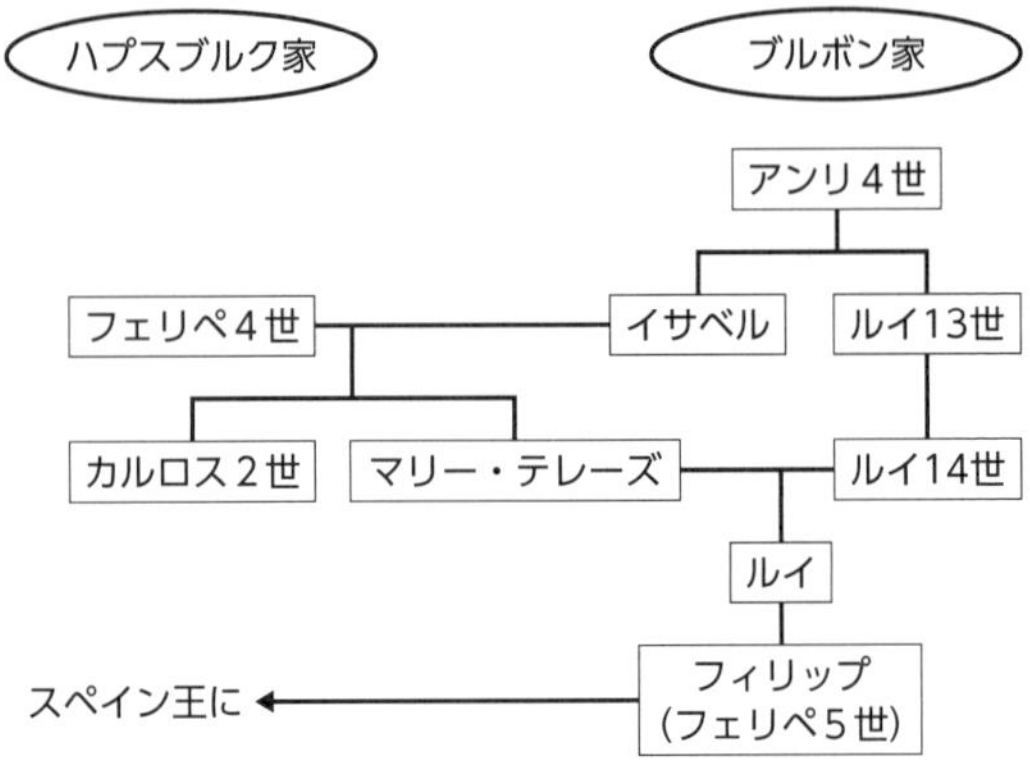

イリップをスペイン王位に就けようとします。ルイ14世の妃マリー・テレーズはハプスブルク家出身であり、孫がハプスブルク家の血を引いていたからです。

スペイン貴族たちはフランス・ブルボン朝の強大な力を恐れ、協調しはじめます。そして、ルイ14世の孫を国王に迎え、フィリップがフェリペ5世としてスペイン王に即位しました。こうして、スペイン・ブルボン朝が始まり、今日のスペイン王室にいたります。

しかし、ヨーロッパ諸国、とくにイギリスやオーストリア帝国は、フランスの王族がスペイン王になることに激しく反発します。そのため、スペイン継承戦争が勃発します。この戦争は10年以上続き、最終的にフランスはスペインの王位継承を認めさせることに成功しますが、大きな代償も払います。イギリスに新大陸などの領土をすべて割譲し、オーストリアには南ネーデルラント（ベルギー）やイタリアの領土を割譲しました。

こうして、ルイ14世の孫のフェリペ5世はフランスの強力な後ろ楯でスペインを掌握し、ス

フェリペ5世（ジャン・ランク画、1723年、プラド美術館蔵） スペイン・ブルボン朝の祖。スペインへ赴く際、祖父のルイ14世から「よきスペイン人たれ、それがそなたの第1の義務である。されど、フランス人であることを忘れるな」と言われた。

ペイン・ブルボン朝の基礎を築きます。しかし、フェリペ5世もまた精神疾患を患っていました。重い躁鬱《そううつ》病で、不眠障害に苦しみました。ルイ14世亡き後、フランス王位をも狙いましたが、フランス貴族らに阻まれました。

代々、圧政で国民を苦しめたスペイン王

スペイン・ブルボン朝は、スペイン語読みで「ボルボン朝」と表記されることもあります。

スペイン・ブルボン朝は一時、ナポレオンの支配を受けたり、19世紀半ばで中断しますが、20世紀まで続きます。この間、約200年間、スペイン王は保守的で硬直的な政治を進め、自由

主義を激しく弾圧しました。そのため、国力が弱まり、ラテン・アメリカやフィリピンなどの海外の広大な植民地も失っていきます。

１９３１年、左翼共和派の勢力が強まるなか、10代目の国王アルフォンソ13世が王位を追われ、共和政が成立します。その後、スペイン内戦を経て、フランコの独裁政治が成立します。１９７５年にフランコが死去すると、アルフォンソ13世の孫のファン・カルロス１世が即位し、スペイン・ブルボン朝が復活しました。

ファン・カルロス１世は２０１４年、当時76歳で世代交代を理由に生前退位をしました。それまで、スペインの法律には生前退位に関する規定はありませんでしたが、スペイン政府はわずか2週間余りで関連する法案を作成し、上下両院で可決・成立させました。日本でも、２０１７（平成29）年6月に天皇陛下の退位を認める特例法が可決されましたが、よく似ています。

スペイン王は、歴史的に圧政を敷いて国民を苦しめたため、ファン・カルロス１世の時代でも、世論調査で王制を支持しない数が過半数でした。次のフェリペ6世の代になり、ようやく国民の支持を幅広く得られるようになります。

原則、男系継承のスペイン王室

フアン・カルロス1世の退位にともない、長子のフェリペ6世が即位し、現国王となります。フェリペ6世はルイ14世の孫のフェリペ5世から数えて12代目の国王になります。

フェリペ6世は、マドリード自治大学で法律を学びました。バルセロナ・オリンピックにヨット選手として出場したスポーツマンです。2004年、国営テレビ（TVE）キャスターのレティシア・オルティスと結婚し、レオノール王女とソフィア王女がいます。

次の王位継承者は、レオノール王女です。19世紀の8代目国王イサベル2世のとき以来の女王の誕生となる見込みです。レオノール王女は容姿端麗で、将来、美しい女王になると国民に期待されています。

スペインの王位継承は日本と同じく、原則として男系男子による王位継承しか認められていません。日本と異なるのは、直系の男子がいない場合に限り、女王が認められることです。

ブルボン朝は本家のフランスでも、分家のスペインでも、「サリカ法」という男系男子による王位継承しか認めない規定がありました。サリカ法は、フランク人サリー族がつくったフランク王国の法典に由来します。フランス王室は、このサリカ法を厳格に守りました。

ハプスブルク家もこのサリカ法を踏襲《とうしゅう》し、他家男性による王室乗っ取りを防ごうとしました。前述のオーストリア帝国のマリア・テレジアは女帝とされますが、法的には皇帝ではありません。皇帝は夫のフランツ1世シュテファンで、マリア・テレジアは「皇后にして共同統治者」という立場です。夫のフランツ・シュテファンは、フランス貴族のロレーヌ公（ドイツ語読みでロートリンゲン公）でした。そのため、マリア・テレジア以降のオーストリア帝国はハプスブルク＝ロートリンゲン朝と呼ばれます。

このサリカ法の伝統が今日のスペイン王室でも生きており、原則として男系男子による王位継承しか認められていませんが、現国王のフェリペ6世に男子がいないため、次期王は女王となる可能性が高いのです。

ポルトガルの2つの王朝、アヴィス朝とブラガンサ朝

ポルトガルでは、イスラムの侵入と戦った武人勢力が王国の基盤を形成し、スペインの勢力に対抗しながら、国力を増強させました。

ポルトガルのアヴィス朝は、15世紀の大航海時代にインドにまで進出し、繁栄を築きました。アヴィス朝の王権は固まり、ヨーロッパで最も早くに絶対主義を確立しました。有名なエンリ

ケ航海王子もアヴィス家出身です。

1580年、アヴィス家が断絶すると、隣国のハプスブルク家スペイン王国に併合されます。当時のスペイン王フェリペ2世は、ポルトガルを同君連合の地域として自治などを認め、緩やかに統治を行ないました。しかし、17世紀になるとスペインがポルトガルを抑圧したため、ポルトガル人の独立意識が高まります。1640年、ポルトガルは独立し、アヴィス家の分家であるブラガンサ家のジョアン4世がポルトガル王に即位しました。ブラガンサ朝はスペインの衰退とともに停滞していきますが、20世紀まで続きます。

19世紀後半、産業革命によって台頭したブルジョワや労働者が共和主義を目指します。「1910年10月5日革命」によって王制が倒され、ポルトガル最後の国王マヌエル2世はイギリスへ亡命し、ブラガンサ朝は崩壊しました。ポルトガルは共和国となり、現在にいたります。

その後、クーデターが相次ぎ、混乱期となりますが、1930年代にアントニオ・サラザールが軍事独裁政権を率いて、政情を安定させました。

Chapter 10

イギリスの都合で生まれたベルギー王室

王妃が夫のイメージ戦略を担当

ベルギー国王フィリップは王太子時代、「世界一、退屈で気難しい王子」という評判で有名でした。いつも憮然として決して笑わず、暗いイメージがつきまとっていました。「フィリップ殿下は王にふさわしくない」という声も多くありました。

フィリップ国王はベルギー王立陸軍士官学校を出て、イギリスのオックスフォード大学トリニティ・カレッジ、アメリカのスタンフォード大学大学院に留学し、政治学を修めます。頭脳明晰で優秀でした。

空軍中尉に任官し、空挺部隊などに配属された後、空軍大佐、少将に順調に昇進。生真面目な性格で、軍人が性に合っていました。フィリップ国王の趣味は哲学です。女性の噂も一切ありません。

日本であれば、このような生真面目な王族は好感をもって迎えられるでしょうが、陽気なベルギー人気質からすれば、嫌われてしまいます。

そんな夫を大変身させたのがマティルド王妃でした。フィリップ国王（当時は王太子）の服装を明るい色のカジュアルなものにしました。フィリップ国王はダーク色のスーツ以外に着ることはなかったので、これだけでも大きな変化でした。さらに、マティルド王妃はフィリップ国王に、写真撮影の際、「必ず笑うように」という〝厳命〟を下します。表情や話し方などについても細かく指示。フィリップ国王も妻の〝厳命〟にはおとなしく従いました。プレス公表用の写真も、王妃自身が徹底的に取捨選択しました。

その結果、王太子への国民のイメージが改善されていきます。フィリップ国王が２０１３年、53歳で即位したときには、ベルギー国民から絶大な支持を受けるようになります。

マティルド王妃は最近、国王が朝の子供たちの登校につき添っている様子などをメディアに露出させ、家族思いの父というイメージを流布することに成功しています。国王のイメージづくりも大変なのです。フィリップ国王は、もともと真面目なだけに信頼感はあり、気難しく暗いイメージが改善されたことで、国民の好感度が一気に上がっています。

マティルド王妃はベルギー貴族出身（デュデケム・ダコ伯爵令嬢）の王妃です。大学時代は心理学を学び、言語障害治療士の資格を有しています。１９９９年に結婚し、エリザベート王女を筆頭に、4人の王女と王子がいます。

ベルギー史上初の女王誕生か

フィリップ国王の父で前国王のアルベール2世は、生前退位でした。生前退位の理由は、正式発表では高齢のためとなっていますが、隠し子騒動、脱税疑惑などで、国民の支持を失ったからともいわれます。2013年、アルベール2世の隠し子と主張する女性が訴訟を起こしています。

アルベール2世は政治的な能力に恵まれていました。2010年、各党の連立政権樹立のための交渉が難航し、政権を1年以上発足できない状態が続きました。アルベール2世は仲介役を務め、妥結させました。

ベルギーには、「言語戦争」と呼ばれる地域紛争があります。北部にオランダ語を話すフランデレン人、南部にフランス語を話すワロン人がいます。アルベール2世は両者の友好と協調の推進に尽力しました。ちなみに、ベルギーの公用語はフランス語です。

ベルギーは男系男子にのみ王位継承資格を認めてきましたが、ベルギー議会は男女同権の観点から、王位継承権者を長子相続とすることを決め、憲法が修正されました。そのため、フィリップ国王の長子のエリザベート王女（2001年生まれ）が最上位の王位継承者です。ベルギー国民は、次期国王として史上初の女王が誕生すると期待を寄せています。

なぜ、ベルギーはオランダから独立したのか

ベルギー王室の歴史はいまだ190年足らずで、ヨーロッパでは新しいほうです。国号の「ベルギー」という名も新しく、18世紀ごろ、民族主義の高揚のなかで使われはじめます。それまで、ベルギー人はオランダ人と同じ「ネーデルラント人」でした。オランダ人でもなく、フランス人でもない彼らは、ガリアに住んでいたゲルマン人の一派ベルガエ人の名を取り、ベルギーと名乗りはじめます。

中世の古名フランドルは主にベルギーを指す地域名ですが、東北フランスも含まれます。そのため、この古名もベルギー人にはシックリこなかったのです。

ネーデルラントとは、北のオランダと南のベルギーを指す総称です。この地域は15世紀以降、神聖ローマ帝国領（ドイツ）に組み込まれます。神聖ローマ皇帝カール5世の死後、スペイン系ハプスブルク家の領土となり、スペイン国王フェリペ2世の時代、重税による苛酷な支配を受けます。熱心なカトリック教徒であったフェリペ2世は、新教徒の多かったネーデルラント

図10-1　ネーデルラントの変遷

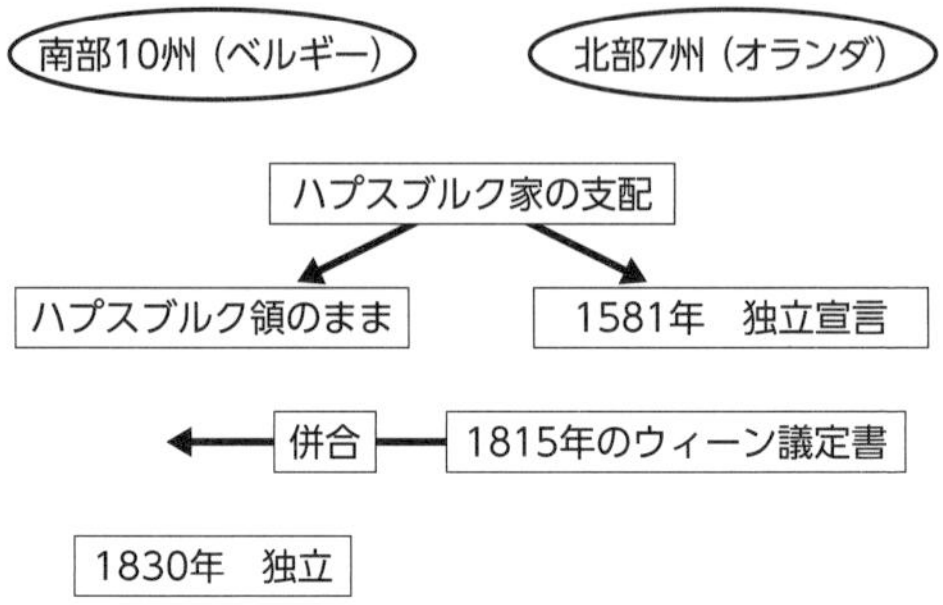

北部（オランダ）を弾圧する一方、カトリック教徒が多かった南部ネーデルラント（ベルギー）を懐柔しました。

北部7州（オランダ）はスペイン・ハプスブルク家に立ち向かい、オランダ独立戦争を起こします。しかし、南部10州（ベルギー）はスペイン側に恭順します。南部10州は19世紀まで、ハプスブルク家が支配し、1815年のウィーン議定書でオランダ王国に併合されます。

オランダ国王ウィレム1世は、カトリック教徒であるベルギー人を差別・弾圧しました。学校にカトリック教育をやめるよう強制し、オランダ語教育も強制しました。政府や軍の要職はオランダ人が独占しました。

ベルギー人の不満が爆発し、1830年、独立革命が起こります。ブリュッセルを中心に、オランダ軍との激しい市街戦が続き、ベルギーの革命軍が少数ながら、優位に立ちます。イギリスが介入し、オランダに軍を退かせるように迫りました。オランダは、最終的にイギリスの圧力に屈します。

イギリスのベルギーへの野心

イギリスはベルギーの肩をもち、オランダに独立を認めさせました。独立後、イギリスはイギリス王室と縁戚関係にあるザクセン＝コーブルク＝ゴータ家のレオポルトをベルギー国王に推します。1831年、レオポルトはレオポルド1世として即位します。このレオポルド1世とは、何者でしょうか。

レオポルド1世（フランツ・ヴィンターハルター画、1839年、ベルギー王室蔵）
ベルギー王室の祖。レオポルド1世もイギリス王族（ジョージ4世の娘）と結婚したが、すぐに死別。後にフランス王族と結婚した。

ザクセン＝コーブルク＝ゴータ家という家系は、もとを辿《たど》るとドイツのザクセン家という有名な貴族の家系に行き着きます。ザクセン家から派生し、この分家が後の時代に、コーブルク（ドイツ・バイエルン州北部の都市）とゴータ（テューリンゲン州の

図10-2　ヴィクトリア女王系図

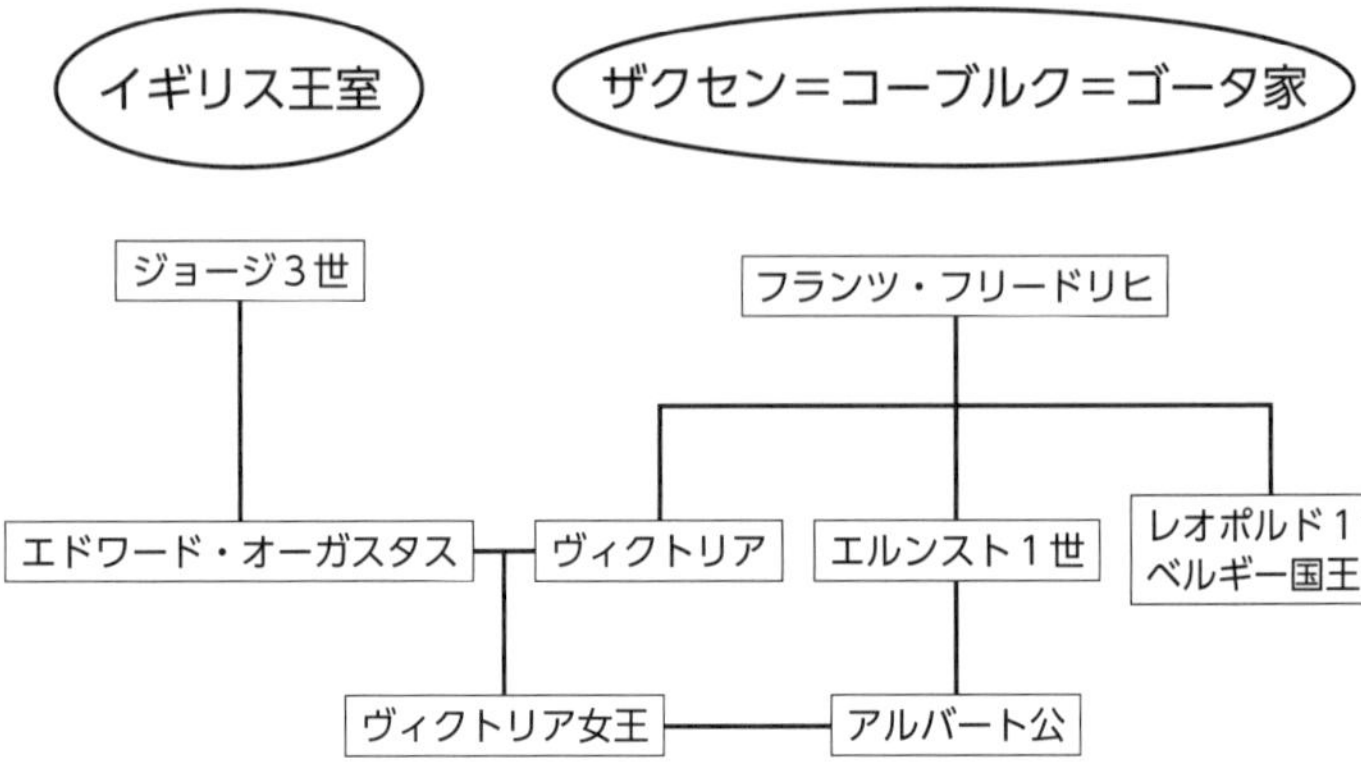

郡）を領有し、ザクセン＝コーブルク＝ゴータ家となったのです。

18世紀に、この家系の女性ヴィクトリアがイギリス王室に嫁ぎます。そして、生まれた子がヴィクトリア女王です。さらに、ヴィクトリア女王の夫もこの家系出身のアルバート公です。図10-2のように、イギリス王室はザクセン＝コーブルク＝ゴータ家と深い縁戚関係にあります。

イギリスは、自分たちの息のかかったレオポルド1世をベルギー国王に推すことで、ベルギーに対する影響力を確保しようとしました。ベルギー王室は、大国イギリスの都合で生み出されたといっても過言ではありません。

ベルギー王室は、ザクセン＝コーブルク＝ゴータ朝でした。ところが、1920年、3代国王のアルベール1世は第1次世界大戦の敵国であったドイツに由来

図10-3　ベルギー歴代国王（ベルジック家）

国王	在位期間
レオポルド1世	1831～1865年
レオポルド2世	1865～1909年
アルベール1世	1909～1934年
レオポルド3世	1934～1951年
ボードゥアン	1951～1993年
アルベール2世	1993～2013年
フィリップ	2013年～

する、この王朝名を忌避し、使用を禁止しました。そして、家名をベルジック家（「ベルギー」をそのまま取った）と変更し、今日にいたります。

ベルギー王室が「ベルジック家」というのは大変わかりやすいと思います。「ザクセン＝コーブルク＝ゴータ家」などと長々と名乗っていては、一般市民は覚えられません。

ドイツの一部だったルクセンブルク

「ベネルクス3国」という言い方があります。これはベルギー、ネーデルラント（オランダ）、ルクセンブルクの頭文字を取った言い方です。

ルクセンブルクは人口約57万人を擁する大公国です。公国とは、公爵が君主として有する国です。公爵は貴族のなかでも最も格上で、国王に次ぐ存在です。ちなみに、貴族の階級には公爵を頂点に次ページ図10-4のような序列があります。

ルクセンブルクは中世以来、神聖ローマ帝国（ドイツ）の一部でした。したがって、ドイツへの帰属意識がもともと強く、ルクセンブルク人というのは実質ドイツ人です。ルクセンブルク語はドイツ語をベースに、一部、フランス語やオランダ語を取り入れた混成型の言語です。

ナポレオンの失脚後、1815年のウィーン会議で、ルクセンブルクは大公国として正式に成立し、大公にオラニエ＝ナッサウ家のオランダ国王が就き、オランダとの同君連合になりました。

1830年にベルギーが独立した際、オランダ本土と分断されますが、ルクセンブルク大公はオランダ国王が兼任する状態が続きます。

図10-4　爵位序列

1．公爵（Duke デューク）
2．侯爵（Marquess マークィス）
3．伯爵（Earl アール）
4．子爵（Viscount ヴァイカウント）
5．男爵（Baron バロン）
6．准男爵（Baronet バロネット）
7．ナイト（Knight ナイト）

（　）内は英語

3代目のオランダ国王兼ルクセンブルク大公ウィレム3世（ルクセンブルク語でギヨーム3世）が1890年に死去した際、オランダ王位をウィルヘルミナ女王が継ぎます。しかし、ルクセンブルク大公位については、女子の相続権が認められていなかったため、ウィルヘルミナ女王は大公位に就くことができませんでした。

そこで、オラニエ＝ナッサウ家の王族アドルフが、ウィルヘルミナ女王とは別にルクセンブルク大公に即位することとなり、オランダとの同君連合が解消されました。事実上のルクセン

図10-5　歴代ルクセンブルク大公
（オランジュ＝ナッソー家）

大公	在位期間
アドルフ	1890〜1905年
ギヨーム4世	1905〜1912年
マリー＝アデライード	1912〜1919年
シャルロット	1919〜1964年
ジャン	1964〜2000年
アンリ	2000年〜

ブルク大公国の自立・独立です。独立ルクセンブルクの初代大公アドルフが今日のルクセンブルク大公の祖で、6代目の現大公アンリにいたります。ルクセンブルク大公はオラニエ＝ナッサウ家（ルクセンブルク語読みでオランジュ＝ナッソー家）の家系です。

アドルフの息子ギヨーム4世は男子の継承者がなかったので、大公位の女子継承を可能とする法改正が行なわれ、マリー＝アデライード、シャルロットの姉妹が大公位を継承しました。

ルクセンブルクは立憲君主制ですが、大公は行政権を執行する権限があります。

7つのミニ・ステート（極小国家）

ルクセンブルク大公国をはじめ、領土の面積、人口などの規模の小さい国家がヨーロッパには7つあります（次ページ図10-6参照）。これらはミニ・ステート（極小国家）と呼ばれ、そのなかでも公国には公爵などの君主がいます。バチカン市国の君主はローマ教皇です。

近代国民国家は、その形成の過程で諸侯の封土（小領土）を吸収・併合してきましたが、そこから漏れたものがミニ・ステートとして今日でも残っています。

これらのミニ・ステートは人口が少ないため、国民1人あたりのGDPが高い傾向にあります。しかし、軍備などを整える予算はないため、他国に国防を委ねています。たとえば、リヒテンシュタイン公国はスイスに、モナコ公国はフランスに、アンドラ公国はフランスとスペインに、バチカン市国はイタリアに、それぞれ有事の際には頼ることになっています。また、バチカン市国の治安はイタリアの警察が担当しています。

ルクセンブルク大公国やリヒテンシュタイン公国は、ユーロ圏における富裕層向けのプライベート・バンキングの中心地となっています。独自の税優遇措置や情報秘匿性という利点を大いに活かし、巨額の資金を集めています。

図10-6　ヨーロッパのミニ・ステート

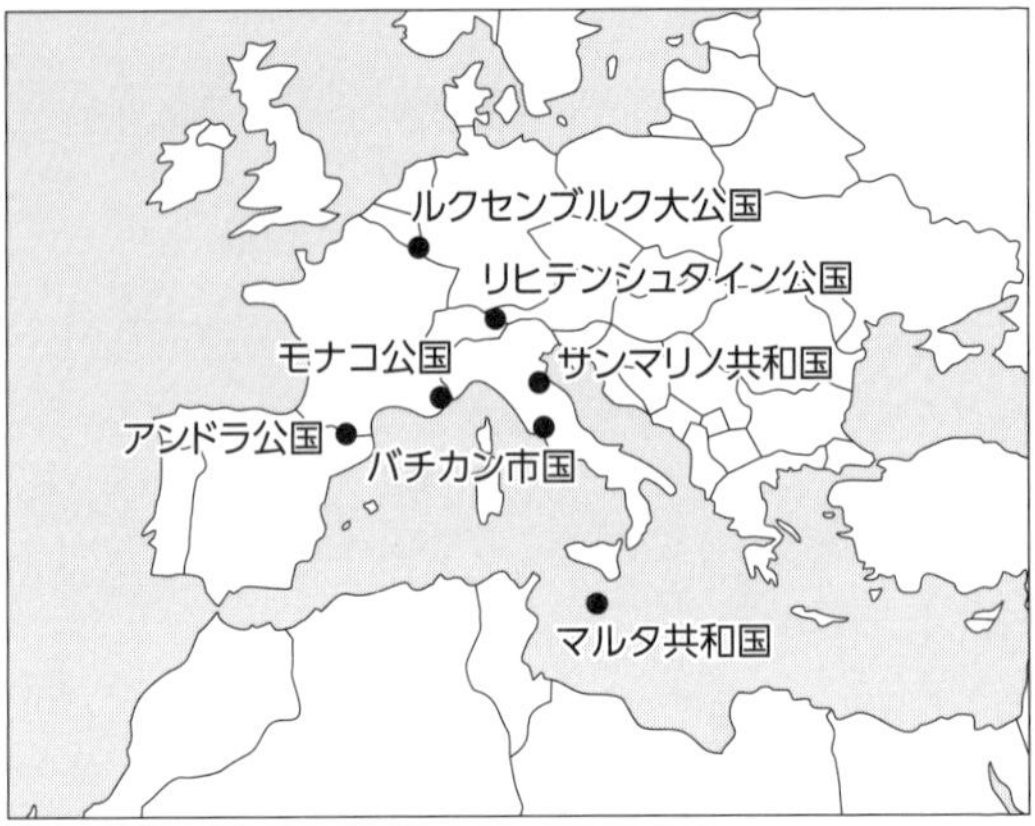

Chapter 11

王室の熾烈な生き残り競争、ドイツ・イタリア

◆マキャベッリの理想の君主像

「民衆というものは、頭をなでるか、消してしまうか、そのどちらかにしなければならない」と述べたニコロ・マキャベッリ。彼は15世紀〜16世紀のルネサンス期を代表するイタリアの思想家です。マキャベッリは主著『君主論』で統治者について、以下のように述べています。

「個人の間では、法律や契約書や協定が、信義を守るのに役立つ。しかし権力者の間で信義が守られるのは、力によってのみである」

君主は時に裏切り、謀略を企み、道義に反することもしなければならない、さもなくば相手につけ入るスキを与え、動乱を招き、それは多くの人々を不幸にする、ということをマキャベッリは主張しています。マキャベッリの冷厳なリアリズムに透徹した政治論は、今日にいたるまで色褪せることなく、支配や権力というものの真実をわれわれに示します。

ニコロ・マキャベッリ（サンティ・ディ・ティート画、16世紀前半、ヴェッキオ宮殿蔵）　フィレンツェ共和国の外交官として活躍。フランスによってフィレンツェ共和国が崩壊すると、追放され、隠遁生活のなかで1513年、『君主論』を書き上げた。

マキャベッリの時代のイタリアはいまだ統一国家ではなく、ミラノ公国、フィレンツェ共和国、ヴェネツィア共和国、ローマ教皇領、ナポリ王国などの領邦に分裂し、互いに反目していました。

マキャベッリは当時の群雄割拠するイタリアで、チェーザレ・ボルジアという人物に理想の君主像を見出しました。チェーザレは、策謀により多くの政敵を抹殺し、人々に恐れられていました。

チェーザレの父はスペインの田舎貴族ボルジア家の当主で、聖職者となり、出世して枢機卿となって、ついには強引な贈賄的手法によりローマ教皇にまで登り詰めた人物です。チェーザレの父は、教皇としてアレクサンデル６世と名乗りました。このアレクサンデル６世は大変な好色家であり、彼の愛人の１人に生ませた子がチェーザレでした。

教皇とその息子のチェーザレは、政敵を排除するために「カンタレラ」というヒ素のような毒を使ったといわれます。これは、ボルジア家の政敵への粛清が陰惨を極めたことから噂され

ジョン・メイラー・コリアー『ワインを客に勧めるボルジア家の人々』（1893年、コルチェスター・イプスウィッチ美術館蔵） 右側の法衣を纏《まと》っている人物がアレクサンデル6世、左端のワインを客人に差し出しているのがチェーザレ。中央の女性がチェーザレの妹ルクレツィア。ルクレツィアは美貌の持ち主で、父によってたびたび政略結婚をさせられた。

たつくり話の類いとされますが、真偽のほどはわかっていません。上の絵画は、チェーザレが毒の入ったワインを客人に差し出す場面を描いたものです。

幻の「統一教皇国」

チェーザレ・ボルジアはイタリア統一の野望を抱き、父で教皇のアレクサンデル6世の後押しで軍団を率い、イタリア北部の都市に攻め込み、次々と攻略していきます。かつて敵であったフランスにも取り入りました。イタリア統一へと突き進むチェーザレの大局観や彼の戦術・戦略の巧みさをマキャベッリは絶賛しました。マキャベッリは、『君主論』のなかで以下のように述べています。

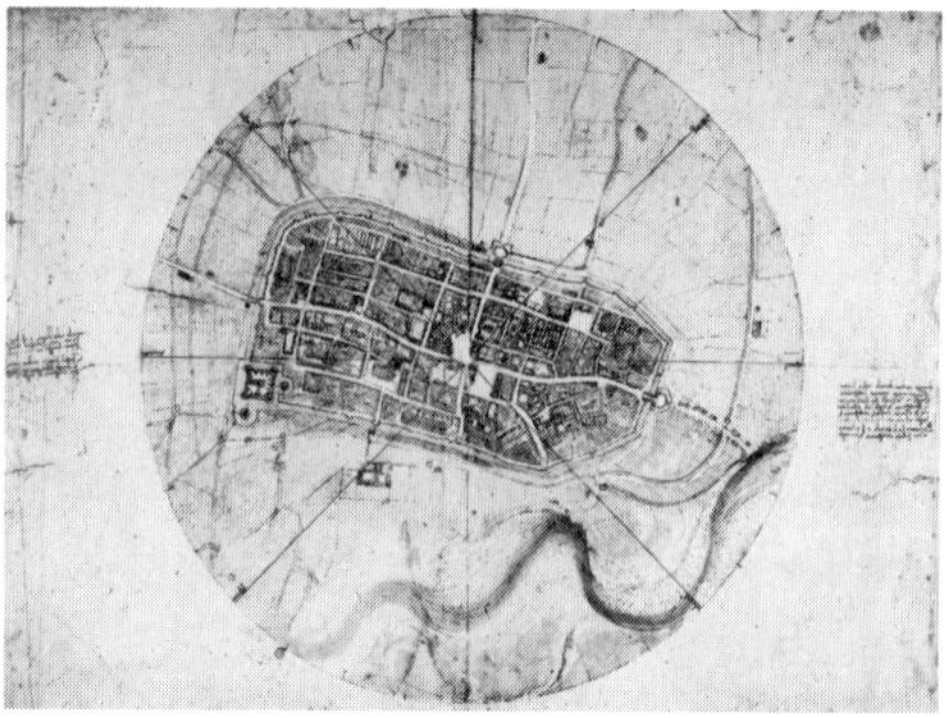

レオナルド・ダ・ヴィンチが描いたイーモラ地図

「チェーザレ・ボルジアは冷酷、残忍だと思われていたが、その冷酷さによってロマーニャに秩序を形成して、平和と忠誠をもたらすこととなった」

マキャベッリだけでなく、あのレオナルド・ダ・ヴィンチも、チェーザレの才能を認めていました。１５０２年、レオナルドは軍事技術者としてチェーザレに短期間、仕えます。このとき、レオナルド50歳、チェーザレは27歳でした。レオナルドは、築城などの土木技術の指導や地図製作を行ない、チェーザレに貢献しました。

ローマ北東部のイーモラは、女傑として知られるカテリーナ・スフォルツァの所領でした。カテリーナはミラノの貴族スフォルツァ家の分家の家系で、ボルジア家と対立していました。１４９９年、チェーザレはイーモラを占領。チェーザレはここを本拠地とし、要塞の建築を計画しました。レオナルドはこの計画のため、イーモラの詳細な地図を描きました。

１５０３年、教皇アレクサンデル６世が急死します。死体が棺桶に入らないほど腫れ上がっていたため、毒殺されたのではないかと推測されています。教皇の後ろ盾を失ったチェーザレは、勢いを失います。父と激しい敵対関係にあったユリウス2世が新教皇となると、チェーザレは逮捕されます。以後、逃亡生活を送り、失意のうちに死去しました。31歳の若さでした。チェーザレら教皇勢力が、16世紀にスペインやフランスなどの強大な王国と対抗できるイタリアの「統一教皇国」をつくり上げても、おかしくはありませんでした。チェーザレの死後、イタリアの諸領邦はますます対立し、混乱と分裂を深めていきます。

なぜ、プロイセン王国が強大化したのか

ドイツもイタリアと同じく、中世以来、統一されずバラバラの状態でした。プロイセン、バイエルン、ザクセン、ハノーヴァーなどの諸勢力が各地で群雄割拠していました。

17世紀以降、ドイツでは強勢を誇ったハプスブルク家に代わり、ホーエンツォレルン家のプロイセンが台頭します。プロイセンはドイツ東北部から発祥し、地道な軍事力の増強に努めながら発展しました。プロイセンはドイツ、ロシア、北欧によって囲まれるバルト海交易圏に位置し、交通の要衝として栄え、他のドイツ諸地域よりも抜きん出ていました。プロイセンはもともと農業国で、主にオランダやイギリスに穀物を輸出していました。

大航海時代後の17世紀に、ヨーロッパ内陸部でも貨幣経済が浸透し、沿岸部の経済成長が内

図11-1　統一前のドイツ

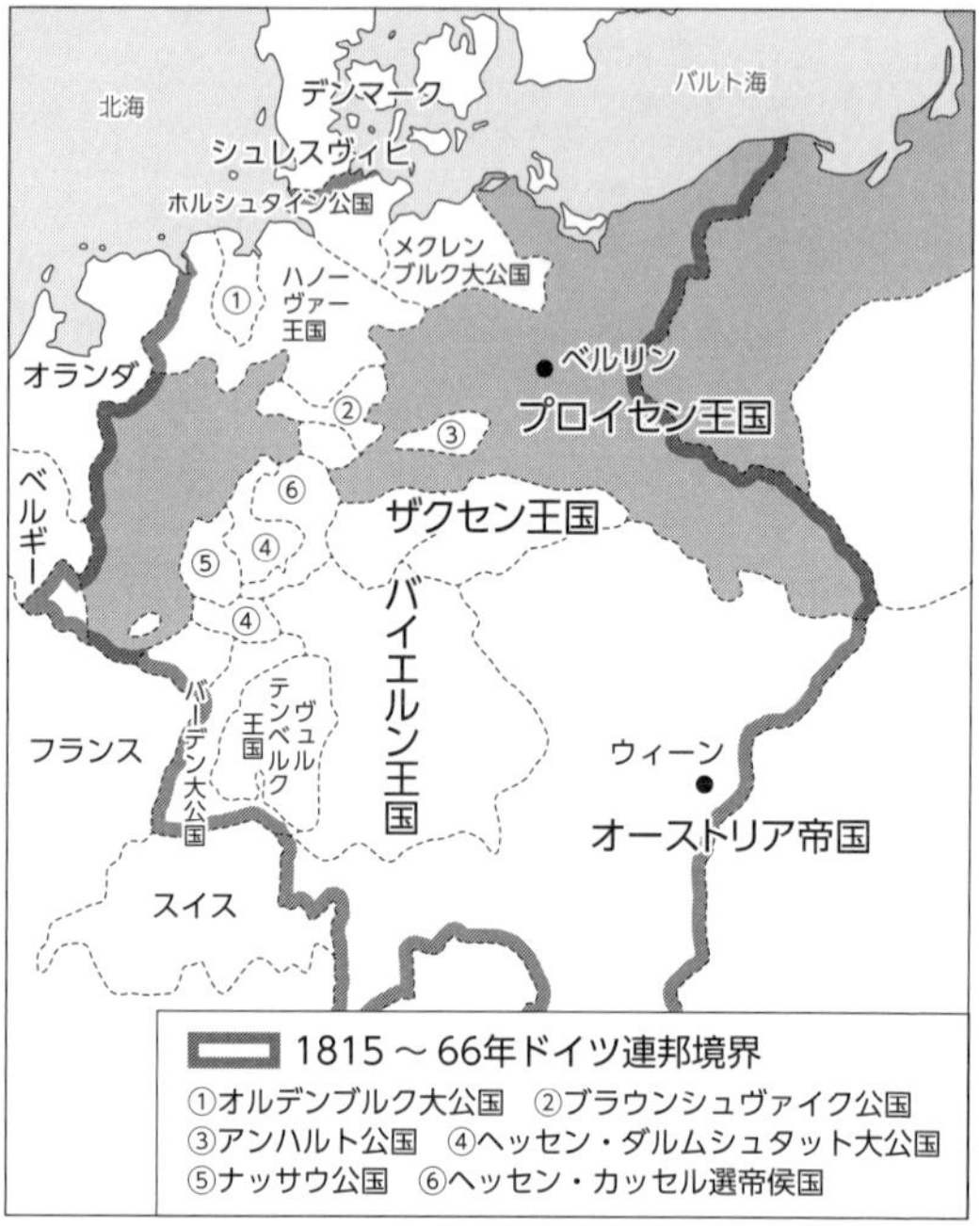

陸部にも波及しました。プロイセンの首都ベルリンを中心に各地の都市が賑わい、発展していきます。

　プロイセンは１７０１年に王国（ホーエンツォレルン朝）となり、フリードリヒ・ヴィルヘルム１世の時代に軍備を増強し、子のフリードリヒ2世（フリードリヒ大王）の時代に躍進します。

　こうして、ドイツにおいて北部の新勢力プロイセンと、南部の旧勢力ハプスブルク・オーストリアが並び立つこととなり、両者は対立し、戦争となります。プロイセンのフリードリヒ2世とオーストリアの女帝マリア・テレジアは、ドイツの覇権をめぐり、１７４０年と１７５６年の2回にわたり戦います。これらの戦争はイギリスとフランスを巻き込んだ複雑な国際戦争となり、最終的にプロイセンがオ

フリードリヒ２世（アントン・グラーフ画、1781年、サンスーシ宮殿蔵） 同性愛者であったため子がなく、生涯に11頭のグレーハウンド犬を飼い、溺愛した。愛犬の墓地に自分の亡骸を葬るよう遺言を残すが、教会へ葬られてしまう。第２次世界大戦で、遺骸は西ドイツに移され、1991年、ドイツ統一後にサンスーシ宮殿東端にある11頭の愛犬たちの墓に、遺言どおり、葬られた。

ーストリアに勝ちました。

プロイセンの勢力は、その後も強大化し、19世紀後半にはプロイセン主導でドイツの統一が達成されます。

フリードリヒ２世は、痩せた土地でも育つジャガイモを組織的に栽培することを奨励しました。しかし、民衆がジャガイモを食べようとしないので、自らが毎日、ジャガイモを食べて見せました。ドイツの食糧供給がジャガイモ増産により改善し、ジャガイモはドイツの主食となったのです。

なぜ「ドイツ王国」ではなく、「ドイツ帝国」なのか

プロイセンはドイツ東北部の土地の痩せた地域を領土としながらも、ユンカーと呼ばれる大

地主たちが大規模農場を経営し、フランスやロシアのような肥沃な農業国と対抗していました。
また、富裕なユンカーたちのなかで、商工業経営に転身し、ブルジョワ化する者が多くいました。フリードリヒ2世の治世の後半にあたる18世紀末には、地主層の大半が何らかの商工業経営へ の投資にかかわっていました。当時のプロイセンの産業として、陶磁器、武器・弾薬の生産、炭鉱・鉄鉱などの鉱工業などが栄えました。

19世紀になると、これらのプロイセンの産業はイギリスで発明された蒸気機関力や製鉄法を取り入れて、生産の機械化や工場の大規模化を推し進めました。この時代、発明などの特許という概念などなく、悪くいえば盗用し放題でした。プロイセンの技術者はイギリスの発明の盗用に最も熱心で、独自の改良を加え、工場設備を進化させました。

大地主であるユンカーが中心となり、近代工業化への開発投資が加速し、1830年代にはプロイセンの産業革命が本格化し、その波がプロイセン周辺のザクセン、ハノーヴァーなどの領邦にも波及しました。1834年、ドイツ領邦間で関税同盟が締結され、物流の障壁を取り除き、経済的統一を進めていきます。

19世紀後半には、経済的統一に加え、政治的統一が進められていきます。その推進役となったのが、プロイセン宰相ビスマルク（任1862〜90年）でした。ビスマルクはドイツを帝国化し、ドイツ皇帝の名のもと、小王国や小領邦を統一しようとしました。そして、統一（事実上の併合）を拒む領邦勢力との戦いを武力（鉄と血）によって行なう「鉄血政策」をとります。

そして、最終的に１８７１年、完成したのがドイツ帝国（ホーエンツォレルン朝）でした。プロイセン王ヴィルヘルム１世がドイツ皇帝に即位しました。

ドイツは、もともと９６２年にオットー１世が建国した神聖ローマ帝国でした。つまり、ドイツの統治者は皇帝でなければならないという前提がありました。神聖ローマ皇帝位は15世紀以来、ハプスブルク家に世襲されてきましたが、19世紀にはハプスブルク家（本拠はオーストリア）はドイツに介入する力をもはやもっていませんでした。

旧勢力のハプスブルク家には皇帝を名乗る資格はないとして、新たにプロイセン王が皇帝となったのです。

オットー・フォン・ビスマルク（フランツ・フォン・レンバッハ画、1884年、ベルリン旧国立美術館蔵） 国会議員で、ドイツ統一を軍事力によって遂行するべきとの考え方をもっていた。プロイセン軍部がビスマルク議員を宰相に推薦。軍部の強大化を恐れた議会はビスマルクを警戒したが、ビスマルクは持ち前の粘り強い交渉力により、議会の信任を得ていく。

◆ドイツ帝国を動かした新支配層

ドイツ統一の推進力となった勢力は、ブルジョワ化したユンカー（大地主）たちでした。ビスマルクもユンカー出身でした。

彼らは、もともと保守的で貴族に近い立場でしたが、いわゆる貴族ではありません。ビスマルクはユンカーらの既得権を温存しながら、近代的な統一国家をつくろうとしました。そして、考え出されたのが立憲君主制でした。

ドイツ帝国憲法が制定され、立憲君主制が確立すると、ユンカーたちは議会の議員となり、ビスマルクのような宰相がユンカーの立場を代弁しました。富裕層を形成していたユンカーたちが最も危険視したのは、共和制でした。

ドイツの工業化の進展で、労働者下層民衆は労働運動や社会主義運動を活発化させていました。ビスマルクは１８７８年、社会主義者鎮圧法を制定し、彼らを徹底的に弾圧しました。しかし、一方で疾病・災害などの社会保険制度を実施し、労働者を懐柔したため、「アメとムチの政策」と呼ばれます。

ユンカー支配層は、下層民衆だけではなく、カトリック聖職者や貴族などの保守層も自分たちの地位を脅かす存在として敵視しました。ビスマルクは「文化闘争」と呼ばれる、聖職者や貴族への弾圧を強めました。

このように、ドイツの帝政はユンカーたちの権益の上に築かれ、それを守るために右派（貴族）・左派（下層民衆）を排除しながら、絶妙な立ち位置で立憲君主制の運営が行なわれていました。

イタリア統一のため、代々の土地を手放したサヴォイア家

イタリアもドイツと同じく、19世紀半ばになり、ようやく統一の動きが始まります。イタリア北西部のサルデーニャ王国は地理的にフランスに隣接し、フランスの近代化・工業化の影響を直接受け、他のイタリア地域よりも早く工業化が進み、発展しました。そのため、イタリアの統一を推進するリーダーとなります。

ドイツ・プロイセンの宰相ビスマルクと同じ立場にあったのが、イタリア・サルデーニャ宰相カブール（任1852〜61年）です。当時、サルデーニャ王国をはじめとする北部イタリアは、オーストリア（ハプスブルク家）により支配されていました。サルデーニャがイタリアを統一するためには、オーストリアを排除しなければなりません。

図11-2　統一前のイタリア

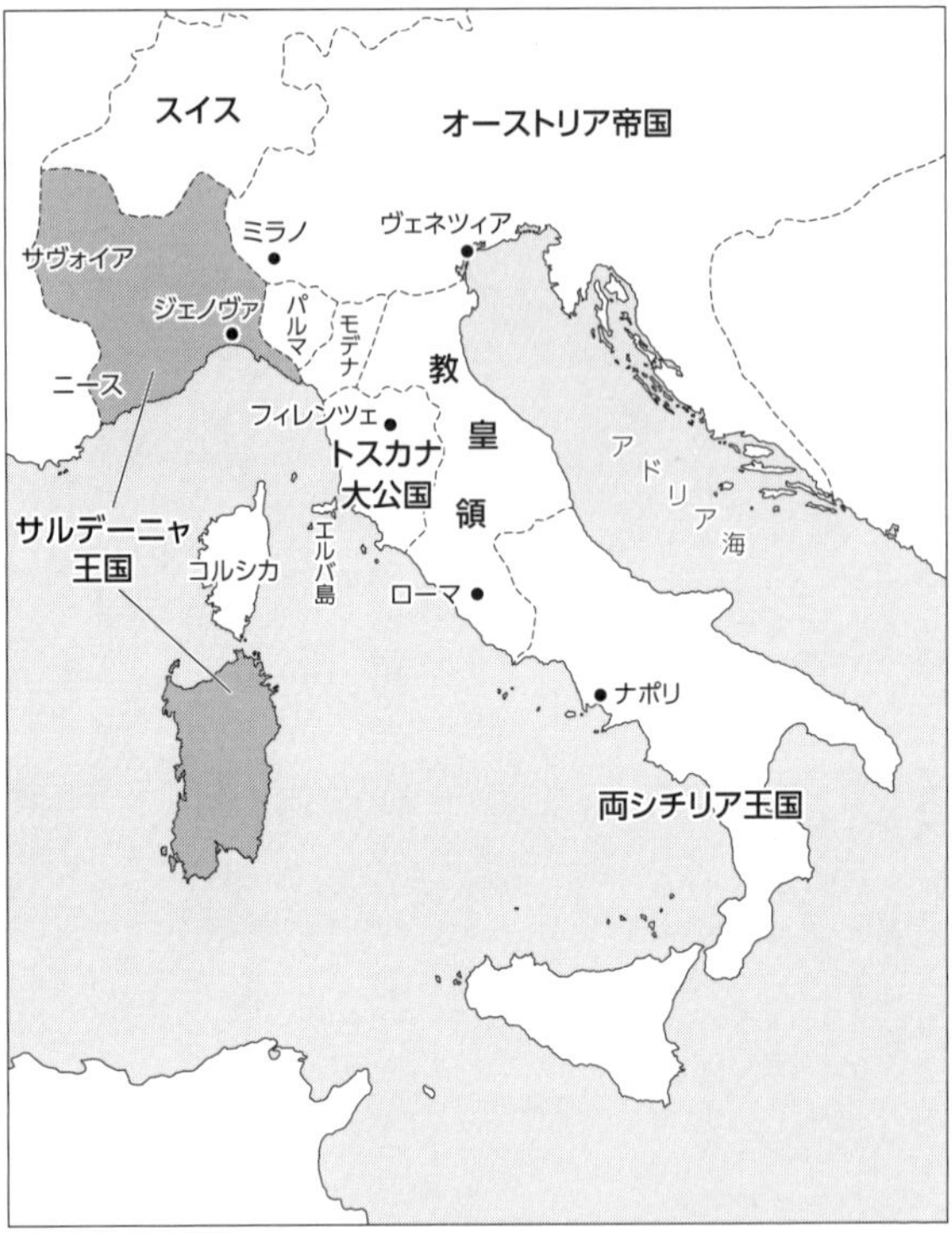

カブールはフランスに接近し、ナポレオン3世とプロンビエールの密約を結びます。オーストリアとの戦いの勝利の暁には、フランスとイタリアの国境沿いの地域サヴォイア・ニースを割譲するという密約で、ナポレオン3世の支援を得ました。

この密約が外に漏れれば、サヴォイア・ニースの住民はパニックとなり、サルデーニャ王国が崩壊する危険もあります。もしそうなれば、カブールの命もありません。自分たちの国の一部を外国に譲り渡すようなことをして、売国奴の批判を受け、国家反逆罪に問われかねません。そのようなリスクをカブールは一身に背負って、ナポレオン3世と密約を結びました。

カブールは、イタリア統一という大きな成果を勝ち取るためには、多少の犠牲は仕方がないと考えました。政治家カブールの身を捨てた決断でした。また、カブールはナポレオン3世の性格をよく理解して、サヴォイア・ニースの領土割譲が必ずナポレオン3世の野心を動かし、その支援を得られると計算していました。

サルデーニャ王国は、サヴォイアをもともと領土としていました。したがって、サルデーニャ王室の家名はサヴォイア家です。国王ヴィットーリオ・エマヌエーレ2世は、イタリア統一のため、父祖から受け継いだ土地を手放す決断をしました。

カミッロ・カブール（フランチェスコ・アイエツ画、1864年、ブレラ美術館蔵）
地主の出身で、ワイン製造などの農業経営を行ないながら、金融業や鉄道建設業に投資して成功。国会議員となり、頭角を表わし、首相にまで登り詰めた。近代産業の育成、軍隊の近代化を進め、政治、官僚機構改革などのあらゆる構造改革に取り組んだ。

1859年、イタリア統一戦争でサルデーニャは、フランスの支援を得てオーストリアを破ります。サルデーニャは中部イタリアに軍を進め、これを併合しました。このころ、南部では義勇軍を率いた愛国主義者ガリバルディがシチリア島、ナポリ王国を占領し、サルデーニャ国王エマヌエーレ2世に献上します。

これら南部地域を併合して、1861年、イタリア王国（サヴォイア朝）が成立し、エマヌエーレ2世がイタリア王に即位します。イタリア王国もまた立憲君主制を敷き、ドイツと同じく、地主やブルジョワらの富裕層が王国の基盤を担いました。

イタリア王国の成立の3か月後、カブールは惜しくもマラリアで死去しました。

◆ホーエンツォレルン家とサヴォイア家の最期

ドイツ帝国（ホーエンツォレルン朝）とイタリア王国（サヴォイア朝）は、19世紀半ばにできた新興国です。そのため、海外植民地獲得の競争にイギリスやフランスに遅れて参入します。その激しい競争で、ドイツやイタリアはイギリスなどと軋轢《あつれき》を生じさせます。

とくに、ドイツ帝国の3代目皇帝ヴィルヘルム2世は「世界政策」という露骨な拡張主義を掲げ、イギリスの反発を買い、第1次世界大戦となります。

しかし、ドイツは敗北し、1918年、共産主義者らによるドイツ革命が起き、帝政は倒され、ヴィルヘルム2世はオランダへ亡命しました。ドイツ帝国は、ヴィルヘルム2世まで3代

47年しか続きませんでした。

ドイツは後にヴァイマル共和国となり、さらにナチス時代を迎えます。ナチスは、神聖ローマ帝国を第一帝国、ドイツ帝国を第二帝国とし、自らを「ドイツ第三帝国」と名乗りました。

参謀本部で軍議をするヴィルヘルム2世（中央）、司令官のヒンデンブルク（左）、参謀長のルーテンドルフ（右）、1917年。

一方、イタリアは第1次世界大戦で最初、ドイツの側につきましたが、形勢不利と見るとイギリス側に寝返りました。そのため、イタリア王国はその後も存続します。

イタリア王国3代目の国王ヴィットーリオ・エマヌエーレ3世は、1900年から1946年まで、46年間も在位しました。エマヌエーレ3世は当時、自由主義的な考え方をもち、議会とも協調していましたが、第1次世界大戦後、労働者による暴動やストが各地で発生すると、これに苛立ち、しだいに反動化します。

こうした状況で、軍人や貴族からなる国粋主義政党のファシスト党が台頭します。エマヌエーレ3世は、ファシスト党の指導者ベニート・ムッソリーニに深く共感します。1922年、ムッソリーニがクーデター（ローマ進軍）を起こすと、全面的に支援しました。そして、ファシスト党の独裁政権が発足します。

第2次世界大戦でイタリアが敗北すると、エマヌエーレ3世は南部のブリンディシに逃亡します。この行動に国民は怒り、戦後、王制の是非を問う国民投票が実施され、王制廃止が過半数を超えてイタリア王国は幕を閉じます。サヴォイア王室は、エジプトに亡命しました。イタリアは共和国となり、今日にいたります。

ビスマルクやカブールのような英傑がつくった帝国や王国は結局、長く続きませんでした。

第5部

北ヨーロッパ、東ヨーロッパ

Chapter 12

意外な人が王室の祖、北欧王室のルーツ

戦乱に乗じたスウェーデン王室の祖・ベルナドット

スウェーデン王室は、世界の王室のなかでも血統の正統性を最も欠いた王室です。スウェーデン王室はベルナドッテ朝、フランス語読みでベルナドットです。

ベルナドットとはあるフランス人の名前で、彼はナポレオン軍の指揮官でした。ベルナドットは野心家で、節操がなく、自分の地位を守るために最終的にナポレオンを裏切ります。ベルナドットは、現在にいたるスウェーデン王室の祖となる人物です。

スウェーデン人は、自ら進んでこのような人物をスウェーデン王に推戴したのですが、それはいったいなぜでしょうか。

ベルナドットは弁護士の子として生まれ、法律を学び、1780年、フランス王国海軍に入隊します。1789年のフランス革命後、多くの軍人たちが王国軍に愛想を尽かして去ってい

き、革命軍の側につきましたが、ベルナドットは王国軍にとどまり、人材難のなかで将軍に任命されています。

しかし、1793年、ルイ16世が処刑され、ブルボン王朝が倒されると、降伏し、革命軍に加わります。

ナポレオンと敵対していましたが、ナポレオンが皇帝に即位すると、態度を変えて、ナポレオンに追従し、元帥に任命されました。以後、ナポレオン戦争で活躍します。しかし、ナポレオンとの関係はうまくいっておらず、互いに疑心暗鬼でした。

ジャン＝バティスト・ベルナドット、カール14世ヨハン（フレデリック・ウェスティン画、1810年代、スウェーデン国立美術館蔵） ベルナドッテ朝の祖。老王カール13世に代わり摂政王太子となり、1818年、カール13世の死去によってスウェーデン＝ノルウェー連合王国の王カール14世ヨハンとして王位に就いた。

スウェーデン人たちはナポレオンの勢いに恐れをなし、ナポレオンと連携することを考えていました。1810年、スウェーデン議会はベルナドットをスウェーデン王位継承者に指名しました。スウェーデン議会が、ナポレオンの近親者ではなく、あえてベルナドットを指名したのは、ナポレオンと一枚岩でなかった彼を扱いやすいと考え、また、軍人としての能力も期待したからです。

当時、スウェーデンはロシア帝国に攻められ、フィンランドを奪われていました。ロシアと対抗するためにも、ベルナドットが適任と考えられたのです（フィンランドは１９１７年にはロシア革命の混乱に乗じて、共和国として独立しました）。

命運を分けた2人、ベルナドットとミュラ

しかし、ベルナドットにはスウェーデン王としての何の血統の正統性もありません。それにもかかわらず、スウェーデン議会は政治的都合や不純な動機で、王位を彼に差し出しました。スウェーデンの支配者層の自己保身の結果といえます。

ナポレオン軍の指揮官でナポリ王となったミュラも、ベルナドットと似たような状況にありました。軍曹や小間物屋など、職を転々としながら放浪していたミュラは、ナポレオン軍に志願し、ナポレオンのイタリア遠征やエジプト遠征に従軍します。武芸の達者な人物で、ナポレオンの目にとまり、取り立てられて出世しました。

ナポレオンの妹カロリーヌと結婚し、1808年、イタリアのナポリ王位を与えられ、ジョアッキーノ1世と名乗ります。

ベルナドットもミュラも、ナポレオンが1812年のロシア遠征に失敗すると、手のひらを返してナポレオンを裏切ります。自らの王国を守るために、敵国イギリスやオーストリアと手を組みました。ナポレオンの周りには、こんな人物しかいなかったのです。

利口なベルナドットは、ウィーン会議でうまく諸国に根回しをして、スウェーデン王にとどまることを認めさせましたが、優柔不断なミュラはナポリ王位を剥奪されてしまいます。ミュ

ジョアシャン・ミュラ、ジョアッキーノ1世（フランソワ・ジェラール画、1812年頃、個人蔵） 浮浪者から身を起こし、戦功を立て、ナポリ王に成り上がった。ナポレオンはミュラについて、「彼は戦場では勇敢だが、会議の席では判断力も決断力もないダメ男だ。勇気とは反対に、その知性はあまりにも不釣り合いである」と評価している。

ラは、ナポレオンのもとに戻ります。オーストリアと戦って大敗し、フランスに逃げ戻るも、王党派に逮捕され、処刑されました。

スウェーデンによるスカンジナビア半島統一

ベルナドットはイギリスと協調し、ナポレオン軍と戦うにあたり、当時、フランスの同盟国であったデンマーク領のノルウェーを併合することをイギリスやロシアなどに事前に認めさせます。

ベルナドットは1814年、ライプツィヒの戦いでナポレオン軍を破り、デンマークを制圧して、ノルウェーを奪いました。スウェーデンとノルウェーは同君連合となり、スカンジナビア半島が統一されます（ノルウェーは1905年に独立します）。ベルナドットは、ヨーロッパ大陸のいかなる紛争にも関与しない中立国を国是とし、近代化に尽力し、王朝発展の基礎を築きました。

図12-1　スウェーデン歴代国王（ベルナドッテ朝）

国王	在位期間
カール14世ヨハン（ベルナドット）	1818～44年
オスカル１世	1844～59年
カール15世	1859～72年
オスカル２世	1872～1907年
グスタフ５世	1907～50年
グスタフ６世アドルフ	1950～73年
カール16世グスタフ	1973年～

ベルナドッテ朝以前のスウェーデン王朝についても、少し触れておきます。

ノルマン人ヴァイキングを祖とするスウェーデン人は、中世において同族のデンマークやノルウェーと同君連合（カルマル同盟）を組んでいました。１５２３年、カルマル同盟から離脱し、スウェーデン貴族が創始した独自の王国ヴァーサ朝が成立します。三十年戦争で活躍し、「北方の獅子」と呼ばれたグスタフ・アドルフもこのヴァーサ朝の時代の王です。

17世紀の半ば以降、婚姻関係によるドイツ貴族出身者の王朝が続き、19世紀にベルナドット（カール14世ヨハン）を祖とするベルナドッテ朝となります。現在のスウェーデン王カール16世グスタフは、ベルナドットから数えて7代目になります。

スウェーデン史上初の女王誕生への期待

カール16世グスタフ国王は、ウプサラ大学とストックホルム大学において、歴史学、社会学、政治学、税法を学んだ学識豊かな人物ですが、ディスレクシア（発達性読み書き障害）を抱えています。ディスレクシアになると読字と書字ができず、自分の名前の綴りも書けなくなってしまいます。シルヴィア王妃は１９９７年に出演したテレビ番組のインタビューのなかで、国王のディスレクシアを認め、また王女や王子たちも軽度のディスレクシアを抱えていると話しました。

２０１０年、カール16世グスタフの不倫や性風俗店への出入りなどのスキャンダルが報道されます。これを国王が反社会勢力を使ってもみ消そうとし、騒ぎが大きくなりました。退位を求める声も、少なくありません。

１９７９年、スウェーデン憲法の改正により、国王はすべての政治権力を喪失し、儀礼的国家元首となりました。また、１９８０年、スウェーデン王位継承法の改正により、それまでの男子継承から長子相続制に変わり、長女のヴィクトリア王女（１９７７年生まれ）が王位継承者となりました。スウェーデン国民も、史上初めての女王誕生に期待しています。

才色兼備の女王マルグレーテ2世

デンマークの現国王マルグレーテ2世は、国民から絶大な支持を得ています。身長が１８０センチもあり、若いときはヨーロッパで最も美しい王族との評判でした。語学に堪能で英語・フランス語・スウェーデン語・ドイツ語を操り、自らがデザインした派手な衣装を知的に着こなし、気品に溢れた振る舞いで、世界の注目を浴びています。ただ、ヘビースモーカーで、歯が酷くヤニがかっているのが玉に瑕です。

マルグレーテ2世は毎年大晦日にテレビ演説し、国民の多くがこれを視聴するというのがデンマークの年末恒例行事になっています。

デンマークの王位継承は男子優先でしたが、1953年、憲法と王位継承法の改定で、男子の継承者がいない場合に限り、女子にも継承権が認められるようになりました。そして、長子のマルグレーテが王位継承者になりました。1972年、父王の死去にともない、デンマーク初の女王となりました。

図12-2　北欧とその周辺

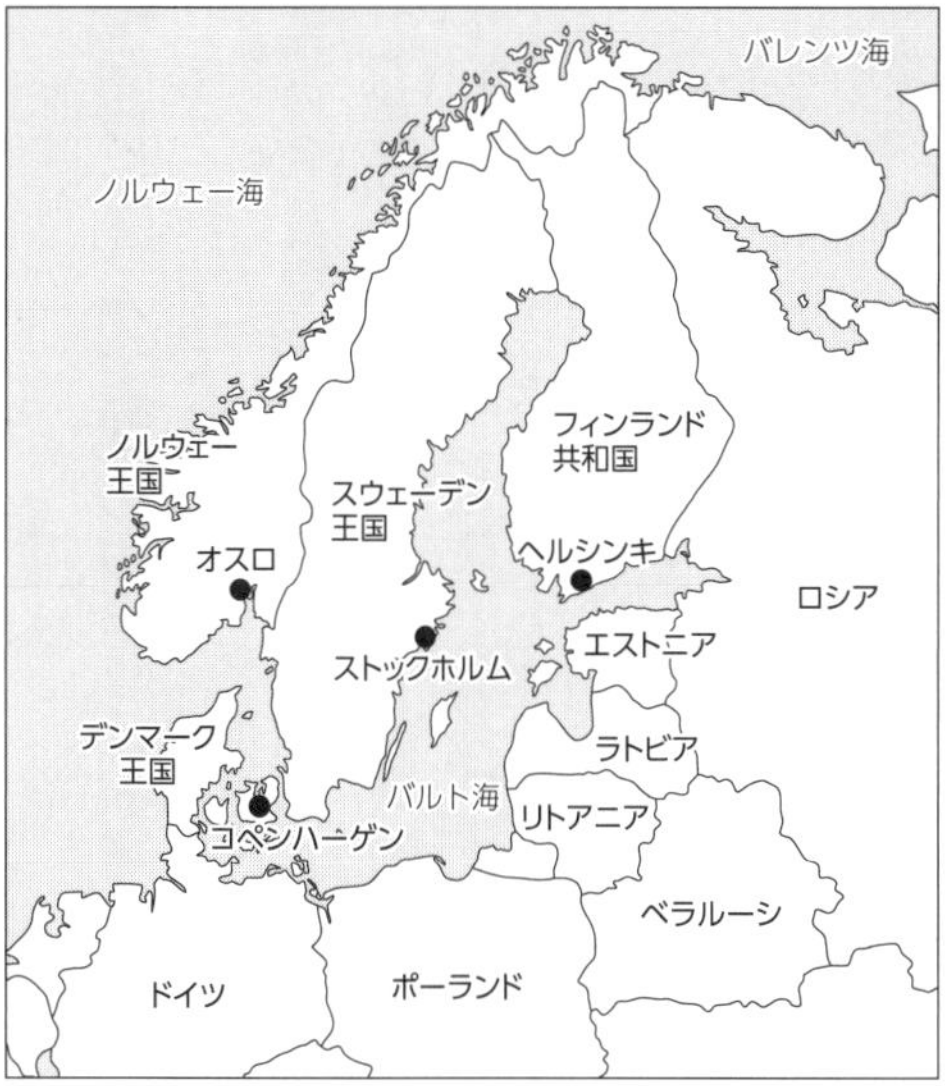

マルグレーテ2世はコペンハーゲン大学で哲学、ケンブリッジ大学で歴史学、オーフス大学で政治学、ソルボンヌ大学で法律学を学んでいます。

1967年、フランスの伯爵家の出身で外交官アンリ・マリ・ジャン・アンドレ・ド・ラボルドゥ・ド・モンペザと結婚、フレデリック王太子とヨアキム王子の2子がいます。

デンマーク王朝のルーツはドイツ

現在のデンマーク王室は、リュクスボー朝です。ドイツ語読みで、グリュックスブルクです。グリュックスブルクは、ドイツ北部のシュレスヴィヒ＝ホルシュタイン州にある郡で、グリュックスブルク家はここを領地としていたドイツ貴族の家系です。

グリュックスブルク家はデンマーク王家と婚姻関係をもっていたため、19世紀にグリュックスブルク家のクリスチャン9世がデンマーク王位を継承しました。

クリスチャン9世がデンマーク王に即位した直後にプロイセン（ビスマルク時代）から攻撃を受け、グリュックスブルク家はシュレスヴィヒ＝ホルシュタイン州の領地をプロイセンに割譲しました。

現在のマルグレーテ2世は、クリスチャン9世から数えて5代目です。

リュクスボー朝の前のデンマーク王朝についても、簡単に触れ

図12-3　デンマーク歴代国王（リュクスボー朝）

国王	在位期間
クリスチャン９世	1863～1906年
フレゼリク８世	1906～12年
クリスチャン10世	1912～47年
フレゼリク９世	1947～72年
マルグレーテ２世	1972年～

ておきます。

デンマークには、もともとノルマン人の一派デーン人がいました。デーン人の王が10世紀に王国をつくり、11世紀にはデンマーク初の本格的な統一王国エストリズセン朝へと発展します。

デンマークはノルウェー、スウェーデンを支配し、1397年、北欧3国を同君連合化（カルマル同盟）しました。3国に君臨したのが、有名なマルグレーテ1世です。このマルグレーテ1世はエストリズセン朝末期の王族です。マルグレーテ1世は実質的な女王として扱われますが、デンマークでは女性の王位継承は認められておらず、法的には摂政の立場でした。

その後、婚姻関係にあったドイツ貴族がデンマーク王位を代々世襲し、リュクスボー朝に引き継がれて、今日にいたります。

ちなみに、リュクスボー家（グリュックスブルク家）は婚姻関係の相続により、ギリシア王国の王位も1863年から1973年の110年間、継承しました。

デンマーク王室の血統を継ぐノルウェー王室

スウェーデンは1523年、カルマル同盟を離脱し、デンマークから独立（ヴァーサ朝）しました。一方、ノルウェーはその後もデンマークによる支配が続きます。1814年、ベルナ

図12-4　ノルウェー歴代国王
（グリュックスブルク家）

国王	在位期間
ホーコン７世	1905～57年
オーラヴ５世	1957～91年
ハーラル５世	1991年～

ドットがナポレオン戦争の混乱のなか、デンマークからノルウェーを奪い取ります。ようやく１９０５年に、スウェーデンとの同君連合を解消し、ノルウェーは独立しました。

　１８９０年代、ノルウェー人の愛国主義が高揚し、スウェーデンとの対立が激しくなります。ノルウェーで国民投票が行なわれ、圧倒的な多数で独立が支持されました。軍事衝突の危機が高まるなか、スウェーデン王オスカル２世（１５４ページ図12-1参照）は、１９０５年、ノルウェーの分離独立を認めます。

　オスカル２世は進歩的な国王で、自由主義に理解を示していました。また、オスカル２世は１９０１年、ノーベルによるノーベル賞の設立を支援し、授賞式をスウェーデン王室の儀式と位置づけました。オスカル２世がスウェーデン王でなければ、ノルウェーの分離独立は認められず、戦争になった可能性が高かったでしょう。

　スウェーデンのベルナドッテ家はノルウェーの王位継承権を放棄したため、デンマーク王クリスチャン９世（１５８ページ図12-3参照）の孫のカールが国王に迎えられ、ホーコン７世として即位しました。したがって、ノルウェー王室はグリュックスブルク朝（リュクスボー朝）

で、デンマーク王室と同じ血統です。ノルウェー・グリュックスブルク朝の現在の国王は3代国王ハーラル5世です。

ハーラル5世は、ノルウェー陸軍士官学校やオスロ大学、オックスフォード大学で学びました。ヨットの選手として、1964（昭和39）年の東京大会など、3回もオリンピックに出場しました。1968年、一般市民出身のソニア・ハーラルセンと結婚しました。ノルウェー王室は一般市民を王族として迎えた前例がなく、その際に参考にされたのが、一般市民であった美智子皇后を皇室に迎えた日本皇室でした。ソニア王妃との間にマッタ・ルイーセ王女とホーコン王太子の2子がいます。ノルウェーの王位継承は男子優先です。

2016年、ヨーロッパで移民問題が深刻化し、右翼与党が移民受け入れや難民申請を厳格化し、国民の支持を得ました。そのような状況で、ハーラル5世は次のように演説しています。

「私の祖父母は110年前のデンマークと英国から来た移民です。私たちが故郷と呼ぶものは、私たちの心の中にあり、国境で位置づけすることはできません」

国王の演説は、国内外で称賛されました。

Chapter 13

ロシアに受け継がれる皇帝専制主義のDNA

◆プーチンが敬愛するアレクサンドル3世

「ロシアには友人はいない。2人の同盟者だけがおり、それはロシアの陸軍と海軍である」

19世紀末のロシア皇帝（ツァー）のアレクサンドル3世の言葉です。プーチン大統領はアレクサンドル3世を称賛し、クリミアに皇帝の銅像を建立し、台座にこの言葉を刻みました。

ロシアの皇帝のなかで、アレクサンドル3世は決して有名ではありません。アレクサンドル3世の父のアレクサンドル2世は農奴解放令を発布した皇帝として有名ですが、子のほうは日本の教科書や概説書でもほとんど扱われません。

しかし、ロシア人保守派にとって、とくにプーチン大統領のように「ロシア帝国の栄光を取り戻す」という信念をもった政治家にとって、アレクサンドル3世は「聖人」のような存在です。

図13-1　ロシア帝国の南下政策

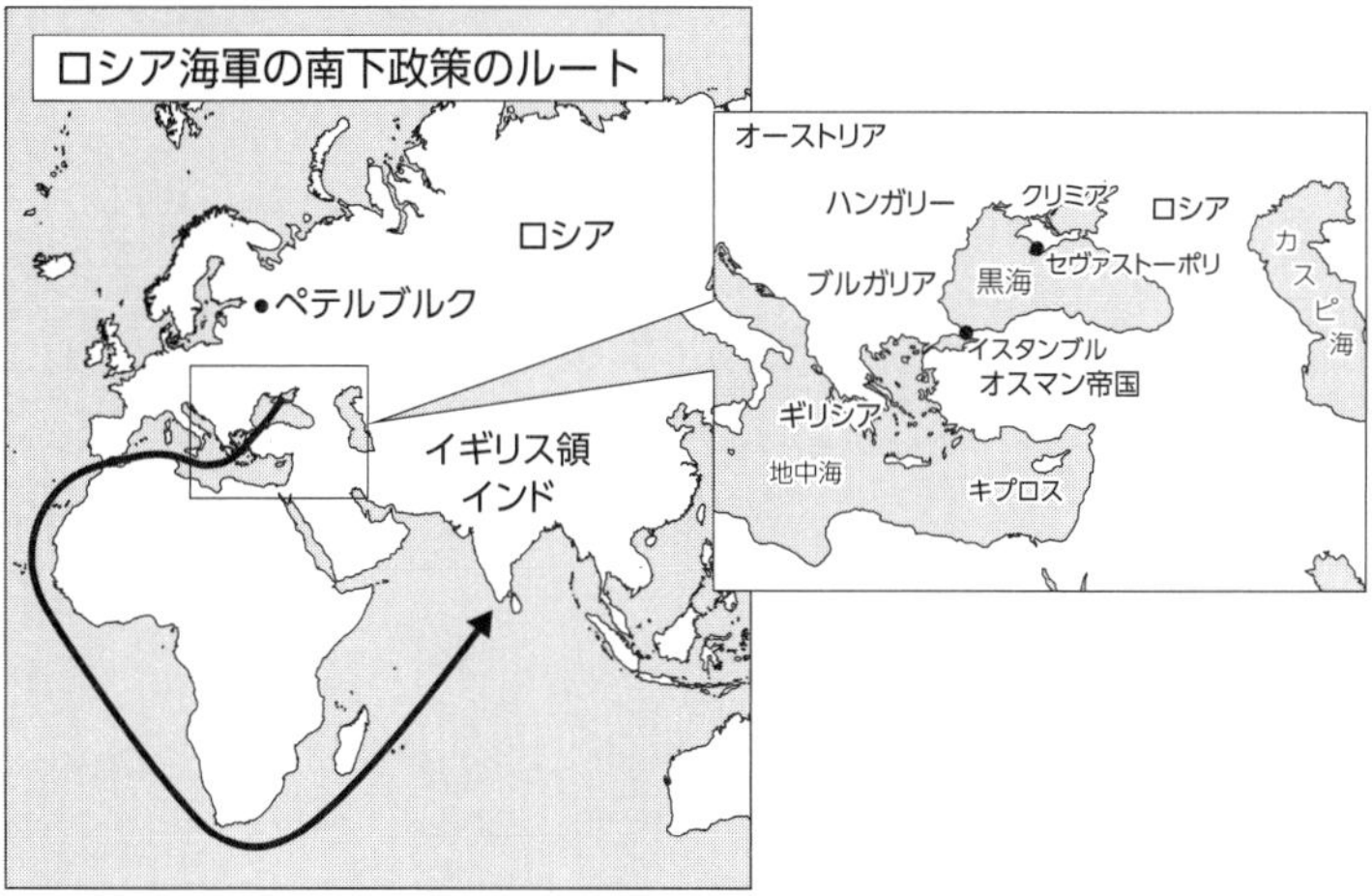

アレクサンドル3世は、祖父のニコライ1世を尊敬していました。ニコライ1世は黒海に突き出たクリミア半島を要塞化し、ここを拠点にロシア海軍を黒海に展開させていました。ロシアは黒海からバルカン半島に対し、大きな影響力を及ぼしました。ニコライ1世は海軍を黒海から地中海へ、さらには大西洋からインド洋へ進出させるための世界戦略（南下政策）を描いていました。

イギリスは、これに反発しました。インドを植民地にしていたイギリスにとって、ロシア海軍の進出は見過ごすことのできない大きな脅威でした。イギリスは、フランスなどとともにロシアを封じ込めるため、クリミアを攻撃します。こうして、クリミア戦争（1853～56年）が勃発します。この戦争に敗北したニコライ1世は怒り狂い、事実上、憤死しました（表向きは、インフルエンザで死亡したとされています）。

ニコライ1世の子のアレクサンドル2世が帝位を引き継ぎ、クリミア戦争を終結させます。アレクサンドル2世は平和主義者で、自由主義的な考えをもっていました。子のアレクサンドル3世は父のリベラルな態度が気に入らず、父子はたびたび衝突しました。

◆現代版ロシア皇帝プーチンの野望

アレクサンドル3世は、無念の死を遂げた祖父ニコライ1世の復讐を遂げようと執念を燃やしていました。アレクサンドル3世は穏和で慎ましい性格でしたが、その内面に保守反動の強い野心を秘めていました。こうした考えから、アレクサンドル3世は皇太子時代に自ら志願してロシア・トルコ戦争に従軍し、オスマン帝国に攻め入り、イスタンブルまで進撃して、1878年、同国を降伏させています。

アレクサンドル3世は、軍事力の増強こそがロシア帝国の急務であり、そのためには祖父のニコライ1世が行なった専制政治を復活させるべきと考えました。そして、1881年、皇帝に即位すると、父のアレクサンドル2世のリベラル路線を否定し、保守反動の政治を行ない、拡張主義のもと、中央アジアへの南下政策を進めます。

プーチン大統領は、こうしたアレクサンドル3世に自らの姿を投影しているのかもしれません。ロシアは2014年、クリミア半島を併合しました。クリミアはもともと旧ソ連の一部でしたが、ソ連崩壊後、独立したウクライナに編入されていました。ウクライナでロシア系住民の独立気運が高まったのを機に、プーチン大統領は軍を送り込んで住民投票を実施し、クリミアをロシアに編入しました。

そして、このクリミアの地にアレクサンドル3世の像を建て、「ロシアには友人はいない」という言葉を刻んだのです。プーチン大統領の野心が透けて見えます。クリミアは、ニコライ1世の時代からロシア帝国の世界戦略の本拠地でした。ロシアの覇権にとって、クリミアは欠かすことのできない存在です。

歴史的に、ロシアは民主主義を根づかせることができず、皇帝による専制支配が続きました。そのDNA

アレクサンドル3世（イヴァン・クラムスコイ画、1886年、個人蔵） 強硬な反動君主でありながら、質素倹約を心がけ、自ら部屋の明かりを消して回ったという。妾をもたない愛妻家でもあった。クリミアで静養中に崩御。

をいまも受け継いでいるわけです。ロシアは過去の時代の栄光を求めて、帝国に回帰していきます。かつて帝国が形成した版図を取り戻すことは、歴史的な使命であると考えると同時に、自らの権利であるとも考えています。

プーチン大統領は２０１８年3月の大統領選挙で圧勝し、再選されました。敵対勢力を政治的に抹殺し、独裁権を確立しています。プーチン大統領こそは、現代版ロシア皇帝です。

ローマ帝国の継承者となったイヴァン3世

アレクサンドル3世の子がニコライ2世で、ロマノフ朝最後の皇帝として、ロシア革命で処刑されます。ロマノフ朝は、３００年続いたロシアの帝室です。

ロマノフ家は、さかのぼれば、バルト海沿岸に9世紀、ノルマン人のルス族が建国したノヴゴロド国に起源があります（Chapter4参照）。このノヴゴロド国の系譜がキエフ公国（12世紀〜15世紀）に引き継がれ、さらにモスクワ大公国、ロマノフ朝へと引き継がれていきます。

１４５３年、ビザンツ帝国（東ローマ帝国）がオスマン帝国に滅ぼされ、ビザンツ皇帝位が空位状態になります。モスクワ大公のイヴァン3世は１４７２年、ビザンツ帝国最後の皇帝コンスタンティノス11世の姪ソフィアを妻とします。ビザンツ皇帝家と血縁関係を結ぶことで、自らがローマ帝国の継承者となろうとしたのです。

イヴァン3世は1480年、ツァー（皇帝）を名乗り、モスクワをローマ、コンスタンティノープルに続く「第3のローマ」としました。

モスクワという辺境を領地としていた田舎貴族のイヴァン3世が、その勢力を拡大させることができたのは、主にモンゴル人との戦いに勝利したからです。13世紀、ロシア地域はモンゴルの襲来にあい、キプチャク・ハン国に服属します。200年にわたるモンゴル人支配から脱しようと、イヴァン3世はモンゴルに対抗しました。

まず、彼はモンゴルへの貢納を拒否しました。モンゴルのハン（王）は、イヴァン3世に対し勅使を遣わして真意を問いただしたところ、イヴァン3世は貢納請求書を勅使の前で破り捨てました。そして、ロシア人とモンゴル人の対立が決定的となりますが、すでにモンゴル勢力は衰えており、モンゴルをロシアの中央部から追い出すことに成功しました。

なぜ、ロシアで皇帝専制主義が必要とされるのか

イヴァン3世の孫のイヴァン4世は16世紀に活躍し、大貴族たちを容赦なく弾圧して独裁的な恐怖政治を展開したため、「雷帝（グロズヌイ）」と呼ばれ、恐れられました。イヴァン4世

図13-2　ロシア・ツァーリ国の領土拡大

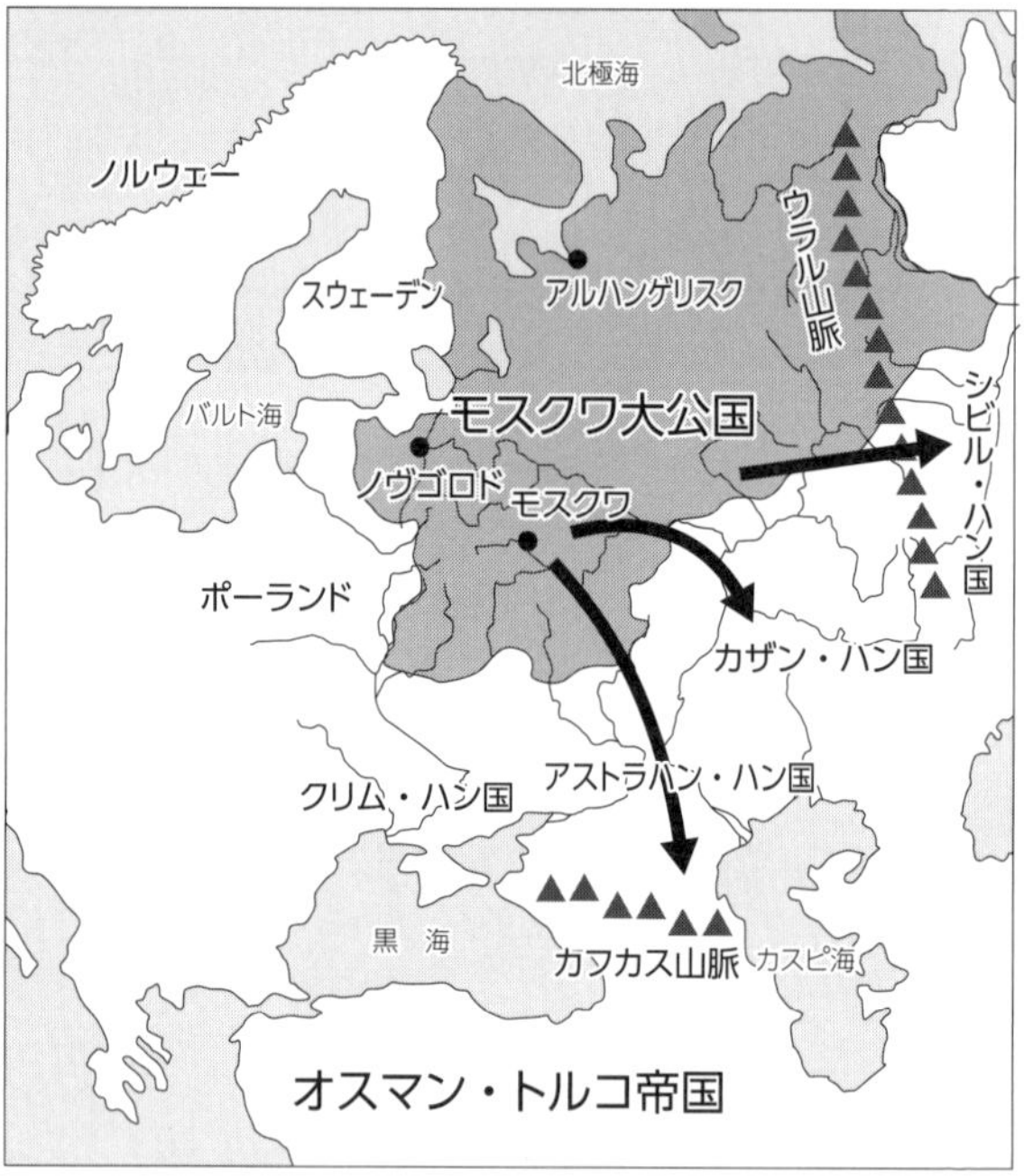

はいたるところに密偵を張りめぐらし、少しでも自分に反逆する気配があれば、強迫的な手段で貴族らを陥れ、処刑に追い込みました。そして、領土を没収し、ツァーの直轄としました。このころ、田舎に過ぎなかったモスクワがロシア有数の都市として発展していきます。

イヴァン4世は、大貴族から奪い取った財力でオプリーチニナという大規模な親衛隊を組織し、皇帝の手足とします。1570年、ノヴゴロド市に反逆的な動きがあったため、イヴァン4世はオプリーチニナによって同市を軍事制圧し、3万人以上を処刑しました。

また、イヴァン4世はロシア中南部のモンゴル勢力（カザン・ハン国、アストラハン・ハン国）を駆逐し、ロシアの領土的な発展の基盤をつくり上げました。イヴァン4世はモスクワ大公国をあらため、ロシア・ツァーリ国（事実上のロシア帝国）とします。

イヴァン4世の時代に、ロシアのツァーリズム（皇帝専制主義）が確立します。ロシアにとって、ツァーリズムは避けられない宿命でした。ロシアは、スラブ系・アジア系・ノルマン系などが集まる多民族国家です。近代以降、ロシアの領土が拡大するにつれ、民族の多様性は増します。

さらに、彼らは部族社会を形成していました。西洋的な商業国家のように、法や社会のルールに従うというよりは、むしろ力の強弱がものごとを決める基準になっていました。このように、大小の部族勢力が覇を競い合い、ロシアの領土内で複雑に混在する状況で、統治者たるロシア皇帝は絶対的な力をもたなければなりませんでした。

イヴァン4世のような暴虐非道な皇帝でも、指導者は統率力に優れたカリスマ性の持ち主であることが要請されたのです。少しでも皇帝が軟弱な姿勢を見せれば、部族勢力が増長し、国土を分断させ、戦乱に巻き込みます。平和のためにも、強い皇帝が必要とされました。

こうした社会風土がロシア独特のツァーリズムを生み、それが今日のロシア政治のＤＮＡに受け継がれているのです。

◆なぜ、ロマノフ朝は躍進できたのか

イヴァン4世の死（1584年）後、動乱が頻発し、帝位の簒奪者《さんだつしゃ》や空位期の僭称者《せんしょうしゃ》が続きます。

約30年の動乱期を経て、1613年、ロマノフ家のミハイル・ロマノフが新たにツァーに選出され、ロマノフ朝を創始しました。ロマノフ家はノヴゴロド国（リューリク家）の系譜を引く貴族でした。ストロガノフ家という交易で成功した大富豪と親しく、同家の支援で、ツァーの座に就くことができました。

ちなみに、「ビーフストロガノフ」という料理がありますが、ストロガノフ家の当主が老齢で歯が悪くなったので、食べやすいように牛肉を煮込んだことに始まるといわれています。

ロマノフ朝は18世紀前半に活躍したピョートル1世の時代に西欧化・近代化を進め、躍進します。ロシアはモスクワ大公国以来、内地にあり、海への出口をもっていませんでした。近代国家になるには、海の交易圏を掌握することが必要です。ピョートル1世はバルト海へと進出しようとしますが、すでにスウェーデンがバルト海の覇権を握っていました。そして、ロシアはスウェーデンと戦います。これを北方戦争といいます。

ピョートル1世は、この戦争以前から行政機構や軍事機構の近代化、中央集権化を進めていました。小国であったロシアは周辺地域を固めて、支配圏を確立しなければなりませんでした。ピョートル1世は、ロシアの中央政府に従わない地方の農村地主たちを抑えます。彼ら地主たちはコサックと呼ばれる封建的武装勢力で、古来より自給自足の部族生活を営み、ロシア帝国の支配を拒んでいました。

ピョートル1世は、彼の父の代から反抗を続けていたロシア南方のヴォルガ河流域のコサックを鎮圧し、支配を固めました。また、ロシア西方のウクライナ・コサックの反乱を鎮圧し、ウクライナを征服します。

ピョートル1世は、これらの周辺地域のコサックたちを従わせてロシア帝国の軍隊に編入し、北方戦争で活躍の場を与えました。北方戦争でロシアがスウェーデンに勝つことができたのは、ロシアに散在していたコサック勢力がロシア帝国のもとに集い、結束したからでした。1721年、勝利したロシアはバルト海に進出し、バルト海岸に新首都ペテルブルクを建設しました。

女帝エカチェリーナ2世とは何者か

18世紀前半、ピョートル1世が北部バルト海方面へ領土を拡大したのに対し、18世紀後半の女帝エカチェリーナ2世は南部黒海方面へと向かい、オスマン帝国からクリミア半島を奪います。ロシアはクリミア半島を獲得したことで、黒海の制海権を握りました。以後、クリミアはソ連が崩壊してウクライナ領になるまで、ロシア領となります。

こうして、北のバルト海と南の黒海をつなぐ物流動脈がロシア領内に形成され、交易が活発になり、経済が躍進、国力を急速に増大させます。

エカチェリーナ2世は、1773年、ガザフスタン地方のコサック長プガチョフの反乱を鎮圧し、ロシア南方から中央アジア北部をロシアの支配圏に入れました。

女帝エカチェリーナ2世は、最も有名なロシア皇帝です。彼女はドイツ人で、ロシア人の血は一滴も流れていません。それにもかかわらず、なぜロシア皇帝になれたのでしょうか。

エカチェリーナ2世はアンハルト＝ツェルプスト侯というドイツ貴族の出身で、この家系はドイツ北部（現在はポーランド領）のポンメルンを領地にしていました。エカチェリーナ2世は、15歳でロシア皇太子ピョートルと結婚します。エカチェリーナ2世はロシア人たちの支持を得るために、ロシア語を猛勉強しました。熱を出して倒れるほどであったといわれます。

皇太子ピョートルはドイツに留学したことがあり、プロイセン王フリードリヒ2世を崇拝していました。ロシアはプロイセンと敵対していたため、ロシア貴族たちはピョートルに反感をもっていました。

図13-3　ロマノフ朝家系図

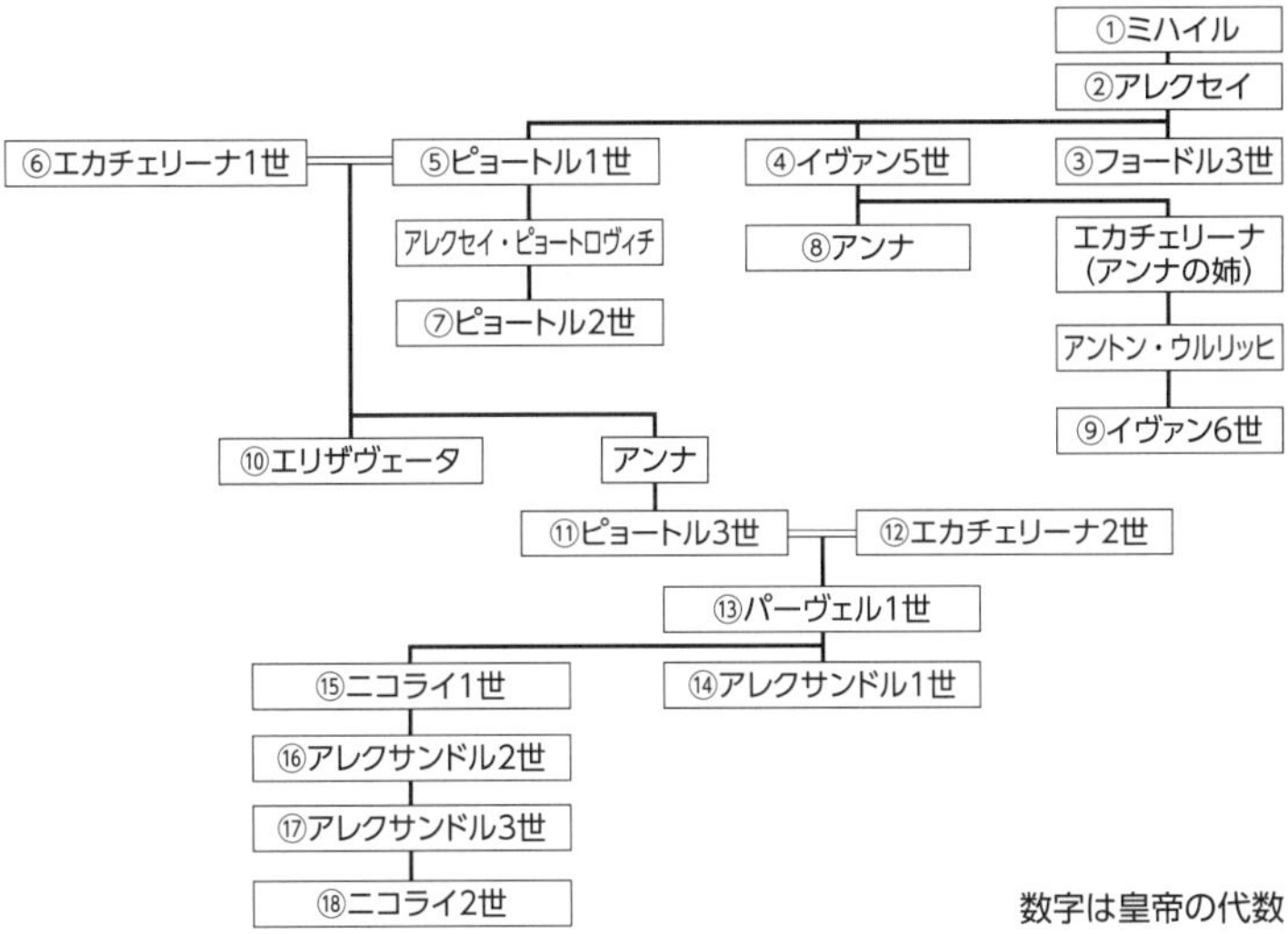

数字は皇帝の代数

ピョートルは知的障害もあり、性的不能者でした。そのため、エカチェリーナ2世はサルトゥイコフ伯爵ら複数のロシア人貴族と関係をもっていました。世継ぎを確保するために、エリザヴェータ女帝（義理の伯母）ら周囲も認めていました。

エカチェリーナ2世の子はパーヴェル1世で、表向きは夫のピョートルとの間にできた子とされますが、実際にはサルトゥイコフ伯爵との間にできた子であるといわれています。仮にそうだとしても、サルトゥイコフ伯爵はロマノフ朝の祖ミハイル・ロマノフの妹の子孫であるので、パーヴェル1世はロマノフ家の血を引いていることになります。

◆皇后が皇帝にクーデター

1761年末、エリザヴェータ女帝の崩御にともない、ピョートルがピョートル3世として即位します。エカチェリーナ2世は皇后となります。32歳のときでした。

このとき、ロシア軍がプロイセンを攻撃し、フリードリヒ2世を追い詰めていました（七年戦争）。しかし、ピョートル3世は即位後、崇拝するフリードリヒ2世の危機を救うために、勝手にプロイセンと講和条約を結びました。ロシア貴族らは怒りました。ドイツ流のプロテスタント信者だったピョートル3世はロシア正教会やロシア貴族を弾圧し、彼らと決定的に対立しはじめました。

そして、ロシア貴族らはピョートル3世を廃して、エカチェリーナ2世を帝位に就けようと、クーデターを起こします。エカチェリーナ2世自らが指揮を取り、クーデターをほぼ無血で成功させました。ピョートル3世は廃位され、暗殺されました。

エカチェリーナ2世は夫の死に関して、「持病の痔が悪化して急逝した」と公表しています。どこまでも夫を嫌い、バカにしていたということです。

エカチェリーナ2世はロマノフ家の血統を引いた人間ではなかったため、皇帝即位に反対する者もありましたが、1762年、反対を押し切って皇帝になります。

エカチェリーナ2世の前に、エカチェリーナ1世という女帝がいました。彼女は農民の娘で、ピョートル1世に気に入られ、皇后となりました。ピョートル1世が1725年に死去すると、貴族や軍が皇后を担ぎ、クーデターを起こしました。そして、エカチェリーナ1世はロシア史上初の女帝となります。

エカチェリーナ1世の前例があったため、エカチェリーナ2世の皇帝即位は最終的に受け入れられたのです。また、ローマ帝国時代から血筋に関係なく、実力のある者が皇帝になるべきという伝統もあったので、皇帝に関しては、必ずしも王のように血統を前提にしていませんでした。

◆「玉座の上の娼婦」

エカチェリーナ2世は貴族たちに担がれて皇帝になりましたが、彼女自身、見識豊かで政治力があったため、貴族の傀儡《かいらい》にはならず、優れた統治能力を発揮し、ロシアを大いに発展させました。

エカチェリーナ2世の政治力を支えた1つの要因として、精力の絶倫さが挙げられます。彼

エカチェリーナ2世（フョードル・ロコトフ画、1780年ごろ、エルミタージュ美術館蔵）　美しくはなかったが、知性に溢れ、精力的で人を惹きつける魅力があり、彼女の「誘い」を断った男はほとんどいなかった。

女は次々と貴族たちと肉体関係をもち、彼らと〝親しく〟なることで、彼らをコントロールしました。特定の男ではなく、同時に複数の男と等距離で関係をもったことも巧妙でした。孫のニコライ1世はエカチェリーナ2世を「玉座の上の娼婦」と評しました。エカチェリーナ2世にとって、それも政治の1つであったのかもしれません。

エカチェリーナ2世の後、息子のパーヴェル1世が帝位を引き継ぎます。

19世紀初頭、アレクサンドル1世の時代、ロシアはナポレオンを撃退し、その実績によりポーランドを領有することをヨーロッパ各国に認めさせました。ポーランド、ウクライナ、ヴォルガ川流域の南ロシアなどの肥沃な農耕地帯での大規模農場化が進み、品種改良、耕作技術の進化もあり、ロシアはフランスを凌ぐ農業大国となりました。

19世紀半ば以降、ニコライ1世からアレクサンドル3世の時代に、ロシアは中東イランや中央アジア、満州、極東方面にまで領土を拡げ、アジア系住民をも支配し、同世紀末に人口が1億人を超えました。同時代、イギリスの人口が2500万人、フランスの人口が4000万人弱という水準ですから、ロシアの人口の多さは傑出していました。

巨大な人口と国土を統治するロシア皇帝（ツァー）には強い権力が必要とされ、ロシアのツァーリズムは確立されていきます。

Chapter 14

東欧・南欧、ヨーロッパの複合民族王国

アジアとの接合エリア、東欧と南欧

東欧・南欧の国々は貧しく、いまだに旧ソ連時代の古くて粗末な建物が並んでいます。一部の観光地は整備されているものの、街の大部分は重々しく、陰鬱のなかに沈んでいます。そんななかでも女性たちは異様に美しく、街の陰鬱な雰囲気と相まって、独特の妖艶な輝きを放っています。

東欧・南欧の女性たちが美しいのには、理由があります。この地域はいわゆる「人種のるつぼ」であり、白人（スラブ系やゲルマン系）とアジア人（トルコ系やモンゴル系）の混血種が多くおり、それぞれの民族の美しい容貌的長所をよく継承しています。

中世以来、この地域において複合民族の王国が主に3つありました。ブルガリア帝国、ハンガリー王国、ヤゲウォ朝（ポーランド・リトアニア）です。

ブルガリア帝国（もとは王国）は7世紀に成立し、一時中断した時期があったものの、約700年間続きます。中央アジア西部にいたトルコ系遊牧民のブルガール人が7世紀、西に移動し、バルカン半島（ドナウ川下流域）へ到達します。

ブルガール人の君主は遊牧民の君主である「ハン」を名乗り、9世紀末にキリスト教に改宗し、独自のブルガリア正教会を確立します。そして、918年、ハンは皇帝を自称し、ブルガリア帝国となります。

図14-1　白人とアジア人の複合民族王国

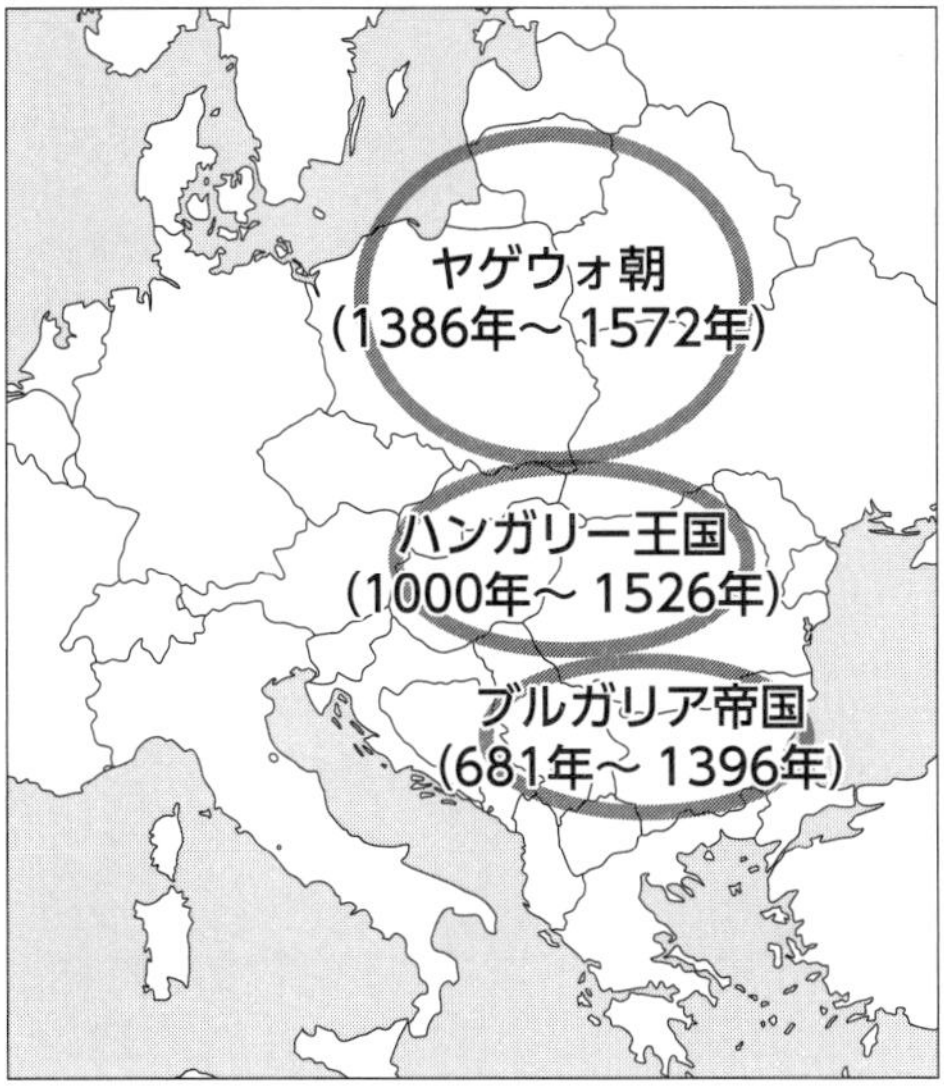

ブルガリア帝国は9世紀、クルム・ハンの時代に全盛期を迎え、813年、ビザンツ帝国（東ローマ帝国）の首都コンスタンティノープルを包囲したこともありました。ブルガール人は、現地のスラヴ人と一体化していきます。

14世紀、オスマン帝国に併合されて、滅亡します。

なぜ、複合民族王国は強勢を誇ったのか

マジャール人は9世紀、ロシアのウラル山脈以東にいたトルコ人が移住したと考えられています。マジャール人は10世紀、キリスト教に改宗します。1000年、イシュトヴァーン1世がローマ教皇によりハンガリー王に認められ、その一族であるアールパート朝が発足し、300年続きます。

ハンガリー王国はチェコスロヴァキアやルーマニア北部も支配し、現地スラヴ人と同化していきます。

1301年、アールパート朝が断絶し、混乱期に入ります。一時、神聖ローマ帝国（ドイツ）の支配を受け、ルーマニア貴族（トランシルヴァニア公）やポーランド・ヤゲウォ朝の王族（ラヨシュ2世など）がハンガリー王に就きますが、1526年、モハーチの戦いでオスマン帝国に大敗し、併合されてしまいました。ハンガリーは、オスマン帝国のヨーロッパ進出への重要な前線拠点となります。

13世紀、リトアニア大公国という巨大国家が現われました。現在のバルト三国やウクライナ、ベラルーシ、ロシア西部にまたがる広大な領域を支配し、1386年にはポーランドを併合し

ます。リトアニア大公ヤゲウォ（ヤゲロー）はポーランド女王と結婚し、ポーランド王とリトアニア大公を兼ね、ヤゲウォ朝を創始しました。

チンギス・ハンの孫バトゥに率いられたモンゴル人がこの地域に襲来し、彼らは「リプカ・タタール人」と呼ばれました。タタール人はモンゴル人を指し、リプカというのはモンゴル語で「リトアニア」を指します。リトアニア大公国は、もともとモンゴル人などのアジア系の血統を受け継ぎ、発展しました。リプカ・タタール人の騎馬隊は、リトアニア大公軍の主力部隊として活躍しました。

14世紀末にヤゲウォがポーランド女王と結婚する際、キリスト教に改宗し、現地のスラヴ人と同化していきます。ヤゲウォ朝はチェコスロヴァキアをも支配し、強大な勢力を誇りましたが、16世紀に断絶しました。その後、ポーランドは分裂し、混乱期に入ります。

このように東欧・南欧では、中世以来、アジア人の入植が進み、アジア人とヨーロッパ人との複合民族王国が社会基盤を形成し、西ヨーロッパを圧倒し、強勢を誇っていました。アジア遊牧民に特徴的な部族社会を前提とした武断政治が横行する状況のなかで、商業は根づきませんでした。そのため、利益性に乏しく、近世以降、西ヨーロッパに大きく遅れを取ることになります。

複合民族王国はどのように解体されたのか

179ページの図14-1の3つの複合民族王国のうち、ブルガリア帝国とハンガリー王国は16世紀にオスマン帝国に征服されます。ヤゲウォ朝断絶後、ポーランドは18世紀にプロイセン、ロシア、オーストリアなどの干渉を受け、分割されました（ポーランド分割）。

17世紀末、オーストリアがハンガリーをオスマン帝国から奪います。ハンガリーはチェコスロヴァキアとともに、オーストリア帝国（ハプスブルク家）の一部として、その支配を受けます。

ポーランドは、ロシア帝国の支配を受けます。ナポレオン戦争の混乱のなか、ロシアはポーランドに軍を進め、1815年、ウィーン会議でロシア領と認められて、ポーランド立憲王国となります。ロシア皇帝が、王国の王位を兼任しました。

東欧諸国は、このようにロシアとオーストリアの支配を受けていましたが、第1次世界大戦におけるロシア革命やオーストリア敗北で、独立していきます（図14-2参照）。

19世紀後半、バルカン半島では、ロシアの後押しを得て、弱体化したオスマン帝国から諸国が王国として独立しました。ブルガリア、ギリシア、ルーマニア、セルビア・モンテネグロ（後

図14-2　第1次世界大戦後のヨーロッパ

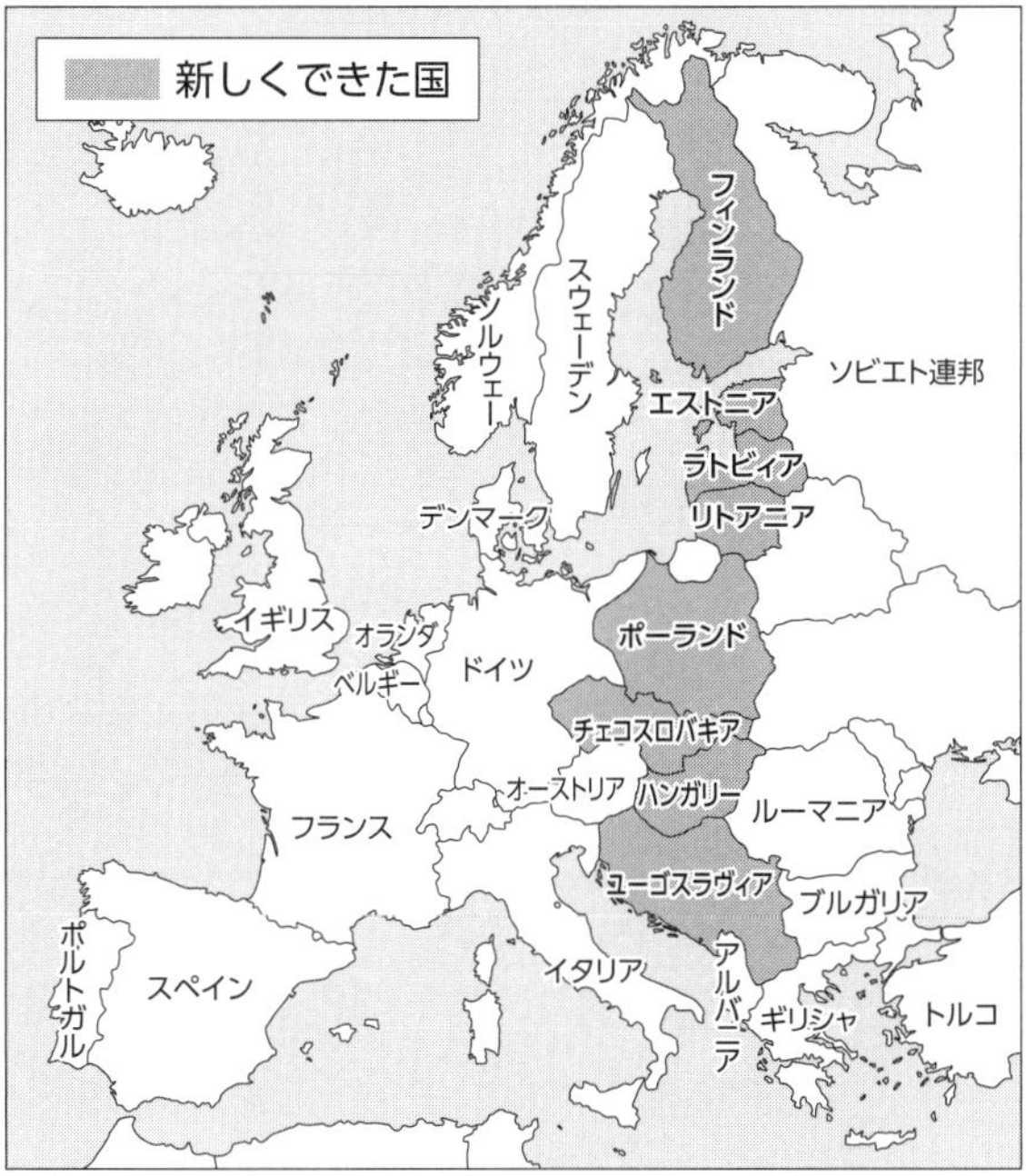

のユーゴスラヴィア）などです。これらの王国では、地域の貴族が王位に就いています。

　これらの東欧・南欧の諸国は、第2次世界大戦後、ソ連の衛星国家となり、ソ連の支配を受けます。そのため、一様に王制は廃止され、社会主義体制が敷かれました。1991年、ソ連崩壊で、これらの諸国は自立していきます。

　2004年、ポーランド、チェコ・スロヴァキア、ハンガリーなどがEU加盟を果たしましたが、社会主義時代の後遺症が残り、今日でも簡単に経済を好転させることができていません。加えて、強権的な政権運営なども問題視されています。

◆「黄金のプラハ」が浮浪者の街に

中世以来、東欧の文化・経済の中心都市はチェコのプラハでした。10世紀初め、チェコでベーメン（ボヘミア）王国が建国され、11世紀にベーメン王国は神聖ローマ帝国に編入され、カトリックに改宗します。

ドイツ貴族のなかに、現在のルクセンブルク大公国を領土としていたルクセンブルク家がありました。ルクセンブルク家のカール4世は、婚姻による相続で14世紀、ベーメン王を継承し、ベーメン王カレル1世となります。

さらに、カール4世は神聖ローマ帝国（ドイツ）の皇帝に選ばれます。神聖ローマ皇帝は、15世紀にハプスブルク家に世襲されるまでは、ドイツ貴族たちが選挙制で皇帝を選んでいました。ドイツ貴族のなかでも、ルクセンブルク家のような辺境の弱小勢力があえて選ばれました。弱い皇帝のほうが、ドイツ貴族たちにとってコントロールしやすかったからです。

しかし、カール4世は精力的な皇帝で、神聖ローマ帝国の首都機能を自領のベーメンのプラハに移し、プラハ城の拡張工事、カレル大学創立、今日でも街のシンボルとなっているカレル橋の建設などを行ないます。プラハの街が整備されて、「黄金のプラハ」と呼ばれ、ローマやコンスタンティノープルと並ぶ、ヨーロッパ最大の都市に発展しました。

ベーメン王国は神聖ローマ帝国の一部でしたが、カール4世の尽力により、14世紀に神聖ローマ帝国を牽引する力をもちました。しかし、16世紀、ルクセンブルク家が断絶すると、ベーメンはハプスブルク家に支配されるようになり、搾取の対象となって、急速に衰退していきます。

ベーメンでは、宗教改革の影響を受け、ルター派の新教徒が急増します。神聖ローマ皇帝フェルディナント2世（ハプスブルク家）がカトリックを強制したことに反発し、1618年、ベーメンの反乱が起こり、三十年戦争の原因となります。この戦争で、ベーメンの荒廃は決定的となり、ヨーロッパで最も貧しい国となって「ベーメン＝浮浪者」というドイツ語の意味を帯びるようになります。英語のボヘミアンも、やはり同じ意味をもつようになります。

第6部

中国

Chapter 15

孟子は「君主を変えられる」と言った

◆「陛下」の「下」は、なぜ「下」なのか

天皇や皇帝、王に対して、「陛下」という敬称が用いられます。国家の最高地位者に対し、「下」という文字が使われるのは、いったいどういうことなのでしょうか。

「陛下」という敬称は紀元前3世紀、秦の始皇帝の時代から使われはじめます。「陛」は皇帝の住む宮殿へ通じる階段を意味します。皇帝はその階段の上にいるはずですから、「陛下」ではなく、「陛上」となるはずです。なぜ、「下」なのでしょうか。

当時、人々は皇帝に直接、話しかけることはできませんでした。皇帝の侍従を通じて奏上することができたのです。この侍従は、宮殿の階段の下に控えていました。そのため、「階下の者を通じて、奏上いたします」という意味で、「陛下」と呼びかけたのです。

最初、「陛下」というのは皇帝に奏上する際に使われる枕詞のようなものでしたが、しだい

にそれ自体が皇帝を表わす尊称としての意味をもつようになります。しかし、中国では「陛下（ピーシャ）」よりも「皇上（ホアンシャン）」の敬称のほうが頻繁に用いられました。

皇太子をはじめ、皇帝の子は「殿下」と呼ばれます。「殿下」の「殿」は宮殿のことです。「宮殿の下に控える侍従の者を通じて申し上げます」という意味で使われ、「陛下」よりも一段格下の尊称として使われます。

さらに、皇族や重臣に対しては「閣下」の尊称が使われます。「殿下」よりも一段格下です。「閣」は楼閣を意味します。現在では、大統領や首相、大使などに対しても用いられます。

この他、聖職者に対する尊称もあります。ローマ教皇や正教会の総主教など、キリスト教における最高位の聖職者には「聖下《せいか》」が用いられます。

仏教の高位聖職者には、「猊下《げいか》」が用いられます。猊とは「獅子」のことです。仏典で、ブッダを「人中の獅子」としており、ブッダや高徳な人の座るところを獅子座と呼びました。チベット仏教のダライ・ラマ法王にも「猊下」の尊称が使われます。

「聖下」と「猊下」には、どちらが格上・格下かの区別はありません。呼び方が異なるというだけのものです。

このように、最高地位者に対して「下」という文字を使うのは、「下にいる侍従を通じて申し上げる」という意味が一様にあるからです。

「皇帝」の称号の由来

秦王の政《せい》は紀元前221年、中国を初めて統一し、始皇帝を名乗るようになります。このとき、「皇帝」の称号が誕生しました。なぜ、始皇帝は「皇帝」という称号をつくったのでしょうか。また、それにはどういう意味があるのでしょうか。

「皇帝」は、三皇五帝と呼ばれる中国神話の伝説上の聖王や帝王たちに由来します。天皇《てんこう》・地皇《ちこう》・人皇《じんこう》の3人の伝説の皇が世界を創造し、その世界を黄帝《こうてい》・顓頊《せんぎょく》・嚳《こく》・尭《ぎょう》・舜《しゅん》の伝説の五帝が受け継ぎ、夏《か》王朝が創始され、殷《いん》王朝、周《しゅう》王朝にいたるとされます。秦の始皇帝は、これら三皇五帝の称号をすべて合わせる意味で「皇帝」の称号をつくりました。

「皇」は王と同じ意味ですが、光輝くという意味の「白」がついています。「帝」は束ねるという意味があり、統治者を指す言葉です。糸偏をつけた「締」は文字どおり、糸を束ねるという意味です。したがって、「皇帝」とは「世界を束ねる光輝く王」という意味になります。始皇帝は、自らが伝説の聖人の治世を凌ぐ最高存在であることを示そうとしました。

ちなみに、「王」の字がなぜ統治者を意味するのかという起源については、諸説あります。古代中国で、支配の象徴として用いられた斧の象形文字から「王」という漢字が成立したとする説、また天と地を表わす「二」に、人を入れて「三」とし、それに縦線を1本入れて、天・地・人をつなぐ存在として「王」の漢字が成立したとする説（許慎著『説文解字』より）などがあります。

「天皇」に込められた日本の気概

天皇も「皇」の字を用いています。「天王」とせず、「天皇」としたのは、日本が中国の皇帝に対抗しようとしたからでした。

「天皇」という称号は7世紀初めごろに使われはじめます。中国神話の伝説上の三皇（天皇・地皇・人皇）のうち、最も位の高い「天皇」が称号としてふさわしいとされました。7世紀後半の第40代天武天皇の時代には、「天皇」の称号が一般的に使われるようになり、孫の文武天皇の時代の702年に公布された大宝律令で、「天皇」の称号の使用が法的に定められます。

「天皇」の称号が使われる以前、「大王《おおきみ》」の称号や「すめらぎ（すべらぎ）」の称号が使われていました。「すめらぎ」とは何を意味するのかということについて、諸説あります。「すめら」を「皇」の訓読みととらえる説、神聖さを表わす「澄める」が転訛したとする説があります。

日本では、大化の改新を成し遂げた天智天皇の時代に、豪族の地位が低下し、君主中心の中央集権体制が整いはじめます。天智天皇の弟の天武天皇は王権の伸張にともない、それまでの「大王」や「すめらぎ」に替わる新しい王の称号として、「天皇」を一般使用させます。

当時、日本は中国から「倭」と呼ばれ、その君主の称号として「倭王」を授けられていました。中国では、皇帝が最高の君臨者で、その下に複数の王たちがいます。中国の王は、皇帝によって領土を与えられた地方の諸侯に過ぎません。つまり、「倭王」は中国皇帝に臣従する諸侯の1人という位置づけだったのです。朝鮮半島諸国の王も、同様の扱いでした。

日本は中央集権体制を整備し、国力を急速に増大させていく状況で、中国に対する臣従を意味する「王」の称号を避け、「天皇」という新しい君主号をつくり出しました。皇国として、当時の中国王朝の唐と互角に対抗しようという大いなる気概が日本にはあったのです。

◆中国皇帝の万世一系を守ろうとした男

日本では「天皇」の称号が定着するとともに、天皇の神性も固まり、その血統の不可侵において、万世一系の皇統が今日まで脈々と続きます。ところが、中国では世界の統治者たる皇帝の神性は守られず、次々と王朝が入れ替わり、皇帝の血統は頻繁に途絶えました。

まず、始皇帝の血統がたった2代しか続きませんでした。始皇帝の子の胡亥《こがい》は2世皇帝として即位しますが、宦官に操られ、殺されてしまいます。

秦が2代で滅びた後、戦乱期を勝ち抜いた劉邦《りゅうほう》が紀元前202年、漢王朝を創始し、新たに皇帝となります。この漢王朝は王莽《おうもう》により帝位を一時期、簒奪《さんだつ》されますが、前漢と後漢を合わせて、約400年、28代の皇帝が続きました。

中国で、皇帝の血統をこれだけ長く保つことができたのは、漢王朝だけです。そのため、この血統を守り、中国に万世一系の皇統を根づかせるべきだと考える人たちもいました。彼らは、皇統の安定維持こそが社会秩序を形成するための基礎となると考えたのです。

その代表者が、後漢時代の2世紀~3世紀に活躍した荀彧《じゅんいく》です。荀彧は三国志の英雄曹操《そうそう》の参謀としてよく知られています。

当時、漢王朝（後漢）の命運はすでに尽きており、曹操は漢王朝を廃し、自らの王朝を創始しようと考えていました。そして、曹操はまず魏公《ぎこう》になろうとしました。

荀彧は曹操を支えた最大の功臣の1人でしたが、400年続いた漢王朝を守らなければならないという考えで、曹操の魏公就任に反対しました。荀彧は実力者が新しい王朝を創設し、皇帝になるようなことが続けば、王朝が変わるごとに天下が乱れ、人々が戦乱に巻き込まれてしまうと考えたのです。

しかし、曹操配下の群臣たちは、曹操が魏公になれば政権の求心力が強まると考え、一日も早く就任するよう、曹操に懇願していました。荀彧だけが反対を貫きます。自分たちが曹操を中心に義兵を起こしたのは、漢の朝廷を救い、国家を安定させるためであり、漢王朝がいかに衰えたといえども、帝を疎かにはできないと主張したのです。

荀彧は、曹操に疎まれはじめます。曹操は、荀彧に美しい容器の贈り物を届けます。荀彧が中身を見てみると、空っぽでした。空箱には「お前にもう用はない」という意味が託されており、荀彧は自殺します（他殺説もあります）。

暴君は廃されて当然なのか

荀彧の死の翌年、曹操は魏公となり、その後、魏王に昇ります。さらに、曹操の子の曹丕《そうひ》が後漢最後の皇帝の献帝に禅譲を迫って、皇帝となり、220年、魏王朝を創始します。曹丕は事実上、漢から帝位を奪ったのです。

曹操と曹丕が漢王朝を追い詰めたことで、皇帝の血統を守るという精神文化は崩れ去り、実力者が覇を競い、古い王朝を潰すということが繰り返されるようになります。中国王朝は主要なものだけで、図15-1のように、秦から清まで10の王朝があり、そのたびに皇統が変わりました。曹操と曹丕の時代が、万世一系の皇統を築くことができるかどうかの1つのターニングポイントであったといえます。

曹操の時代よりも550年前の紀元前4世紀に、徳が衰えた王朝は別の英傑によって滅ぼされると主張した人物がいました。儒学者の孟子です。孟子は、殷王朝の湯王が夏王朝の桀王を追放したこと、周王朝の武王が殷王朝の紂王を征伐したことは、簒奪にはならないと言いました。

なぜならば、桀王や紂王は王であったとはいえ暴政を行ない、人心を失っていたので、徳のない「残賊」に過ぎず、これは廃されて当然であるというのです。孟子は「一夫の紂を誅せりとは聞けども、未だ君を弑したりとは聞かず（仁義を失った紂王はもはや君主ではなく、ただの男である。そのため、君主殺しとは言えない）」と述べています。

かつて、夏は殷に滅ぼされ、殷は周に滅ぼされました。天命の尽きた王朝は、革命（天命を革《あらた》めるの意）によって新しい王朝に取って代わられ、その際、君主が自ら位を譲るのを「禅譲」といい、武力

図15-1　主要な中国王朝と皇室氏族名

王朝	建国者	氏族名	建国時期
秦	始皇帝	趙氏	紀元前3世紀
漢	劉邦	劉氏	紀元前2世紀
魏	曹丕	曹氏	3世紀
晋	司馬炎	司馬氏	3世紀
隋	楊堅	楊氏	6世紀
唐	李淵	李氏	7世紀
宋	趙匡胤	趙氏	10世紀
元	フビライ	ボルジギン氏	13世紀
明	朱元璋	朱氏	14世紀
清	ヌルハチ	愛新覚羅氏	17世紀

によって追放されることを「放伐」という、と孟子は説いています。この革命は、易姓革命と呼ばれます。易姓とは「（王室の）姓が易《か》わる」という意味です。

易姓革命で歴史は捏造される

孟子の易姓革命は、曹丕のような時の実力者に悪用されました。徳を備えた一族が新王朝を立てるという美名のもと、簒奪が繰り返されたのです。

孟子（台北国立故宮博物院蔵）　孟子の易姓革命論は、臣下が主君を倒す下剋上を正当化する理論となった。

易姓革命の正当性を強調するために、新しい王朝の皇帝は史書編纂などを通じて旧王朝の皇帝を徹底的にコキ下ろし、罵倒します。そんな不運な皇帝の代表者が、隋の2代目皇帝の煬帝《ようだい》です。煬帝は優れた政治手腕を発揮しますが、中国最大の暴君に仕立て上げられます。

煬帝は大運河の建設をはじめ、律

煬帝（閻立本画、7世紀、ボストン美術館蔵） 煬帝は楊広という名前であるが、「煬（天に逆らうの意味）」という諡号《しごう》を李淵親子につけられてしまい、暴君のイメージが定着した。

令制と呼ばれる中央集権的な官僚制を整備し、国力の増大に努めます。経済の向上により、民衆の生活も向上しました。また、均田制が整備されて、富裕な豪族が領有していた大土地を取り上げ、民衆に均しく田を配り、民衆のための政策を推進しました。この他に、「科挙《かきょ》」という官僚登用制を整備しました。科挙は筆記試験の点数で合否を決めるオープンな登用制で、コネや地盤のない者にもチャンスが与えられました。

　このように煬帝の政策は優れたもので、うまく機能していました。しかし、急進的な中央集権主義に反発をする抵抗勢力が暗躍し、彼らと結託した隋の重臣の李淵《りえん》・李世民《りせいみん》親子が煬帝を裏切り、クーデターを起こします。煬帝が江南を視察していた留守中に、李淵親子は長安を占領して実権を握り、618年、唐王朝を建国します。煬帝は暗殺されました。

　このような不当なクー

デターの経緯から、李淵親子は煬帝を不自然なほどに暴君扱いし、自分たちのクーデターが民衆のためのものであると主張しました。

煬帝は大運河を建設し、華北（中国北部）と江南（中国南部）を水路で結びました。そのため、経済が向上し、大きな成果を得たのですが、李淵親子は煬帝が大運河建設で民衆を酷使して苦しめたということばかりを強調します。また、煬帝は大運河完成の祝典で、運河の建設に苦しんだ民を顧みず、運河に豪勢な船を浮かべて酒宴を開いたなどと、その傲慢さも強調されます。この話は誇張されたものと見るべきで、李淵親子の創作が疑われます。

このように、易姓革命の横行は勝者による歴史の捏造《ねつぞう》を頻繁に生むことになります。

◆「王侯将相いずくんぞ種あらんや」

ヨーロッパでは、王の血統が途絶えたときに王朝が断絶しますが、中国では、易姓革命により、王の徳が途絶えたときに王朝が断絶します。「徳が途絶える」という曖昧な基準で、実力者がのし上がることができました。劉邦や朱元璋《しゅげんしょう》のような平民の成り上がり者が皇帝になることが可能となったのです。

秦末の時代、農民反乱軍を率いた陳勝《ちんしょう》は「王侯将相《おうこうしょうしょう》いずくんぞ種《しゅ》あらんや」と有名な言葉を残しています。これは、王や諸侯、将軍、宰相などの身分上位者に、決まった種（家柄）はない、という意味の言葉です。この言葉は、中国人の意識に深く浸透しました。

平民だけでなく、異民族も皇帝になることができました。「血統」よりも「徳」をもった仁者が君主にふさわしいとする理屈で、中国では異民族の実力者が皇帝になりました。中国の主要な統一王朝「秦→漢→晋→隋→唐→宋→元→明→清」のうち、いわゆる漢人（中国人）がつくった統一王朝は秦・漢・晋・明の4つしかありません。

もはや、どこの馬の骨ともわからない人間が国を乗っ取り、人々も自分たちの国がいったい誰のものなのか、見当がつかない状況が歴史的に続き、人々の国家に対する意識は希薄となり、社会が乱れていきます。

近代において、こうした弊害は顕著になります。ヨーロッパや日本が国民国家として、自国民の王や皇帝を戴き、国民が結束して近代化と富国強兵を推進していくのに対し、中国にはそのような改革の中核となる理念がなく、時代に翻弄されるばかりでした。

20世紀、毛沢東ら共産党が身分や家柄を否定する共産主義思想を掲げ、勢力を一気に拡げました。「王侯将相いずくんぞ種あらんや」という精神文化が、人民の意識のなかに潜在的に受け継がれていたため、共産主義思想に対する免疫力が中国にはありませんでした。共産主義はウィルスのごとく、瞬く間に感染・拡大し、中国社会や中国人を蝕んでいきます。

Chapter 16

なぜ、中国は皇室を残さなかったのか

皇帝制を全面否定した孫文

中国は、いまも昔も覇権主義の独裁国家です。そのため、本来、皇帝制がふさわしいのですが、廃止され、皇室も残りませんでした。なぜでしょうか。

中国最後の清王朝の末期、立憲派と革命派の2つのグループがありました。立憲派の代表は康有為《こうゆうい》や梁啓超《りょうけいちょう》ら清王朝の官僚たちで、彼らは民度の低い中国で共和制や民主主義を行なえば大混乱に陥り、列強の餌食となってしまうので、皇帝制を維持しながら改革を進めていくことを主張しました。彼らは、日本やヨーロッパのように、中国にも立憲君主制を根づかせようとしました。

革命派の代表は、孫文《そんぶん》と黄興《こうこう》です。彼らは、体制の中からの改革は不可能とし、清を打倒しなければならないと考えました。

図16-1 清王朝末期の改革派

	立憲派	革命派
代表者	康有為／梁啓超	孫文／黄興
めざす体制	立憲君主制	共和制
推進層	封建諸侯	民族資本家（ブルジョワ）
政治結社	保皇会	中国同盟会

孫文らは漢人民族主義者で、1905年、中国同盟会を結成し、「駆除韃虜《だつりょ》・恢復《かいふく》中華・創立民国・平均地権」の四大綱領を掲げます。「韃虜」とは韃靼《だったん》（タタール人、モンゴル人）の蔑称です。かつて、韃靼はモンゴル人のみを指していましたが、時代を経るとともに、満州人を含む北方異民族全体を指すようになります。孫文らは、満州人王朝である清を「韃虜」として、これを「駆除」しなければならないと主張しました。

満州人を排除し、漢人中心（恢復中華）の共和制国家をつくり（創立民国）、特権階級の土地を平民に分け与えていくこと（平均地権）をめざしました。こうした思想が、孫文のいわゆる「三民主義（民族独立、民権伸長、民生安定）」に結実していきます。

このように、孫文ら革命派にとって、清王朝の残存はまったく相容れないことであり、一刻も早く打倒すべきものでした。

革命の原動力となった民族資本家

日清戦争に敗北した清王朝は、1895年、下関条約を結び、朝鮮から撤退するとともに、賠償金を課せられます。大国の清が日本に負けたことは衝撃的で、ここにいたり、ようやく本格的改革に乗り出します。

立憲派は1898年、変法運動という近代化運動を起こします。皇帝独裁の制限と憲法制定という改革にもかかわらず、時の皇帝の光緒帝《こうしょ》は改革に協力的でした。しかし、西太后ら保守派が自分たちの勢力が排除されるのを恐れ、変法運動を弾圧（戊戌《ぼじゅつ》の政変）し、改革は失敗します。

立憲派の失敗により、革命派の勢いが増します。20世紀に入ると、中国でも工業化が進み、民族資本家と呼ばれるブルジョワ階級が育ちます。孫文は、国内の民族資本家や華僑（外国で成功していた民族資本家）の勢力を結集し、革命運動の原動力とします。

民族資本家たちは、清から爵位や特権を保証されていた封建諸侯と、利害関係において激しく対立しました。封建諸侯は領土を独占し、民族資本家の商工業にも不当に介入し、税などを巻き上げていました。封建諸侯によって支えられているのが清王朝であったので、民族資本に

孫文（1910年代）　広東出身で、医師であった。1897年、日本に滞在していたとき、思想家の宮崎滔天《とうてん》と会い、彼の仲介により康有為ら立憲派との合作をめざすも決裂した。

とって、清を倒すことは商工業の自由を獲得するために、欠かせないことでした。

清は末期症状のなか、極端な財政難に耐えられず、１９１１年、幹線鉄道を国有化し、鉄道を保有する民族資本家からこれを没収して財政不足に充てる、という強硬手段に出ます。民族資本家は、清王朝の支配が弱かった中国南部で育ち、鉄道建設や繊維・鉄鋼工業などで資本展開を図っていました。

清王朝による鉄道国有化に民族資本家は怒りを爆発させ、四川で暴動、武昌で蜂起し、辛亥革命となります。民族資本家勢力は、南部地域一帯で清からの独立を一方的に宣言しました。また、南京で孫文を臨時大総統に選出して、中華民国の建国を宣言しました。

こうして、彼らは秦の始皇帝から約２１００年続いた皇帝制と訣別しました。ちなみに、中国史上に登場した皇帝は６００人以上にのぼります。

誰が「皇帝」を葬ったのか

一方、清王朝は袁世凱《えんせいがい》を内閣総理大臣に任命し、革命の鎮圧を命じます。中国北部で軍事力を有していた地方豪族の軍閥という勢力があり、袁世凱はこの軍閥の領袖でした。彼は大軍を率いて、南京にやって来ます。

袁世凱は、清の体制内部の要人でありながら、清の命運は長くもたないと考え、新しい中華民国の総統になるほうが得策と判断し、革命派と取り引きしようとします。袁世凱は、「私が清の皇帝を退位させることを条件に、私を中華民国の大総統にせよ」と要請します。

孫文ら革命派は、袁世凱の強大な軍を前に、この要請を受け入れざるを得ませんでした。しかし、皇帝を退位させ、清王朝を名実ともに終わらせることができるのは、大きな前進ととらえました。

大総統になった袁世凱は、宣統帝溥儀《せんとうていふぎ》を退位させます。1912年、清はこうして滅亡しました。

中国において、皇帝制を葬るために戦ったのが孫文ら民族主義勢力で、皇帝制を実際に葬ったのは袁世凱ら清王朝内部で特権を享受していた軍閥勢力でした。つまり、清王朝は外から仕掛けられて、中から壊れたといえます。

宣統帝の退位により皇帝制は終わりましたが、皇帝制とともにあった封建政治は温存され、政治の内実は変わりませんでした。袁世凱が政権を握り、軍閥や封建諸侯の特権を保証しながら、孫文ら民族資本家勢力を弾圧しました。孫文らは、中華革命党を結成して袁世凱政権に対抗しますが、強大な軍事力を誇る彼らの敵ではありませんでした。

日本に在住している清皇族の子孫

宣統帝溥儀は退位後、半ば幽閉された状態で紫禁城《しきんじょう》に住み続けます。その後、日本の満洲国の建国にともない、1934年、満洲国皇帝に即位し、康徳帝《こうとくてい》を名乗ります。溥儀は、日本の傀儡《かいらい》皇帝でした。

翌年、昭和天皇の招待により、初の外国訪問として日本を訪れます。このとき、昭和天皇自らが東京駅のホームまで溥儀を迎えに行きました。約百人からなる溥儀一行は、日本国民の喝采を浴びます。

溥儀は日本の皇族に温かく迎えられ、「満州殿」と親しみを込めて呼ばれました。日本滞在中、マスコミが追い掛け回し、その動向をトップニュースで伝えました。溥儀は日本各地を周遊し、

婚礼の際の愛新覚羅溥傑と嵯峨浩

行く先々で国民から高い人気を集めました。

溥儀の弟の溥傑《ふけつ》は日本の陸軍士官学校を卒業し、満州国軍の将校となりました。１９３７年、溥傑は天皇家の親戚であった嵯峨《さが》侯爵家の令嬢の嵯峨浩《ひろ》と結婚しました。溥儀・溥傑ら愛《あい》新覚羅《しんかくら》氏と日本の皇室は縁戚関係となります。溥傑と嵯峨浩は二女をもうけます。

長女は日本人男性と心中自殺しますが、次女（福永嫮生《こせい》）が嵯峨家と親交の深い福永家の次男と結婚し、５人の子をもうけました。彼女は現在、兵庫県神戸市に在住しています。愛新覚羅氏の子孫が日本にいるのです。

１９４５年、日本が敗戦に追い込まれ、満州国が崩壊し、溥儀は皇帝を退位します。満州に侵攻してきたソ連軍の捕虜になり、１９４９年、毛沢東《もうたくとう》らが中華人民共和国を建国すると、身柄を中国に引き渡されます。撫順戦犯管理所に収容され、過酷な思想教育を受けます。かつて皇帝であった溥儀は屈辱に耐えられず、何度か自殺を試みています。中国共産党に忠誠を尽くすよう強いられ、10年間の服役後、釈放されました。

その後、溥儀は中国人民政治協商会議の委員に選出されます。政治協商会議は各界の著名人が集まり、委員という名誉職を務める機関です。1967年、北京で死去します。溥儀は性的不能者であったらしく、子がいませんでした。

皇帝制崩壊が大混乱を引き起こした

話を袁世凱や孫文の時代に戻します。袁世凱は野心を顕にします。1915年、皇帝に即位し、国号を中華民国から中華帝国にあらためます。年号を洪憲《こうけん》と定め、洪憲皇帝を名乗ります。

血統の正統性のない袁世凱が突如、皇帝になったことに、当時の日本をはじめ、世界各国は驚きましたが、中国では易姓革命の伝統があり、血筋に関係なく、実力者が皇帝になってきたので、袁世凱自身、自分が皇帝になるのは当たり前だと考えていました。

しかし、20世紀になり、世界各国が近代化を遂げていく情勢で、皇帝制を復活させるのは時代錯誤であるという批判が中国国内からも噴出し、政権基盤であった軍閥や封建諸侯たちも反発しました。その結果、袁世凱はわずか3か月で退位しました。そして、間もなく、失意のうちに病死します。

袁世凱が病死した後も、軍閥勢力と孫文ら革命派との対立は続き、近代革命は進展しません。第1次世界大戦後、北京の学生が中心となり、五・四運動という反帝国主義運動を展開します。民衆の政治への関心の高まりを感じた孫文は、以後、民衆を取り込み、革命勢力を形成する方針をとります。孫文は、それまでエリート主義的なブルジョワ革命を目指してきました。しかし、この考え方を変え、民衆全体を取り込んで革命を推進していこうとしたのです。

皇帝即位式での袁世凱

その一環として、孫文は貧民層を支持基盤とする共産党と連携し、第1次国共合作を成立させます。孫文ら民族資本家勢力は、国民党を結党していました。この国民党と共産党の協調が実現します。

以後、中国では共産党勢力が急速に拡大し、猛威を振るうようになります。1925年、孫文は「革命いまだならず」という有名な言葉を残して、病死します。

後継者の蒋介石《しょうかいせき》は孫文と異なり、共産党を危険視し、弾圧します。蒋介石は毛沢東と激しく対立しますが、もはや共産党の拡大は誰にも止められない状態でした。共産主義者が唱える平等社会が、平民たちに広く受け入れられていきます。

中国では、ヨーロッパと異なり、ブルジョワ市民階級が未成熟でした。皇帝制を打倒した後に、その受け皿となるべき民族資本家たちが国家を強力に牽引していく存在になれませんでした。１９１２年、辛亥《しんがい》革命で清が倒れたとき、牽引者不在のなかで、中国は方向性を失います。秩序が脆《もろ》くも崩壊し、共産主義が圧倒的多数である貧民の支持を得て、勢力を拡大します。つまり、皇帝制の崩壊により、中国では共産主義国家の誕生が避けられない事態となってしまったのです。

天皇制があったからこそ、近代革命に成功した

日本も、中国と同様に、ヨーロッパのようなブルジョワ階級は未成熟でした。代わりに、従来の特権階級であった藩主や武士が近代革命を担いました。

17世紀のイギリス市民革命でも、18世紀のフランス革命でも、国王をはじめ、多くの特権階

級が処刑されています。フランス革命では、日々の大量処刑を迅速に執行するために、ギロチンが考案されました。ヨーロッパの近代革命には血なまぐさい暴力がついて回り、それは中国の易姓革命と同質のものでした。

日本の近代化である明治維新では、そのような血なまぐさい暴力は最小限に抑えられました。革命への穏健な姿勢が終始貫かれ、日本独自の絶妙なバランス感覚で、体制の旧弊を漸次、改変しながら、近代化が進められていきました。ヨーロッパ型の市民階級が「アンシャン・レジーム（旧体制）」を急進的に打破していくという姿とは、日本の明治維新は根本的に異なっています。

日本の近代化が穏健に進められた背景として、天皇の存在が大きかったと思われます。最後の将軍徳川慶喜《よしのぶ》は、自らの体面を失うことなく、政権から退きました。それは、将軍よりも格上の天皇に、それまで預かっていた政権を返上するという大政奉還の建て前を通すことができたからです。

約270年間続いた江戸の将軍が、薩摩・長州という辺境の大名に屈服するという恥辱にまみれるならば、江戸城の無血開城などはなく、幕府勢力は死力を尽くして革命軍と戦っていたでしょう。易々《やすやす》とは政権を渡さず、血で血を洗う陰惨な内戦に発展した可能性があります。

幕府は、あくまで大政奉還により天皇に恭順したのです。超越的な天皇の存在が、日本の危機を救いました。

なぜ、日本の封建諸侯は特権を潔く手放したのか

ヨーロッパの民主革命の闘士から見れば、天皇を頂点とする明治の新生国家は、王政復古への逆行と映ったかもしれません。このとき新生国家を共和制とせず、天皇を戴く立憲君主制にしたのは、維新の革命者たちの深遠な知恵でした。

首班や内閣は、天皇に対して責任を負います。そして、彼らは天皇によって大権を与えられます。この大権の実効性を強固なものにするため、多少、天皇を神格化し過ぎたところもあります。ヨーロッパの王は「王権神授説」を掲げ、王の政治的権限を「神から与えられたもの」としましたが、自らの存在自体が神であるとは、誰も言いませんでした。

しかし、日本では天皇は神のような存在、つまり「アラヒトガミ」とされました。万世一系の皇統をもつ天皇には、ヨーロッパの王にはない重みがあったのです。

「アラヒトガミ」である天皇の存在は、困難な改革を実現させるのに大きな役割を果たしました。大政奉還と同様に、廃藩置県は藩の小君主（藩主）たちの実権を天皇に返還させるものでした。封建諸侯である彼らが自らの特権を手放したのは、彼らよりもずっと身分の低い足軽

上がりの革命者（西郷や大久保など）が命じたからではなく、天皇の大命を仰いだからでした。

武士の忠義からして、天皇の大命には逆らえず、封建時代の実質的な実力者であった彼らのほとんどは、潔く身を退いたのです。その潔い精神というものは、ヨーロッパの特権階級には見られません。ヨーロッパの特権階級の多くは処刑台の前に引きずり出されるまで、悪態をつき、暴言を吐きながら抵抗しました。

日本には、鎌倉幕府から江戸幕府にいたるまで、将軍という世俗の権力者の上に天皇という超越的な存在がありました。この二重権力構造が続き、天皇制が維持されたことが近代日本に幸いしました。日本が過激に社会秩序を崩壊させることなく、緩やかな変革を実現することができた最大の理由が、ここにあります。

中国などは、新しい王朝が古い王朝に取って代わる易姓革命を繰り返したため、天皇のような国家の中核存在をもつことができませんでした。

近代改革には、必ず痛みがともないます。その辛苦や苦難を、当時の日本国民は、天皇の威厳と国家の栄光のために耐えることができ、世界史に類例のない近代国家への華麗な転身を早期に実現させたのです。

第7部

朝鮮

Chapter 17

日本は朝鮮王朝を終わらせる汚れ役をさせられた

無為無策の朝鮮王朝

「我が国の皇帝陛下と大日本帝国天皇陛下に懇願し、朝鮮人も日本人と同じ一等国民の待遇を享受して、政府と社会を発展させようではないか」

これは、朝鮮の政治団体の一進会が「韓日合邦を要求する声明書」（１９０９年）において述べた一節です。一進会は親日保守派が集まる政治団体で、この声明書は日本がやらせた偽装とする見解があります。朝鮮の併合を朝鮮側から要請されたものとして、日本がそれを受け入れる形にしようと画策したというのです。

おそらく、そういうことだったでしょう。一進会は会員１００万人と豪語していましたが、実態がどういう組織であったのか、よくわかっていません。一進会は上記の声明書のなかで、「日本は日清戦争・日露戦争で莫大な費用と多数の人命を費やし、韓国を独立させてくれた」

と述べています。そのとおりなのですが、こんなに物わかりのよい朝鮮人がいること自体がおかしなことです。

しかし、当時の朝鮮では、無為無策の朝鮮王朝を見限って、日本に朝鮮の統治を託そうとした親日保守派が少なからずいたことは間違いありません。金銭や利権に釣られて日本に靡《なび》いた者も含めてのことですが、彼らは日本の力を借りてでも朝鮮を近代化させるべきと考えていたのです。

当時の朝鮮の閣僚も、李完用《りかんよう》をはじめとする親日派で占められており、日本の朝鮮併合を望んでいました。

これに対し、日本はもともと朝鮮の併合には慎重でした。韓国統監であった伊藤博文は「日本は韓国を合併するの必要なし。合併は甚《はなは》だ厄介なり」と述べていました。朝鮮を併合をしてしまえば、日本が朝鮮王朝を終わらせることになってしまい、朝鮮人の反発を買うと懸念していました。朝鮮の親日保守派は、自分たちで朝鮮王朝の息の根を止めようとせず、日本にその汚れ役をさせようとしていました。伊藤は、その狡猾《こうかつ》さを見抜いていました。

また、朝鮮のような貧しく荒廃した国を併合したところで、日本には何の利益もなく、統治に要するコストばかりが費やされることは目に見えていました。

◆「俺を撃つとは、馬鹿な奴だ」

それでも、ロシアの南下に備え、極東地域における日本の安全を保障するうえで、朝鮮併合は避けられないとする日本側の意見も日増しに強くなり、伊藤博文も併合に反対できなくなります。

こうした状況で、伊藤が殺されてしまいます。1909年、伊藤は満州・朝鮮問題について、ロシアと話し合うため、満州に赴きました。そして、ハルビン駅で朝鮮の民族運動家の安重根《あんじゅうこん》に拳銃で撃たれます。

倒れた伊藤は「撃ったのは誰だ！」と叫び、朝鮮人ということを告げられると、「俺を撃つとは、馬鹿な奴だ」と言って絶命しました。伊藤は、朝鮮併合を止めることができるのは自分だけだと考えていたので、自分が死ねば併合は免れない、という意味で「馬鹿な奴だ」と言ったのです。

日本国内で朝鮮併合へと世論が一気に傾き、朝鮮側の李完用首相も併合を急ぐように要請していました。朝鮮では、暗殺者の安重根を讃《たた》える声が大きくなり、民族主義者が勢いを得ていました。彼らが暴動を起こせば、李完用ら親日派は真っ先に殺されてしまいます。李完用たちは自らの命惜しさに、日本にすがりついていたのです。しょせん、彼らは売国奴でした。

１９１０年、韓国併合条約が調印され、大日本帝国は大韓帝国を併合しました。大韓帝国皇帝は廃され、皇族（李氏）は大日本帝国の皇族に準じる王公族に封じられます。こうして、５００年以上続いた李氏朝鮮王朝は、日本によって終わらせられました。

無能な朝鮮の閣僚や支配者たちのため、結局、日本が朝鮮王朝を終わらせる汚れ役を押しつけられ、民族主義者たちの恨みを一身に浴びることになってしまいます。

朝鮮人が自分たちで末期症状に陥っていた李氏朝鮮王朝を終わらせ、近代化を成し遂げることができれば、わざわざ日本が莫大な予算を費やして、貧弱な朝鮮を併合することなどもありませんでした。

当時の日本の指導者たちも、伊藤が「合併は甚だ厄介なり」と言った意味をよく理解するべきであったし、伊藤が主張したように、朝鮮を保護国化する程度で、ロシアを牽制することは充分に可能でした。まして、腐敗した李氏朝鮮王朝を終わらせることは朝鮮人にさせるべきであったし、日本がかかわるようなことではありません。

朝鮮併合が合法であったということを強調したがる人がいますが、合法なのは当然として、それよりもむしろ、朝鮮併合という何の得にもならない下策を日本の指導者たちがやってしまったことを問題にするべきだと思います。

なぜ、李氏朝鮮は500年以上も続いたのか

李氏朝鮮は1392年、武将の李成桂《りせいけい》により創始され、1910年まで518年も続きました。朝鮮の最初の統一王朝である新羅は267年続きました。英語のKorea（コリア＝韓国）の語源となった高麗は474年も続き、これも長期王朝です。しかし、中世の時代に長く生き延びることと近代に長く生き延びることでは、その重みが違います。

李氏朝鮮は超長期王朝でしたが、まともに政治を行なった期間は最初の約50年間に過ぎません（第4代世宗《せいそう》が死去した1450年まで）。それ以降は常に腐敗し、王朝は名ばかりの存在で、機能不全に陥っており、民衆の恨みを買っていました。

豊臣秀吉が1592年、朝鮮に遠征軍を派遣したとき、王に愛想を尽かしていた朝鮮人の多くが日本に進んで投降しました。彼らは「順倭《スネ》」と呼ばれ、日本軍に積極的に協力しました。王朝は、まったく人心を得ていなかったのです。それにもかかわらず、なぜ李氏朝鮮は長く続いたのでしょ

図17-1　朝鮮統一王朝

国・王朝名	時期	首都	中国
新羅	668～935年	慶州	唐時代
高麗	918～1392年	開城（ケソン）	宋・元時代
李氏朝鮮	1392～1910年	漢城（ソウル）	明・清時代

うか。

李氏朝鮮は、中国の属国でした。強大な中国王朝は李氏朝鮮を傀儡《かいらい》にし、自分たちにとって都合のよいように利用しました。中国王朝の意を汲んだ李氏朝鮮の王族や支配者層は、朝鮮のためではなく中国のために動き、中国の歓心を得ることにのみ必死でした。彼らは中国に媚びへつらい、中国のために国を売るようなことを平気で行なっていました。彼らは、中国と癒着することでさまざまな利権を保証されていました。

一方、支配者層は民衆を奴隷化して酷使し、中国へ貢ぐための物品を徴収しました。民衆の生活レベルは、人間のものとはいえないくらい悲惨でした。民衆を搾取することが、朝鮮の政治の中心課題となっていたのです。

中国にとって使い勝手のよい李氏朝鮮を温存するため、中国はさまざまな介入・支援をします。本来ならば早々に倒れるべき李氏朝鮮は、強大な中国の力を背景に、中国によって生かされ続けたのです。たとえば、豊臣秀吉の遠征軍が16世紀にやって来たとき、李氏朝鮮は滅ぼされる寸前のところまで行きましたが、明が援軍を出し、朝鮮を救いました。また、朝鮮国内で反乱があると、中国が朝鮮王朝を助けるため出兵し、弱体化した朝鮮王朝に代わって反乱を鎮圧しました。

◆なぜ「陛下（ペハ）」ではなく、「殿下（チョナ）」と呼ばれるのか

朝鮮は中国の属国だったと述べましたが、厳密にいうと、属国ですらなく、属地というべきです。つまり、朝鮮は国という主権を有した存在ではなく、中国の領土の一部に過ぎなかったからです。

中国には、郡国制という地方制度がありました。これは地方に諸侯王を配し、彼らに地方政治を委任するという制度です。漢の武帝の父の景《けい》帝の時代に起こった「呉楚七国《ごそしちこく》の乱」という事件を聞いたことがあるかと思います。呉や楚などの七国は「国」と称されものの、いわゆる「国家」ではなく、漢王朝の一部としての地方に過ぎません。諸侯王は「王」と称されるものの、いわゆる「国王」ではなく、漢王朝の地方知事の役割を背負っていました。

中国には、こうした郡国制のような伝統もあり、「国」や「王」が多用されることがありますが、それは近代で使われる主権国家や国王とは意味が異なります。

李氏朝鮮3代目の太宗が、明王朝によって正式に「朝鮮国王」に冊封されますが、これも「郡国」的な意味における諸侯王という扱いに過ぎません。その証拠に、李氏朝鮮の王は「陛下（ペハ）」ではなく、一段格下の「殿下（チョナ）」と呼ばれます。世継ぎも「太子（テジャ）」で

はなく、「世子（セジャ）」と呼ばれます。つまり、「陛下（ペハ）」という主権者は朝鮮には存在しなかったのです。この他、朝鮮王に「万歳（マンセー）」は使われません。「万歳」は中国皇帝にのみ使われるもので、朝鮮王には「千歳（チョンセー）」が使われました。

一般の概説書では、「朝鮮」を明から与えられた国号と説明していますが、実は「朝鮮」というのは上記の意味で、国号とはいえません。

「朝鮮」の使用を中国に打診してみるべきと最初に言い出した人物は、鄭道伝《ていどうでん》でした。鄭道伝は、李成桂の参謀でした。鄭道伝は李成桂に「明に使者を送り、高麗に代わる新たな国号を決めてもらうべき」と進言します。自分たちで勝手に決めることはできないので、主人たる明に決めて欲しい、というのです。世界史において、他国に自国の名を決めてもらったのは李氏朝鮮だけです。

その際、「朝鮮」と「和寧」の2つの案を明に提案しています。「和寧」は李成桂の生地で、現在の北朝鮮東北部の咸鏡南道の金野郡で、かつて永興郡と呼ばれてところを指します。「和寧」は本命案の「朝鮮」に対する〝あて馬〟候補の案であったと思われます。

明の朱元璋は「朝鮮」を使うよう、沙汰を下しました。さらに、李成桂に「権知朝鮮国事」という役職を与えます。この役職名に「国」という表記があったとしても、「邦《くに》」くらいの意味で、それ自体にあまり意味はなく、朝鮮が一個の独立した国として中国から認められたと解

太祖李成桂（韓国国立古宮博物館蔵）
孟子の易姓革命論を掲げ、高麗を倒すべきと主張していた鄭道伝とともにクーデターを起こし、李氏朝鮮王朝を創始した。

釈することはできません。朝鮮側がこれを「国号」としたい意図はわかりますが、残念ながら、中国側はそういう扱いをしていなかったのです。

韓国の教科書や概説書には、「朝鮮」は壇君《だんくん》以来の古朝鮮の伝統を受け継ぎ、そこに民族の独自性を求める意味が含まれている、といった解説がなされます。たしかに、朝鮮側は鄭道伝をはじめ、そのような気概を込めていたでしょう。

中国側は「朝鮮」を国号として与えたのではなく、地方名として与えました。国号というのは、主権をもった独立国家に冠せられるものです。中国が朝鮮を独立国家と認めていないことは明白であり、その意味において、「朝鮮」を国号ととらえるべきではありません。朝鮮側も明の宗主権を認めているのですから、なおさらのことです。

ところで、明が李成桂に与えた「権知朝鮮国事」という役職を「朝鮮王代理」とする解釈がありますが、それは朝鮮側の勝手な解釈です。「権知国事」というのは「知事」くらいの意味です。また、「権」は日本の権大納言や権中納言と同じく、「副」「仮」という意味があることから、「権知国事」は「知事」ですらなく、「副知事」や「仮知事」という意味になります。このことからも、「朝鮮」に国号としての意味がないことは明白です。

独立した朝鮮が「大韓帝国」に

李氏朝鮮は明王朝に続き、清王朝にも隷属しました。朝鮮は当初、満州人（女真人）である清を「オランケ（朝鮮語の野蛮人という意味の蔑称）」と呼び、対抗していました。朝鮮は、野蛮人排撃の大合唱のもと、清に宣戦布告します。

激怒した清の皇帝ホンタイジは自ら軍を率いて朝鮮に南下します。朝鮮軍は、宣戦布告するなど威勢がよかったわりには、ただ逃げ惑うのみで、ホンタイジは破竹の勢いで進撃します。1636年の侵攻（丙子胡乱《へいしこらん》）では、開戦からたった5日で漢城《ソウル》が落ちました。

朝鮮王の仁祖《じんそ》や廷臣たちは、慌てて漢城から逃げ、漢城南方の南漢山城に立て篭もります。仁祖は、ホンタイジに降伏します。仁祖は漢江南岸の三田渡に出向き、ホンタイジに拝謁し、その際、「三跪九叩頭《さんききゅうこうとう》の礼」を強いられました。「三跪九叩頭の礼」とは、清王朝皇帝に対する臣下の礼です。

皇帝の内官（宦官《かんがん》）が甲高い声で「跪（ホイ）！」と号令をかけると、土下座し、「一叩頭（イーコートゥ）、再叩頭（ツァイコートゥ）、三叩頭（サンコートゥ）」という号令のたびに頭を地に打ちつけ、「起（チー）」で立ち上がります。そして、また「跪（ホイ）！」で、土下座して同じ行動をします。この土下座行為が計3回繰り返されます。

仁祖は、この「三跪九叩頭の礼」でホンタイジに拝謁し、自ら清の臣下となり、服従を誓いました（三田渡の盟約）。

その後、清王朝の朝鮮支配が約250年間続きます。1894年の日清戦争で日本が朝鮮を解放・独立させるために戦い、翌1895年、下関条約により、清が朝鮮の独立を承認します。この瞬間、日本は中国の朝鮮に対する属国支配の長い歴史を断ち切ったのです。

1897年、独立した朝鮮は「大韓帝国」と国号を名乗りました。「韓」は王を意味する雅語で、古代において、三韓にも使われていました。朝鮮王は皇帝となり、「殿下（チョナ）」ではなく、「陛下（ペハ）」と呼ばれるようになりました。

その後、日露戦争を経て、日本はロシアを朝鮮半島から排除します。そして、最終的に1910年、併合条約が日本と朝鮮の双方の合意により調印され、大日本帝国は大韓帝国を併合します。

Chapter 18

切っても切れない朝鮮王室と日本の縁

◆嫁と舅の骨肉の争い

朝鮮王妃の閔妃《びんひ》が殺される事件（1895年の乙未《いつび》事件）がありました。朝鮮併合によって李氏朝鮮王朝が廃される15年前のことです。教科書や概説書では、閔妃が「日本の朝鮮公使の三浦梧楼《ごろう》によって暗殺された」と断定されますが、史料に乏しく、そのような断定をする根拠はどこにもありません。

閔妃は26代目朝鮮王の高宗《こうそう》の王妃で、次代王の純宗《じゅんそう》の母です。高宗は愚鈍で、政治のことはわからず、聡明な閔妃に頼りました。

閔妃は、高宗の父の大院君《たいいんくん》と激しく対立します。大院君は、閔妃や閔氏一門による政治介入を極端に警戒していました。朝鮮の政治は、それまでにもしばしば王妃やその外戚たちによって乗っ取られました。彼らは王を背後から操り、権勢を欲しいままにしてきました。これを勢《せい》道《どう》政治といいます。

大院君は、高宗が封書係の宮女に産ませた子を世子（王の後継者）にしようとしました。封書係の宮女には有力な親戚も一門もいないため、勢道政治を防ぐことができ、大院君には都合がよかったのです。閔妃は、大院君を憎むようになります。

こうして閔妃と大院君、つまり嫁と舅の骨肉の争いが廷臣たちを巻き込んで、永々と続きます。閔妃が大院君を宮廷から追放したり、逆に大院君が閔妃を宮廷から追放したり、両者は清や日本などの外国勢力や国内反乱軍と通謀しながら、果てしない政争を繰り広げました。

やがて、大院君は閔妃を排除するため、最後の手段に出ます。日本に接近して、閔妃を暗殺しようと企みます。

日本が朝鮮王妃を殺したのか

日清戦争後、朝鮮を支配した日本を閔妃は敵対視するようになります。閔妃はロシアと結んで、日本の支配を排除しようとしました。ロシアが三国干渉に成功し、日本が清に遼東半島を返還すると、閔妃はロシアへの依存を強めていきます。

大院君は、公使の三浦梧楼たちと暗殺計画を策定します。その計画は、主に日清戦争後、日本軍によって創設された訓練隊（朝鮮人兵で構成されていました）を動員しようとするものでした。この訓練隊を率いていたのは、禹範善《うはんぜん》という親日派軍人でした。

暗殺当日、大院君は訓練隊や日本人壮士を王宮の裏門から招き入れました。彼らは、閔妃を含む宮女数人を殺害しました。高宗の息子の純宗は、閔妃を殺した直接の下手人は禹範善であったと証言しています。これについては、ほぼ間違いないでしょう。

問題は、この暗殺事件の首謀者は誰かということです。大きく3つの説があります。第1が大院君首謀説、第2が三浦梧楼単独首謀説、第3が井上馨ら日本本国首謀説です。第3の日本本国が閔妃殺害を指示したとは到底、考えられませんし、これは主に韓国側の主張です。

史料に乏しく、わからないことが多いのですが、私は大院君が暗殺の首謀者で、三浦梧楼たち日本人が本国の指示もなく独断で、それを手伝ったというのが実態だろうと思います。日本が王妃暗殺にかかわっていなかったとはいえませんが、「三浦梧楼によって暗殺された」と断定することは誰にもできません。

日本にとって閔妃は邪魔な存在であり、その存在を消そうとする動機は大いにありました。公使の三浦梧楼たちが本国を忖度して大院君に協力し、大院君の意を受けた禹範善とともに王宮に乱入した——。このようにとらえるのが、自然だと思います。

◆日本の皇族に準じる王公族

日清戦争で清王朝からの独立が認められた朝鮮は、1897年、大韓帝国となります。朝鮮王の高宗は皇帝に即位し、光武《こうぶ》帝と名乗ります。

高宗は光武改革という近代化を試みますが、その財源を得るために増税をし、民衆の反乱を招きました。

高宗は1907年、ハーグ密使事件という騒動を起こします。オランダのハーグで開催されていた第2回万国平和会議に密使を派遣し、諸外国に日本の不当な朝鮮支配を訴えようとしました。しかし、それは実に稚拙な方法で、諸外国は日本の朝鮮への権益は国際的に認められているとして、相手にしませんでした。

この事件に激怒したのは、李完用ら朝鮮の親日派でした。親日派は、反日感情を剥き出しにしていた高宗を退位させます。そして、皇太子の純宗を擁立しました。純宗は隆熙《りゅうき》帝を名乗りました。純宗には軽い知的障害があり、政治をまともに行なうことはありませんでした。1910年の朝鮮併合までの3年間、在位しました。

純宗は性的不能者で子をなせなかったため、高宗の子で純宗の異母弟にあたる英親王李垠《えいしんのうりぎん》が皇太子になります。

朝鮮併合で韓国の皇族は皇族としての身分を失い、代わりに大日本帝国の皇族に準じる王公族の身分を与えられました（図18-1参照）。純宗は李王となり、敬称は「陛下（ペハ）」から「殿下（チョナ）」に格下げされました。

高宗は1919年に脳溢血で死去します。しかし、このとき朝鮮では高宗が日本に毒殺されたとの噂が広まり、3・1独立運動につながります。閔妃も高宗も日本人が殺したとする説が、韓国では根強くあるのです。

純宗は1926年、心不全で死去します。李王の地位は、王太子の李垠に

大韓帝国を訪問した大正天皇の一行（1907年）
前列右より韓国皇太子李垠、大正天皇（当時皇太子）、韓国皇帝純宗、有栖川宮威仁親王、後列左端は伊藤博文。

図18-1　朝鮮併合後の李氏王公族

李熈（高宗）……太王（李太王）	
完興君李載冕……公（李公）	高宗の兄
李坧（純宗）……王（李王）	高宗の子
義親王李堈……公（李公）	高宗の子
英親王李垠……王太子（李王太子）	高宗の子

引き継がれます。

◆なぜ、李王家は韓国で復活できなかったのか

李垠は幼少期から日本で教育を受け、学習院や陸軍中央幼年学校を経て、陸軍士官学校を卒業します。異母兄の純宗が１９２６年、死去すると、李王となり、李王家の当主になりました。

李垠は日本陸軍に所属します。軍人として有能で、順調に昇進していきます。１９３６（昭和11）年の二・二六事件の際、李垠は歩兵連隊長として大隊を率い、反乱軍の鎮圧にあたっています。

幼少の李垠と伊藤博文（1907年）

１９２０（大正９）年、戦前の11宮家の１つであった梨本宮家の守正《もりまさ》王の第１王女・方子《まさこ》女王と結婚します。方子女王は昭和天皇の妃候補の１人でしたが、朝鮮王族との結婚を知らされ、愕然としたといいます。

朝鮮独立運動家が結婚に反対し、李垠夫妻暗殺を計画しましたが、発覚し、逮捕されています。

李垠夫妻は、旧李王家邸（１９３０年建設）に居住しました。この邸は２０１１（平成23）年に閉館した赤坂プリンスホテルの旧館で、現在、「東京ガーデンテラス紀尾井町・赤坂プリンス クラシックハウス」として残っています。李垠は寡黙な性格で、真面目であり、夫婦は仲睦まじく、「皇族らしく振舞われている」と高い評価を得ていました。

李垠と方子妃（1920年）

戦後、１９４７（昭和22）年、日本国憲法が施行されると王公族制度が廃止され、李王の位を喪失し、一介の在日韓国人となります。

李垠夫妻は帰国を大韓民国に申請しますが、李承晩大統領が王政復活を警戒し、帰国を受け入れませんでした。しかし、帰国しなかったほうがよかったでしょう。中国の清王朝の宣統帝溥儀が撫順戦犯管理所に収容されたように、李垠も強制収用所に入れられた可能性があります。李垠は日本陸軍で活躍したので、戦犯として裁かれ、見せしめに処刑された可能性もあります。

朴正熙大統領時代の1962年、夫妻ともに韓国籍になることを認められます。翌1963年、李垠夫妻は韓国へ帰還しますが、李垠は脳梗塞を患っており、ソウルで入院生活を続けました。

李垠夫妻に韓国民は同情的であり、方子王妃に韓国民は温かく接しています。1970年、李垠は死去しました。方子王妃は昌徳宮の楽善斎で暮らし、1989年に死去しました。

李垠夫妻は2男をもうけました。1922年、李垠夫妻は生後8か月の晋《しん》を連れて朝鮮を訪問し、純宗に謁見しました。その後、しばらくして晋は下痢・嘔吐をし、ソウルで急逝します。急性消化不良と診断されていますが、日本の皇族との結婚に反対した民族主義者による毒殺とする説もあります。

第2子の李玖《りきゅう》は学習院高等科を卒業後、アメリカのマサチューセッツ工科大学に留学して建築学を学び、1958年、ヨーロッパ系アメリカ人女性と結婚してアメリカに帰化しました。その後、両親の韓国帰還にともない韓国で事業をしますが、失敗します。東京の旧李王家邸で2005（平成17）年、死去しました。子がなかったため、李垠の直系子孫は断絶しました。

徳寿宮で撮影された李氏王族（1918年） 左から、李垠、純宗、高宗、高宗の妃、徳恵翁主。

李王朝のラスト・プリンセス

徳恵翁主《とくけいおうしゅ》は高宗の末娘で、高宗から溺愛されていました。「翁主」は、朝鮮で王女の称号です。朝鮮併合から2年後の1912年に生まれています。

徳恵は李垠と同じく、日本で教育を受けるため、12歳で日本に渡り、李垠夫妻とともに暮らします。東京の女子学習院に学びました。純宗の見舞いや葬儀、母の梁貴人の葬儀の際に朝鮮へ戻っていますが、それ以外は日本に住みます。しかし、統合失調症を患い、不眠症状に苦しみ、奇行を発していました。

1931（昭和6）年、旧対馬藩主の宗氏の当主である宗武志《そうたけゆき》伯爵と結婚します。対馬の宗氏は、昔から李氏朝鮮と独自の交易関係をもっていました。徳恵は結婚後、統合失調症を悪化させます。それにもかかわらず、宗武

徳恵翁主と宗武志（1931年）

志は徳恵を献身的に支えました。

戦後、徳恵は韓国へ帰国要請しますが、李垠と同様に、李承晩政権によって受け入れを拒否されます。このころ、統合失調症の悪化で、精神科医療専門病院の東京都立松沢病院に入院しています。

朴正熙大統領時代、1962年に李垠夫妻とともに徳恵は韓国籍になることを認められ、韓国に帰還します。方子王妃と昌徳宮内の楽善斎に住み、方子王妃が亡くなる9日前の1989年4月21日に死去しました。

徳恵は、宗武志との間に正恵《まさえ》をもうけました。正恵は女子学習院を経て、早稲田大学英文科を卒業しています。母の徳恵には作詞の才能があり、父の宗武志も文学者（麗澤大学教授）でした。両親に似て、正恵も才女でした。

大学で知り合った日本人男性と結婚しますが、母と同じく精神疾患に苦しみ、1956（昭和31）年、遺書を残して失踪しました。こうして、徳恵の血筋も途絶えたのです。

日本は朝鮮王族を大切にした

李王室の直系子孫として、義親王《ぎしんのう》李堈《りこう》（２２９ページ図18-1参照）の血筋の者が多く残っています。その他、高宗が宮女などに産ませた子の子孫もいます。

李堈は多くの側室や妾をもち、12男９女をもうけました。慶應義塾大学に留学した経験もあります。李堈は朝鮮併合により、１９１０（明治43）年、公（李公）に封ぜられます。１９３０（昭和５）年、長男の李鍵《りけん》に公位を譲ります。

李鍵は日本陸軍に所属し、日本に帰化して桃山虔一《けんいち》を名乗りました。「李」は日本語訓読みで「すもも」なので、「桃山」としたのです。李鍵は廣橋眞光《ひろはしただみつ》伯爵の養妹の誠子《よしこ》と１９３１（昭和６）年に結婚します。廣橋家は、もともと京都の公家です。そして、２男１女をもうけます。彼らの子孫たちは、いまも日本で暮らしています。

この他、高宗の兄の李載冕《りさいべん》（李公）の孫で、公位を引き継いだ李鍝《りぐう》は日本陸軍に所属し、中佐として広島に赴任しました。李鍝は司令部へ出勤する途中、原爆に被爆し、死去しました。李鍝の子は日本で教育を受けましたが、韓国へ帰還しました。

日本は朝鮮王族を大切にして、皇族や華族と縁戚関係を結びました。李垠や徳恵翁主ら高宗の子を幼少のころから日本に連れてきて、人質のように扱ったとする見方が韓国にはあるようですが、それは事実とは異なります。学校さえまともになかった当時の朝鮮を哀れみ、日本は彼らに教育の場を提供しました。ちなみに、朝鮮併合後、日本は朝鮮各地において、学校建設と公教育の制度化に最も力を注ぎ、病院建設なども行なっています。

朝鮮王族が高度な教育を受けて世界の情勢を理解できるようになり、日本人の同胞として育っていってくれることを期待しました。ヨーロッパ列強が帝国主義を振りかざし、他国の王室を踏み潰したのとは違うのです。

そうでなければ、朝鮮王族が皇族や華族と対等に縁戚関係など結べるはずがありません。朝鮮王族を蔑ろにしたのは、韓国の李承晩政権です。李承晩だけでなく、韓国の国民も自分たちの国の王族を忘れ、受け入れようとはしませんでした。

こういう歴史的事実を無視して、日本が朝鮮人を奴隷にして、男を「徴用工」、女を「慰安婦」にしたなどという勝手な主張をすることは、情けないことです。

第8部

東南アジア、インド・中央アジア

Chapter 19

資産保有ランキングの1位・2位は東南アジア王室

日本人20人が不敬罪で連行

タイの日本人駐在員が常日ごろ、気をつけていることがあります。タイには不敬罪という刑罰があり、タイ王室に対して敬意を払わず、誹謗中傷した場合、3年から15年の禁固刑に処せられます。タイの不敬罪は非常に厳しく、王室を茶化すようなことをしただけで逮捕されます。外国人にも容赦なく適用されるので、駐在員は気をつけているのです。

2016年、軍が日本人20人を不敬罪の容疑で連行しています。この日本人たちは、タイの不敬罪の厳しさをよくわかっていなかったようです。同年10月13日、タイ国王プミポン（ラーマ9世）が88歳で死去しました。タイ軍事政権は、娯楽的な活動を30日間自粛するよう求め、タイ人の多くがこの期間、黒い服を着て、喪に服していました。

それにもかかわらず、10月31日、日本人20人はバンコク近郊のゴルフ場で、ゴルフコンペの打ち上げをして、飲み食いして騒いでいました。通報されて、軍が彼らを連行したのです。幸い、「服喪の礼節を保つよう」と軍から厳重注意を受けただけで済みました。

過去には、著書でタイ王室の批判をしたオーストラリア人が懲役3年の実刑判決を受けています（2009年）。最近では、新国王ワチラロンコーン（ラーマ10世）への批判に、当局が神経を尖らせています。ワチラロンコーン王の王太子時代の「素行不良」についての報道が後を絶たないからです。どの国の王族にもさまざまな素質の人がおり、その政治的背景もさまざまです。ちなみに、日本にもかつて不敬罪はありましたが、1947（昭和22）年に廃止されています。

タイ王室は、世界で最も富裕な王室です。約300億ドル（3兆3000億円）の資産をもち、年間の収入は3億ドル程度あります。タイ王室が広大な王宮や寺院、土地を相続していることに加え、近年、効率的な不動産投資で資産を増大させることに成功しています。この他、タイ国軍とは別に5千人規模の王室自前の軍隊も保有しています。

王位継承に関し、タイは慣例的に男系の長子優先ですが、国王が後継者を指名することもできるため、女王が誕生する可能性があります。実際、プミポン国王の後継者として、博学で気さくな性格で人気の高いシリントーン王女が指名されるのではないかという見方が以前、ありました。

タイに発展と安定をもたらしたチャクリ王朝

タイの街では、いたるところにプミポン前国王の肖像が掲げられています。プミポン国王は国民の絶大な支持を受け、70年にわたってタイ国王として君臨しました。

戦後、タイでは軍によるクーデターが繰り返されましたが、プミポン国王は政権や軍の対立をうまく調停し、クーデターの過激化を抑えました。誰もプミポン国王の「御聖断」には逆らいませんでした。国王の采配もあり、治安が保たれ、タイは徐々に民主化して、経済成長を達成しました。

プミポン国王は、政治家を厳しく叱責することもありました。バンコクの交通渋滞に関して、「君たちは議論ばかりして、何も有効な手立てを講じていない」と叱りつけたり、バンコクが洪水被害にあったときも、「対応が遅過ぎる、何をやっているのか」と叱りました。

タイには、主要な統一王朝が図19-1のように3つありました。今日の王朝はチャクリ朝です。アユタヤ朝の武将チャクリ（ラーマ1世）がタイ人勢力をまとめ、18世紀末に建国しました。チャクリ朝は首都がバンコクにあるためバンコク朝とも呼ばれ、また王宮が運河とチャオプラヤ川に囲まれたラタナコーシン島にあることから、ラタナコーシン朝とも呼ばれます。チャクリ（ラーマ1世）からワチラロンコーン（ラーマ10世）現国王まで、10代の王が続いています。

第4代国王モンクート（ラーマ4世）は19世紀、西欧化による近代改革を進め、1855年、イギリス・タイ通商条約を結びます。これは不平等条約でしたが、ラーマ4世は列強に譲歩することで独立を維持しようとしました。

タイ史上最高の名君とされるチュラロンコーン大王（ラーマ5世）は、タイの独立維持と近代化に努めました。イギリスとフランスに領土の割譲を認めながらも、両国の対立を利用しながら独立を維持することに成功しました。

図19-1 タイ主要統一王朝

王朝名	建国	特徴
スコータイ朝	1257年	北部を中心に緩やかな連邦
アユタヤ朝	1350年	王権強大化、海洋貿易が盛ん
チャクリ朝	1782年	イギリスと連携、独立を維持

世界恐慌においてタイ経済が困窮したことを背景に、1932年、人民党による立憲革命が起こりました。タイ最初の憲法が制定され、国王のラーマ7世は立憲君主制を認めました。タイの絶対王政を終わらせた、この立憲革命がタイ近代化への実質的な一歩であり、それは国王の理解を得ながら進められた穏健な改革でした。

1938年、立憲革命で活躍したピブンが首相となり、戦前と戦後にわたり、大きな権力をもちました。

◆「偉大なるアンコール王朝の末裔」

東南アジア諸国連合（ＡＳＥＡＮ）加盟10か国のうち、王室が残っている国はタイ・カンボジア・マレーシア・ブルネイの４か国です。

カンボジアでは、９世紀初頭にクメール王朝（アンコール王朝）が成立し、12世紀から13世紀にかけて最盛期を迎え、アンコール遺跡が建造されました。14世紀にはアンコールが放棄され、クメール王朝は有名無実化しますが、王族の子孫は残り、血統が受け継がれたとされます。そのため、今日のカンボジア国王は「偉大なるアンコール王朝の末裔《まつえい》」と崇められています。しかし、史料が乏しく、クメール王の血統がどのように受け継がれたのか、判然としない部分もあります。

カンボジアは１８８７年、フランス領インドシナの一部となりますが、王室は残されます。そして、有名なノロドム・シハヌーク国王が１９４１年に即位し、フランスからの独立運動を主導します。１９５３年、カンボジア王国として独立し、シハヌーク国王は「独立の父」として国民の尊敬を集めました。

隣国のベトナム戦争の混乱に連動して、１９７０年、クーデターで王制が倒され、カンボジ

図19-2　東南アジア諸国連合（ASEAN）加盟10か国

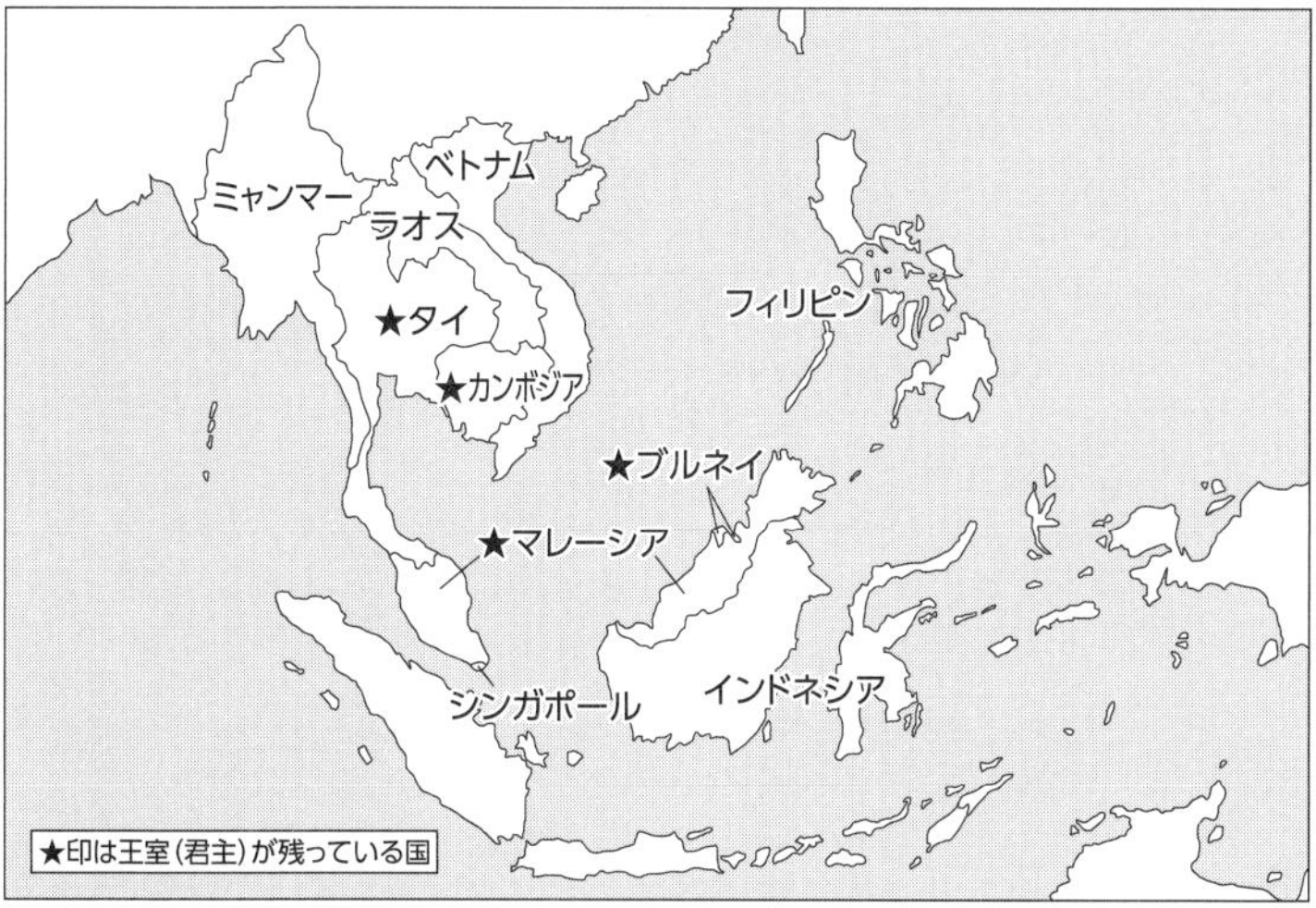

ア内戦となります。内戦において、悪名高いポル・ポトが共産主義政権を樹立したとき、シハヌークら国王派と激しく対立しました。それでも、ポル・ポト派はシハヌークに敬意を払い、「陛下」と呼んでいました。

23年におよぶ内戦の混乱を経て、ようやく1993年にカンボジア国民議会選挙で民主政権が誕生し、シハヌークは国王に復帰しました。

シハヌークは2004年、子のノロドム・シハモニに譲位しました。フン・セン政権は2018年、国王に対する不敬罪を新設しました。フン・セン政権は総選挙で圧勝し、独裁権を固め、シハモニ国王とも連携しています。そのため、不敬罪が政権批判に対する〝口封じ〟として政治利用されないかとの懸念があります。

カンボジアでは憲法で「女性は国家元首の役割に就くことはできない」と定められているため、女性に継承権はないと解釈されています。

東南アジアに残った王室と残らなかった王室

マレーシアはイギリスの植民地でしたが、1957年に独立し、新たに国王を戴くことになります。王は州の君主であるスルタンの互選により選ばれ、任期は5年です。マレーシアは、かつて小王国の連邦体によって構成されていたことから、選挙王制を採用しました。

立憲君主制で、国王には名目的な権限しかありません。初代国王トゥアンク・アブドゥル・ラーマンから15代目のムハンマド5世現国王（2016年～）にいたります。

このように、マレーシアの王室は歴史的な血統で続いた王室ではありません。マレーシアには、マラッカ王国という強大な王朝がありました。マラッカ王国は14世紀末に建国され、東南アジア最初のイスラム国家として、またマラッカ海峡を擁する東南アジアの貿易の中心地として栄えます。マラッカ王国は、イスラム教を基盤にインド・中東・アフリカ東海岸とつながり、アジアの海上交易を支配し、強大な王国へと発展していきます。

図19-3 滅んだ東南アジアの王朝

国	王朝	滅亡時期	原因
マレーシア	マラッカ王国	1511年	ポルトガル侵攻
インドネシア	マタラム王国	18世紀	オランダ侵攻
ミャンマー	コンバウン朝	1886年	イギリス併合
ラオス	ランサン王国	18世紀	分裂
ベトナム	阮朝	1945年	クーデター、退位
フィリピン	王朝は存在せず	16世紀	スペインが支配

マラッカ王国は、15世紀後半に最盛期を迎え、その領域はジャワ島やマライ半島南部全域とスマトラ島の東部におよぶ大勢力となりましたが、1511年、ポルトガル人によってマラッカを占領され、消滅します。17世紀にオランダが支配し、19世紀にイギリスが支配しました。

ブルネイ王国は、15世紀にボルネオ島（カリマンタン島）北部一帯を支配しました。ブルネイ王国は資源や人口に乏しかったので、ヨーロッパ列強から半ば放置された状態で生き残りました。それでも19世紀後半、イギリスの保護国となります。

1929年、油田が見つかり、イギリスがブルネイ王国の支配を強化します。1984年の完全独立まで、油田の利権の大半はイギリスが握っていました。ブルネイで経済行政を実質的に取り仕切っていたクラウン・エージェンツ（イングランド中央銀行の出資会社）のスキャンダルで、イギリスはブルネイ王国の利権を手放し、独立を認めざるを得なくなります。

独立後、油田や天然ガスの利権を王室が一手に握り、ブルネイ王室は今日、タイ王室に次いで世界第2位の資産を有しています。その額は約200億ドル（2兆2000億円）といわれます。ブルネイ王が海外で宿泊する際、スイートルームを含むフロアごと貸し切ります。

現在は29代目の国王ハサナル・ボルキアです。ブルネイ国王は、政治的にも独裁権をもつ絶対君主です。

東南アジアの諸国はもともとほぼ王国でしたが、前ページ図19-3のように、主にヨーロッパ列強によって滅ぼされています。

その代表が、ミャンマーのコンバウン朝です。武将のアラウンパヤーは1752年、ミャンマーの諸民族を従えて、コンバウン（アラウンパヤー）朝を創始します。コンバウン朝は強大化し、アラウンパヤーの子の時代の1767年に、400年以上続いたタイのアユタヤ朝を滅ぼします。中国の清王朝とも戦い、ミャンマー北部の諸部族を平定し、ミャンマー史上最大の版図を形成します。インドとの交易で経済も発展しました。

しかし、コンバウン朝はイギリスとの戦争に敗れ、1886年、イギリス領インド帝国に併合されます。最後のティーボー王は、インドのボンベイに幽閉されました。

ベトナムはなぜ帝国を名乗ったのか

ベトナムは帝国であり、その君主は皇帝でした。彼らが帝国を名乗った理由は、中国と対抗するためです。ベトナム王朝は中国に隣接し、中国の侵略を直接に被る立場でした。そのため、中国には屈しないということがベトナムの国是となります。ここが、中国の属国となった朝鮮王朝とは大きく異なる点です。

ベトナム王朝は中国を「北朝」、自国を「南朝」と呼んでいました。「南朝」たる自国の王が皇帝を名乗るのは、当然のことだったのです。

こうしたベトナムの旺盛な気概によって、ベトナム最初の統一王朝である李朝は10世紀、中国の宋王朝の侵入を撃退し、続く陳朝は13世紀、元王朝フビライの3度にわたる侵入を撃退します。そして、明王朝の支配を排除した黎利（レ・ロイ）は1428年、ハノイで即位し、ベトナム南部全域を含む黎朝大越《れいちょうだいえつ》を建国しました。ベトナムの統一王朝は「李朝→陳朝→黎朝」というように推移します。

しかし、いつも中国と敵対ばかりしていたのではありません。1802年、黎朝の重臣一族であった阮氏から阮福暎（グエン・フック・アイン）が出て、阮《げん》朝を建国、都をベトナム中部のフエに置きます。阮朝は政権の基盤が脆弱であったため、中国の清王朝を宗主国として認め、保護を受けました。

それでも、阮朝の君主は皇帝を称していました。建国者の阮福暎は嘉隆帝（ベトナム語読みでザーロン帝）を名乗りました。阮朝皇帝は、中国以外の周辺国、フランスやイギリスなどの列強に対しては「大南国大皇帝」を称していました。一方、清王朝に対しては皇帝に気を遣い、「越南国王」と名乗っており、二枚舌を使い分けていたのです。

ベトナム以外にも、ラオスやミャンマー、タイなども中国の侵略をたびたび受けましたが、ベトナムほどには中国への対抗心がなく、皇帝を名乗ることへのこだわりもありませんでした。ベトナムは、中国人が多数移住して中国文化をもち込んだため、漢字文化圏に属し、儒教や科挙制度を取り入れます。ベトナムは、地政学的に中国を強く意識せざるを得なかったのです。

19世紀後半、フランスがベトナムに進出し、１８８７年、フランス領インドシナとなります。ベトナムはフランスの植民地になりますが、阮朝は存続を認められます。

◆ベトナムのラスト・エンペラー

バオ・ダイ帝（保大帝）は阮朝13代目で、最後の皇帝です。宗主国のフランスに留学しましたが、フランスからの独立を目指します。1926年に即位し、さまざまな改革を行なおうとしますが、行政の実権はフランスが握っており、すでに阮朝の皇帝には何の力もありませんでした。

第2次世界大戦で日本軍が進駐し、フランスを排除すると、バオ・ダイは日本に協力し、日本の支援を得てフランスからの独立を宣言し、ベトナム帝国を樹立しました。しかし、ベトナムでは共産主義者のホー・チ・ミンが独立闘争の旗手として人心を掌握しており、長い間、フランスの傀儡《かいらい》に過ぎなかったバオ・ダイに対する忠誠心は失われていました。

バオ・ダイ帝（1930年ごろ、フエ王宮にて）
若いときには政治にかかわろうと意欲的な時期もあったが、自身の無力さを痛感するにつれ、遊興に耽るようになり、国民の支持を失う。

日本が敗戦すると、ベトナムではホー・チ・ミンらが八月革命を起こし、実力で政権を獲得しようとします。バオ・ダイはホー・チ・ミンらの勢いに屈して自ら退位し、阮朝143年の歴史の幕を閉じます。バオ・ダイは、イギリス領の香港へ亡命します。

ホー・チ・ミンは、ベトナム民主共和国（北ベトナム）の樹立を宣言します。１９４６年、フランスがベトナム支配を復活させるべく戻ってきて、北ベトナムとインドシナ戦争を起こします。このとき、バオ・ダイは再びフランスに利用されます。フランスの強制で、バオ・ダイは１９４９年、ベトナムへ帰国し、南ベトナムの国家元首に据えられます。

フランス軍は北ベトナム軍に追い詰められると、１９５４年、ジュネーヴ休戦協定を締結し、南ベトナムから撤退します。バオ・ダイはフランスにハシゴを外された格好になり、国民の反発も強まります。

ゴ・ディン・ジェム首相は、用済みとなっていたバオ・ダイを引きずり下ろすために１９５５年、国民投票を実施しました。圧倒的多数で、バオ・ダイは国家元首の地位を剥奪されることになりました。

バオ・ダイはフランスに亡命し、フランスで余生を過ごします。１９９７年、パリの陸軍病院で死去しました。

Chapter 20 ティムール帝国やムガル帝国はなぜ、「帝国」なのか

最強かつ最上級の格上の君主は誰か

世界史において、最強かつ最上級の格上の君主は誰でしょうか。それは間違いなく、清王朝の乾隆帝《けんりゅう》（在位1735～1796年）でしょう。乾隆帝をはじめ、清王朝の皇帝は中国皇帝である他に、「ハーン」の位をも有していました。

ハーンは、アジア遊牧民の君主の称号です。13世紀、ユーラシア大陸に大帝国を築いたチンギス・ハンの子孫たちがハーンでした。日本では、「チンギス・ハン」と呼ばれるように、「ハン」という言い方が一般的ですが、カンが転訛したもので本来の発音はカンです。ハンとハーンは、意味が異なります。ハンが一般君主（王くらいの意味）を指すのに対して、ハーンは最高君主（大王）を意味します。チンギスはハンを称していましたが、彼の子でモンゴル帝国第2代君主となったオゴタイは、一般的なハンとは格が異なるハーンを用いました。

乾隆帝（ジュゼッペ・カスティリオーネ画、1758年、故宮博物院蔵）　乾隆帝の時代の中国の人口は約３億人に達し、世界GDPのシェアの約25%を占めていた。これは、同時代のヨーロッパ諸国のすべてを足し合わせたシェアよりも大きい。

ハーン（カーン）は「カアン」ともいい、カンの古い呼び方です。あえて古めかしく重々しい呼び方を採用し、ハーン（カーン）を格上の位としたのです。漢字ではカンが「汗」、カーンが「可汗」というあて字を用います。

ハーンの称号はオゴタイにのみ使われ、彼の兄弟や一族であったチャガタイ、ジュチ、フビライ、フラグなどはハンを名乗りました。後に、フビライはハーンの位を引き継ぎ、ハンからハーンに昇格します。以後、フビライが建国した元王朝の皇帝がハーン位を継承していきます。

チンギス家のボルジギン氏の血統を受け継いだとされるリンダン・ハーンが、清王朝のホンタイジに破れ、リンダンの息子のエジェイ・ハーンが１６３５年、元王朝の玉璽を差し出し、降伏します。これにより、ホンタイジはハーン位を引き継ぎました。

そして、１００年後、乾隆帝の時代に、モンゴルのジュンガル部、中央アジアの東トルキスタンのウイグル人居住区を制圧し、モンゴル全域を征服して、名実ともに清王朝皇帝はハーンの実体を兼ね備えることになります。

18世紀に君臨した乾隆帝の時代は康熙帝《こうき》、雍正帝《ようせい》に続く清の全盛期となり、チベットまで含む歴代中国王朝の最大版図を形成します。こうした意味から、乾隆帝は最強かつ最上級の格上の君主といえるのです。

チンギスの後継者ティムール

14世紀中ごろ、チンギス・ハンの末裔たちの国家は衰退し、各地で消滅していきます。元王朝は農民反乱軍を率いた朱元璋《しゅげんしょう》に駆逐されます。中央アジアや中東におけるオゴタイ・ハン国、チャガタイ・ハン国、イル・ハン国のユーラシア中部のハン国は、14世紀末にティムール帝国に吸収統合されます。

ティムール帝国の建国者ティムールは、その出自においてトルコ人やモンゴル人の血が混ざっていますが、チンギス・ハンの後継者を自称し、モンゴル人を支持基盤として台頭し、モンゴル人政権としてのティムール帝国をつくります。ティムールは、衰退するモンゴル人勢力を

図20-1　ティムール帝国領域

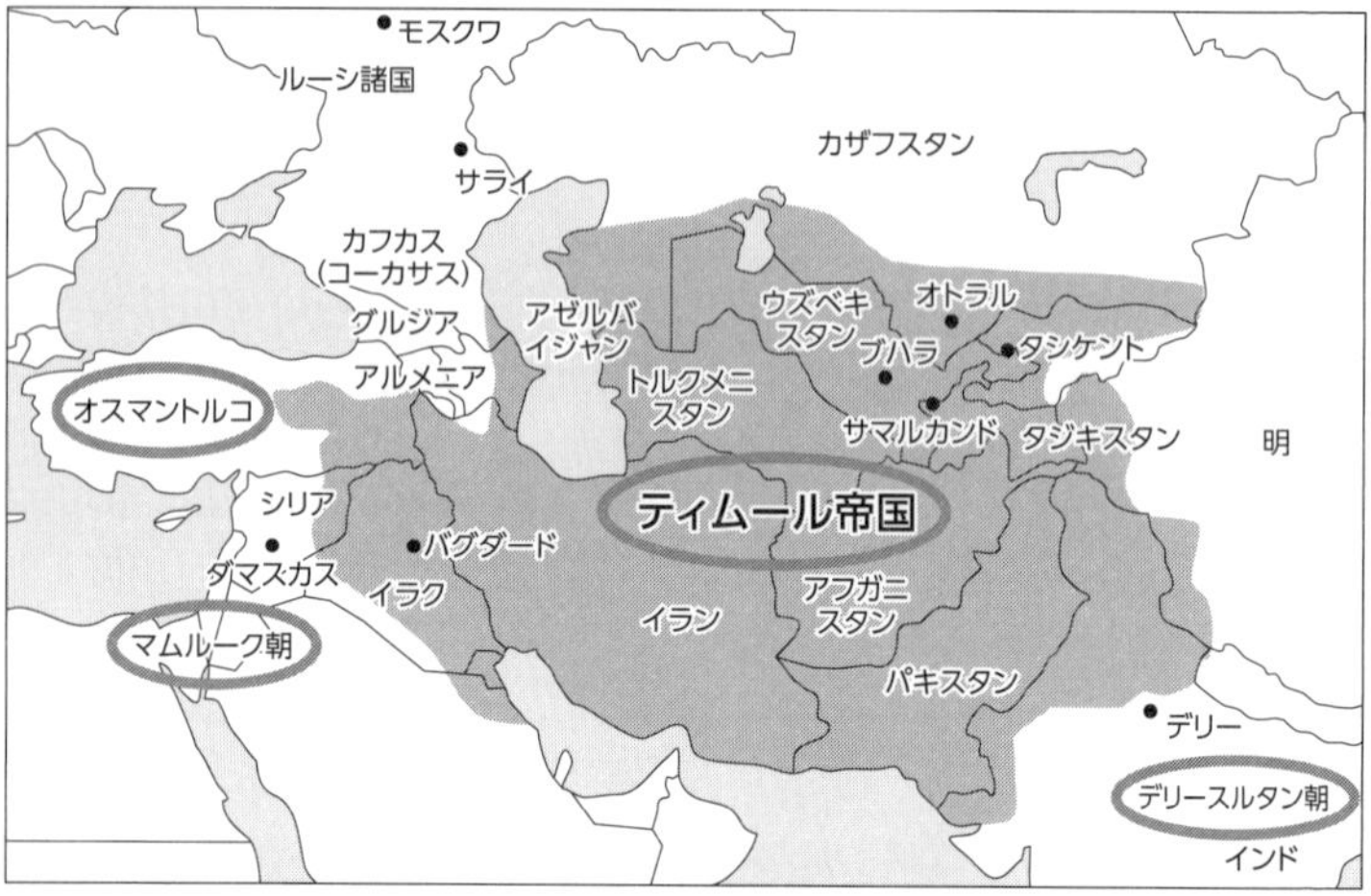

まとめ上げ、モンゴル帝国を再興したのです。

したがって、チャガタイ・ハン国やイル・ハン国などのモンゴル政権は、滅びたというよりはむしろティムール帝国に発展解消したととらえるべきです。

ティムール帝国はイスラム教国家で、首都をシルクロードの要衝サマルカンド（ウズベキスタン西方の都市）に置き、シルクロードを支配しました。東西交易の発展とともに、帝国も飛躍しました。１４０２年、アンカラの戦いでオスマン帝国と戦い、一時、これを滅亡にまで追い込みます。

ティムールはチンギス・ハンの後継者を称したものの、血を引く子孫ではなかったため、ハーン位にもハン位にも就かず、「アミール」の称号を名乗りました。イスラムにおいて、アミールには狭義で将軍や総督の意味があり、広義では王の意味があります。ティムール帝国の君主は歴代、アミール位を引き継ぎます。

また、ティムールはチンギス家のボルジギン氏の血統を引く王女と結婚したため、「キュレゲン（娘婿）」の称号も用います。ティムール帝国の歴代君主たちは、ボルジギン氏の王女たちとの結婚によってハーンの血統を強化しようとしました。

ティムール帝国の君主はアミールであるため、本来、「帝国」ではありませんが、ティムール帝国はモンゴルのハン国を統合し、中央アジアから中東におよぶ広大な領域を支配したため、「帝国」とされるのが一般的です。ある意味、慣習的な呼び方といえるでしょう。

「ムガル」は「モンゴル」が訛ったもの

16世紀になると、大航海時代が本格化し、陸の道シルクロードが廃れます。シルクロード交易を収入源としていたティムール帝国も衰退します。ティムール帝国は、中央アジアのトルコ系ウズベク族の侵攻を受け、サマルカンドを放棄します。

この時代、ティムールから5代目の直系の子孫でバーブルという王族がいました。バーブルは利益性の薄くなった中央アジアを捨て、豊かなインドへと向かいます。

北西インドでは、13世紀初めからデリーを都とする5つのイスラム王朝のデリー・スルタン朝が300年にわたり興亡を繰り返し、政権が安定せず、混乱していました。デリー・スルタン朝最後のロディー朝の内紛に乗じて、バーブルはカイバル峠を越えて、インド北西部のパンジャーブ地方に侵入し、1526年、パーニーパットの戦いでロディー朝の大軍を撃破します。そして、デリーを占領してムガル帝国を建国しました。

ムガル帝国の「ムガル」は「モンゴル」が訛ったものです。ティムール帝国は、前述のように、モンゴル人政権でした。ティムール帝国の王族であるバーブルもまたモンゴル人政権の後継者であったため、ムガルと呼ばれるようになります。チンギス・ハンから始まるモンゴル人勢力の大移動が、16世紀のバーブルの時代にインドにまで到達したのです。

インドでは、もともと仏教を奉じる統一王朝が古代から中世まで続いていました。マウルヤ朝（紀元前4世紀成立）、クシャーナ朝（1世紀成立）、グプタ朝（4世紀成立）、ヴァルダナ朝（7世紀成立）という4つの統一王朝が中世まで興亡します。

ヴァルダナ朝を最後にインドは分裂時代に入り、ようやく16世紀になって、ムガル帝国により再統一されます。

バーブルが皇帝を名乗った根拠

ムガル帝国の君主は、初代バーブルをはじめ、皇帝を名乗ります。バーブルの祖先であるティムール帝国の君主はアミール位にとどまり、ハンにさえなりませんでした。どのような経緯で、バーブルは皇帝になったのでしょうか。

ザヒールッディーン・ムハンマド・バーブル
（16世紀、バーブル自伝の挿絵）　バーブルがインドをめざそうとしたとき、家臣たちは反対したが、押し切った。インドを征服した後、家臣たちは故郷に帰りたいと申し出たが、「ここがわれらの故郷である」と譲らなかった。

1507年、ティムール帝国はトルコ系ウズベク族の大規模な侵攻を受け、事実上、滅ぼされました。翌年、バーブルはティムール帝国の残存勢力を率い、ティムール家の当主となります。このとき、バーブルは「パードシャー」を名乗ります。パードシャーとは、ペルシア語で「皇帝」を意味します。バーブルは、ティムール帝国の復興をめざす意気込みを示そうとしたのです。

意気込みはわかるものの、パードシャーとなる根拠はどこにあったのでしょうか。パードシャーを最初に名乗ったのは、イル・ハン国のガザン・ハンです。イル・ハン国は、チンギス・ハンの孫のフラグが中東でつくった国です。フラグは、フビライの弟です。そして、このイル・ハン国の7代目ハンがガザン・ハンで、もちろん彼はチンギス・ハンの直系の子孫です。

1295年、ガザン・ハンがハンに即位し、イスラム教を正式な国教と定めます。このとき、ガザン・ハンはイスラムの最高君主たらんとして、「パードシャー（皇帝）」を名乗ったのです。

そして、このイル・ハン国を継承したのがティムール帝国であり、ティムール歴代君主はチンギス直系の子孫と婚姻を繰り返し、「キュレゲン（娘婿）」の称号を用いました。イル・ハン国の継承者で、キュレゲンであるティムール王族のバーブルは、パードシャーを名乗る資格があると解釈されたのです。

しかし、これはバーブルらが当時、敵対していたウズベク族に対抗するための急ごしらえの措置で、政治的な意図が強く、パードシャー継承の正統性が充分にあったとはいえません。ちなみに、ウズベク族を率いていたシャイバニはハンを名乗りました。

いずれにしても、バーブルは「パードシャー（皇帝）」であり、バーブルが建国したムガル帝国も「帝国」であり、ムガル歴代君主は皇帝位を引き継ぎます。

◆オスマン皇帝もイギリス王も下位に置かれた

ムガル帝国の第3代皇帝アクバルは、現地のヒンドゥー教徒との融和政策を展開し、帝国を大きく発展させました。アクバルは1558年、デリー南方のアグラに遷都しています。第4代皇帝ジャハンギールは無類の絵画好きで、多くのムガル絵画を描かせました。ムガル絵画は、イランのミニアチュール（細密画）から発達した写実様式の絵画です。

次ページの絵は、巨大な砂時計の玉座に座るジャハンギール帝の肖像です。砂時計は、時空を司る皇帝の権威を示します。画面左には4人の人物が配されており、一番上はイスラム教神秘主義者（スーフィー）です。イスラムの理念で帝国を統治しようとする意志を表わしています。ジャハンギールは、俗界の王よりも精神世界のイスラム聖職者を上位と見なしています。

その下に、オスマン帝国のスルタン（皇帝）が置かれています。当時、イスラム教国の最強を誇っていたオスマン帝国も、ムガル帝国の皇帝の下位に置かれています。その下に、イギリス国王ジェームズ1世が描かれています。1615年、ムガル帝国にイギリスの使節がやってきたときに、国王の肖像画を持ち込みました。その肖像画は宮廷画家ジョン・デ・クリッツの作品で、それをもとにジェームズ1世の姿が描き込まれました。

一番下には、この絵を描いた画家ビチトゥルの自画像が置かれています。この作品は、世界を支配する偉大なるムガル帝国皇帝の権威を余すところなく伝えています。

ビチトゥル『ジャハンギール帝は王たちよりもスーフィーを優先する』（1615～18年、スミソニアン博物館フリーア・ギャラリー蔵）　目を覆っている空の天使はなぜ悲しんでいるのか、砂時計の砂はほとんど落ちてしまっているのはなぜかなど、謎の多い作品。

ムガル帝国は、第17代皇帝バハードゥル・シャー2世まで続きます。18世紀以来、イギリスがインドを支配し、綿花・茶・アヘンなどの商品作物を生産させて、利益を上げていきます。イギリスの支配に反発したインド人勢力が１８５７年、反乱を起こし、バハードゥル・シャー2世を担ぎ出します。

イギリスは反乱を鎮圧し、バハードゥル・シャー2世を捕らえ、ミャンマーへ流刑に処しました。こうして、ムガル帝国は滅亡したのです。

イギリスはインド支配を強化していき、1877年には、ヴィクトリア女王がインド皇帝を兼ねるインド帝国が成立しました。イギリス領インド帝国は、1947年のインド・パキスタンの独立まで続きます。

中央アジアの雄、ウズベク3ハン国

バーブルらティムール帝国の勢力が中央アジアを去った後、ウズベク族を率いたシャイバニがシャイバニ朝を創始し、ハン（ハーンではありません）を称します。シャイバニは、チンギス・ハンの長子のジュチの子孫と称していました。しかし、ウズベク族はトルコ系であるため、チンギス・ハンらのモンゴル系とは血統のつながりはありません。

シャイバニ朝は首都ブハラ（ウズベキスタン中部の都市）を中心に、16世紀末、全盛期を誇ります。その領域は今日の「スタン国」、トルクメニスタン・ウズベキスタン・キルギス・カザフスタン・タジキスタン・アフガニスタンなどに拡がりました。これらの「〜スタン」という国名は、ペルシア語で「〜が住む場所」や「〜が多い場所」を意味します。

その後、シャイバニ朝はヒヴァ・ハン国、ブハラ・ハン国、コーカンド・ハン国の3国に分

図20-2　中央アジア勢力の推移

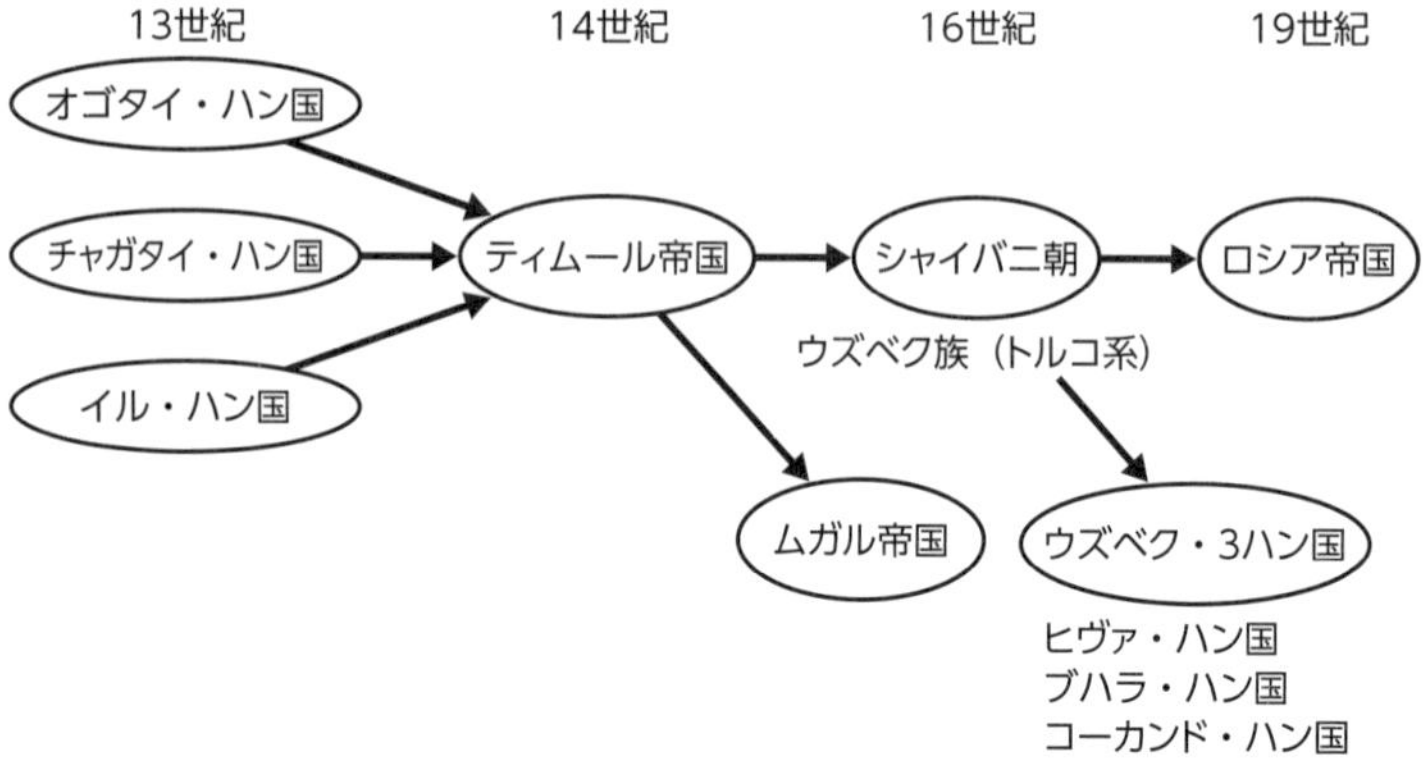

裂します。この3国を総称して、ウズベク3ハン国と呼びます。ウズベク3ハン国は、それぞれのハンを頂点にした武人政権でした。3ハン国は強大な力をもち、イスラム世界の盟主であったオスマン帝国やイラン王朝にも屈せず、生き残ります。

しかし、旧態依然とした封建主義が続き、一部の特権階級のみが富を享受していました。そのため、近代化されたロシア帝国が19世紀後半に南下してくると、ほとんど抵抗できず、征服されてしまいます。

ロシア帝国の支配は苛烈で、3ハン国の王族はほとんど処刑されてしまいます。20世紀には、ソ連がこれらの地域を引き継ぎ、支配します。人民は奴隷のように扱われ、酷使されました。かつて世界を牽引したハンたちの偉業を、人民は偲ぶことすら許されませんでした。

なぜ、ネパール王制は廃止されたのか

世界の王室史上、前代未聞の惨劇が２００１年、ネパールで起きました。王の家族全員が銃で殺された「ネパール王族殺害事件」です。

王太子は、敵対関係にある一族の女性を愛していましたが、父母である国王夫妻に反対されます。王族の晩餐会の席で、この結婚問題について、王太子は国王夫妻と激しい口論となり、国王が王太子の王位継承権を剥奪すると脅しました。すると、王太子は銃を持ち出してきて、国王一家全員を撃ち殺し、自身も頭を銃で撃ち抜き、自殺したとされます。この事件で10名が死亡、５名が負傷しました。

しかし、事件には不審な点が多く、王太子が本当に犯人であったのか、真偽はわかっていません。この事件後、王太子の叔父のギャネンドラが即位します。そのため、ギャネンドラが王位を狙い、クーデターを起こしたとする説もあります。

ギャネンドラ国王は２００５年、議会を一方的に解散し、独裁権を握ろうとします。ネパール国民はこれに怒り、民主化運動を起こして議会を復権させ、２００７年、王制廃止に追い込みます。その結果、ネパールは共和制になりました。

図20-3　ネパール・ブータン周辺地図

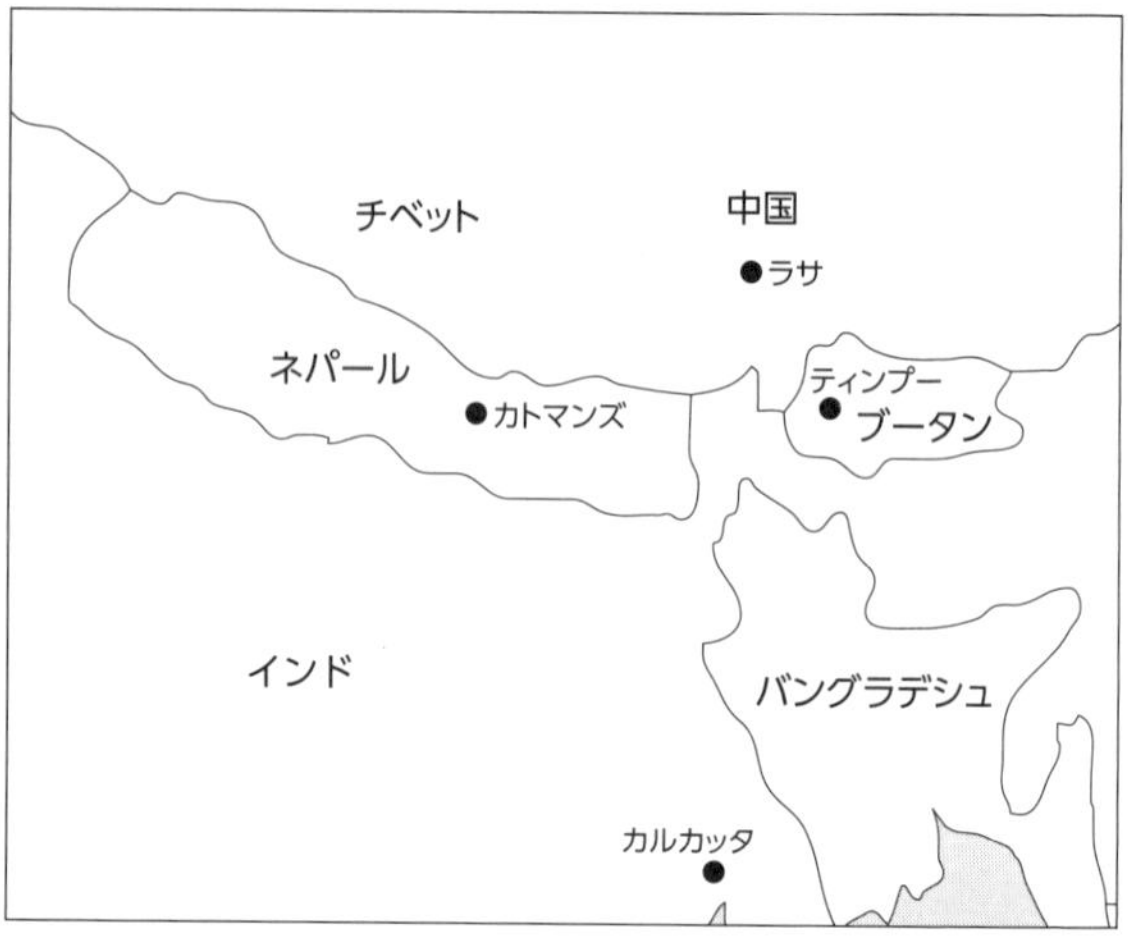

ネパールでは15世紀に王朝が成立しましたが、地方部族の勢力が強く、分裂状態が長く続きます。ようやく、18世紀に統一王朝（ゴルカ朝）がつくられます。このゴルカ朝で、最後の王ギャネンドラまで12代の王が続きました。

18世紀末、チベットを併合した中国の清王朝がネパール王国に侵攻します。首都カトマンズ近郊まで攻め入られ、ネパール王国は降伏し、清王朝の属国となります。

19世紀に入ると、イギリスがインドから北上して、ネパールに侵攻します。ネパールはイギリスの保護国にされてしまいます。第1次世界大戦後の１９２３年、イギリスはネパール王国の独立を認めます。インドの独立運動への対応に集中するため、イギリスはネパールを手放したのです。

「幸せの国」ブータン王国の実態

日本で、一時期、ブータン王国が「幸せの国」としてもてはやされました。現国王のジグミ・ケサル・ナムゲル・ワンチュクの父で、先代王のジグミ・シンゲ・ワンチュクがＧＤＰ（国民総生産）に代わる新しい指標として、ＧＮＨ（国民総幸福量　Gross National Happiness）を打ち出しました。

ブータン王国はＧＤＰを重視する諸外国と一線を画し、ＧＮＨにより精神の豊かさを追求しようとしたのです。しかし、これは偽善と欺瞞に満ちた政策といえます。ブータンは最貧国の1つで、ＧＤＰの低さを覆い隠すためにＧＮＨなどという基準の不明な指標をつくり出して、国民の歓心を買おうとしたのです。

２０１１年、ジグミ・ケサル・ナムゲル・ワンチュク国王が来日したとき、日本の左派勢力が盛んにＧＮＨをもち上げました。

しかし、ブータン王国の首都ティンプーには薬物依存の若者たちが溢れ、アルコール中毒者も溢れています。アルコール性肝疾患が、ティンプーの主要病院における死因の上位を占めている、という報告もあります。失業率や犯罪率も高く、上昇の一途です。人口75万人足らずのブータンで、政府がＧＮＨなどといって無為無策を続けている限り、状況が悪化していくのは当然のことです。

17世紀、チベット仏教の僧がブータンを統一し、王朝を創始します。しかし、内紛が続き、チベットの侵攻を受け、ブータンはチベットに従属します。１７１４年、チベットのダライラマ政権との戦争に勝ち、チベットから自立します。しかし、清王朝はブータンをチベットの一部と見なし、ブータンの領有を主張して、属国とします。

19世紀、イギリスがブータンを保護国化し、清王朝から独立させ、東部地方の領主であったウゲン・ワンチュクを王に据えて、ブータン王国（ワンチュク朝）としました。ウゲン・ワンチュクから数えて、ジグミ・ケサル・ナムゲル・ワンチュク現国王は5代目になります。

１９４７年、イギリスはインドの独立を承認するとともに、ブータンの保護権も手放しました。ブータン王国は立憲君主制です。

第9部

中東

Chapter 21

民主化で揺れるアラビア半島の君主たち

子が89人！　サウジアラビア王

サウジアラビアのサルマン国王の父、イブン・サウードには89人（男子52人、女子37人）の子がいました。イブン・サウードが71歳のときに、最後の男子が生まれています。サウジアラビアの１００以上ある主要部族のすべてに妻がいたということなので、子の数は正式とされる89人を超えて、２００〜３００人くらいいたとしても、おかしくありません。

サウジアラビアは極端な男性社会で、女性について情報が公表されることが少なく、イブン・サウードの妻が実際にどのくらいいたのか、はっきりとわかっていません。いずれにしても、桁外れの妻子の数です。

イブン・サウードは身長2メートルの大男で、サウジアラビアを統一し、１９３２年、サウジアラビア（「サウードのアラビア」の意味）王国を建国しました。イブン・サウードの子たちがサウジアラビア王位を継承し、現在のサルマン国王はサウードの25番目の男子で、第7代の王です。

これまで、イブン・サウードの子たちが兄弟で王位を引き継いできましたが、サルマン国王は自分の子のムハンマドを王太子にしており、イブン・サウードの孫の代に、初めて王位が継承される見込みとなっています。

イブン・サウードとフランクリン・ルーズヴェルト米大統領（1945年、スエズ運河にて） イブン・サウードは、イギリスやアメリカと巧みに連携し、王国の支配を固めた。

サルマン国王は、２０１７年3月に来日しました。王族や関係閣僚、国王の使用人など１０００人を超す大規模な訪問団を率い、10機の飛行機でやって来ました。都内の超高級ホテルなど１２００室以上を貸し切りにし、移動用の大型高級車約５００台を用意させました。

サルマン国王が飛行機から降りて来るとき、普通の階段タラップを使いません。国王専用のエスカレーター式タラップが使われるのです。すべてにおいて、スケールが違うとしか言いようがありません。

◆「レンティア国家」とは何か

サウジアラビアの王族たちは、イブン・サウードの子89人とその家族、数千人に上ります。彼らはヨーロッパの城や宮殿を所有し、最高級レストランのシェフたちを厨房に雇い入れるなどして、豪遊していることが知られています。サウジアラビア王族は、とくにフランスを好んでいるらしく、近年、現地の不動産を〝爆買い〟しています。２０１７年、王女の１人がパリで30億円超の最高級マンションの一室を買い上げ、話題になりました。

彼らはサウジアラビア国内にも、贅を尽くした宮殿や離宮を所有しています。サウジアラビア王室の資産は約１８００億ドルとされ、タイ王室（約３００億ドル）、ブルネイ王室（２００億ドル）に続いて、世界第3位です。

サウジアラビア王室の財源は、石油です。サウジアラビアの石油生産量は年間56億１７１６万トンあり、アメリカの57億１０３５万トンに続いて、世界2位です（２０１７年）。莫大なオイルマネーの利権を王室が握っています。しかし、近年、原油価格の低迷が続き、王室財政が逼迫しています。

絶対王政を敷くサウジアラビアでは、王室が国家財政を運営します。財政を緊縮するため、公共事業予算を大幅にカットし、助成金や公務員の数も削減しています。王族に支給される年金も減っているのではないかという観測もあります。

サウジアラビアのように、石油などの天然資源を国王が管理し、国民に利益を分配するシステムをもつ国は「レンティア国家」と呼ばれます。英語の「レンティアrentier」は「不労所得者」のことです。アラビア半島の君主国は、すべてこの「レンティア国家」です。

国王は、国民に快適な生活と豊富な石油収入の分け前を約束します。公共事業を行ない、福祉を充実させ、病院も教育も無償です。税金は極端に軽く、各種助成金や年金などの手当てが厚く、電気代や水道料金などの公共料金がタダ同然です。国民は働かなくても生活していけるということから、「レンティア国家」と呼ばれるのです。

一方、それと引き換えに、国民は国王に服従しなければなりません。そのため、サウジアラビア国王は絶対的な権力をもっています。

しかし、いかにレンティア国家が豊かであるとはいえ、国民の大多数は職もなく、貧しいままです。公務員の給与は異常に高く、一部に富裕な国民がいるものの、ほとんどの国民はそうではないのです。

王族の傲慢と戦うムハンマド王太子

サウジアラビアの経済は原油価格の低迷のなか、悪化しており、昨今、国民はますます貧窮していています。王族は国民の批判を恐れ、スイスの銀行口座に資産隠しをしているといわれています。サウジアラビア国民は王室に対する不満を募らせており、デモが引き金となり、２０１１年の「アラブの春」のような民主化クーデターが起こる可能性もあります。

王族の傲慢ぶりに危機感を感じ、改革を断行しようとしているのが、サルマン国王の子のムハンマド王太子（ムハンマド・ビン・サルマン）です。

サルマン国王は高齢で、健康不安説もあります。イブン・サウードの子を優先的に王位継承者にするというルールを破り、サルマン国王はあえて自分の子を王位継承者にしました。同時に、有力な王族を政府の要職から排除しました。

このようなサルマン国王の措置に、王族が猛反発します。ムハンマド王太子は２０１７年、不満を抱える王族の一部を収賄などの容疑で逮捕しました。改革に異を唱える者は容赦しないという覚悟を示したのです。

ムハンマド王太子はサルマン国王から全権を与えられており、硬直した官僚制度を打破し、石油依存の経済から脱却して、新しい市場を形成しようとしています。こうした開放政策の一環として、女性に自動車を運転する権利を認めました。

また、国営石油会社サウジ・アラムコを民営化し、株式を公開しようとしています。サウジ・アラムコがニューヨークやロンドンの証券取引所に上場し、監査が入れば、政府や王族に流れる資金の動きが漏れてしまうと、王族たちは激しく反発しています。

近々、サルマン国王からムハンマド王太子への譲位があるのではないかと見られていましたが、反体制派のカショギ記者が、2018年10月に在トルコ・サウジアラビア領事館にて殺害される事件があり、ムハンマド王太子が事件にかかわっているのではないかと報道されています。

カタール君主は王ではなく、アミール

ムハンマド王太子は、かつてのイブン・サウードと同じく、アメリカとの連携を重視しています。サウジアラビアは東方のイランとライバル関係にあり、対立しています。アメリカのトランプ大統領もイランへの敵対政策を進めているので、サウジアラビアと利害が一致し、全面的に支援しています。

図21-1　アラビア半島の国家

また、サウジアラビアは隣国カタールと紛争状態にあります。カタールのサーニー家はサウジアラビアのサウード家に従いませんでした。サーニー家はサウード家に対抗するため、サウード家の敵であるイランと連携し、それが今日まで続いています。

カタールでは、１８２５年、サーニー・ビン・ムハンマドがサーニー朝を創始しました。サーニー家の当主は王ではありません。一段格下のアミールです。

アミールには広義で「王」の意味がありますが、本来、「総督」や「将軍」くらいの意味です。カタールのアミールは、日本語で「首長」と訳されます。

カタールは、もともとアラブ首長国連邦（ＵＡＥ）の一員でした。そのため、カタールの元首も「首長」と訳されるのです。１９６８年、イギリスがスエズ以東からの撤退を宣言すると、ペルシア湾岸の諸小邦は連合し、連邦国家であるアラブ首長国連邦を１９７１年に結成しました。当初、カタールも連邦に入っていましたが、カタールとバーレーンは石油生産量が多く、単独独立することができるという判断で、アラブ首長国連邦の結成直後に連邦から離脱しました。

そのため、カタールの首長は独立した国家の君主として、アミールを今日まで名乗っています。カタールの正式名称は「カタール国」で、王国ではありません。現在のアミールは8代目のタミーム・ビン・ハマド・アール＝サーニーです。

カタールは、20世紀前半に他の湾岸の諸小邦と同じく、イギリスの保護下に入っています。第2次世界大戦後、石油輸出で発展し、1990年代、石油のみに頼った経済を改革し、観光産業の育成などに力を入れました。その結果、首都ドーハは賑わいを見せ、活性化しています。航空会社のカタール航空なども飛躍的にシェアを拡大しました。

有名な衛星テレビ局「アルジャジーラ」は、サーニー家の支出で設立された放送局です。

「王国」に改称したバーレーン

カタールと同じく、1971年、アラブ首長国連邦から離脱したバーレーンは「王国」です。ペルシア湾のバーレーン島を主島とする大小33の島からなる島国です。バーレーンは当初、「バ

図21-2　バーレーン周辺地図

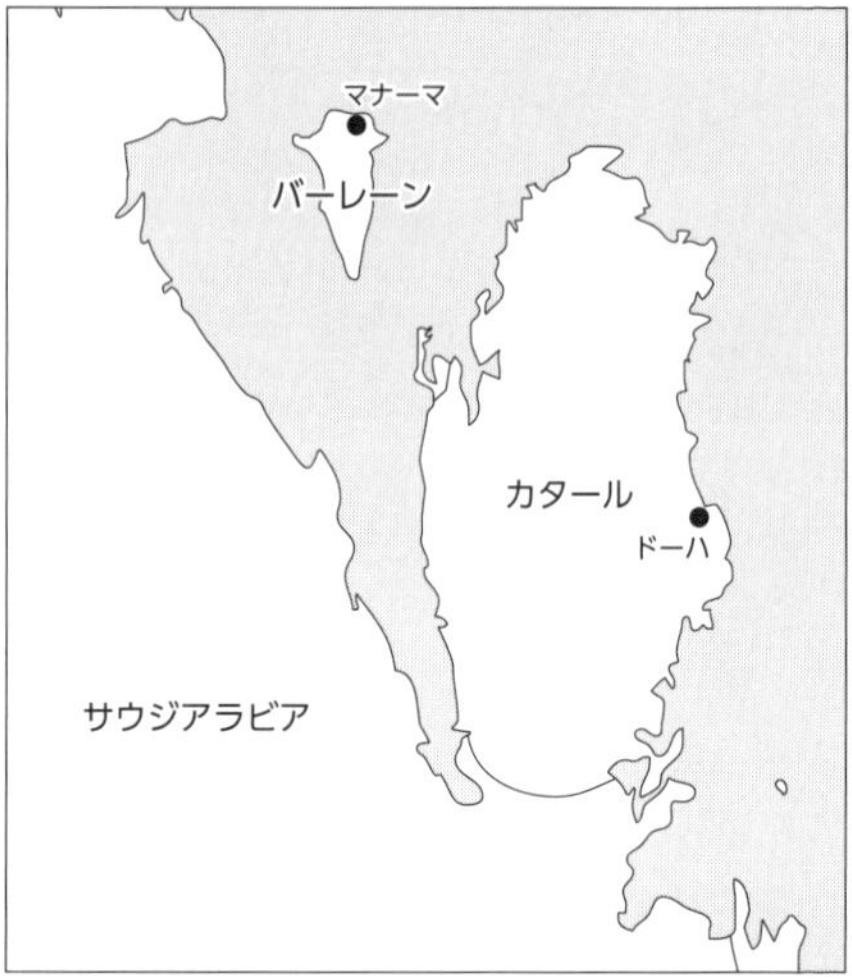

ーレーン国」で王国ではありませんでした。

バーレーンの君主であるハリーファ家の当主は、カタールと同じく、アミール（首長）を名乗りました。ハリーファ家は、もともとカタールの豪族でしたが、18世紀末にバーレーン島に入植し、支配権を確立します。イランの支配を受けましたが、19世紀末にイギリスの保護国となります。

2000年に入ると、民主化運動が起き、絶対君主制から立憲君主制へ移行しました。ハリーファ家の当主はアミールから「マリク（国王）」になります。昇格したように見えますが、かつてアミールが有していた絶対権力はなくなりました。ただし、国王は首相任免権や一部、軍事権などをもち、一定の権力を保持しています。これにともない、2002年、国名をバーレーン国から「バーレーン王国」へ改称しました。

国王はハマド・ビン・イーサ・アル・ハリーファです。国王としては初代で、ハリーファ家の君主としては11代目になります。

◆クウェートの実態は絶対君主制

クウェートの君主も、アミール（首長）を名乗っています。そのため、クウェートもカタールと同じく「クウェート国」であって、王国ではありません。サバーハ家が歴代のアミール位を引き継ぎ、現在にいたります。

サバーハ家はアラビア半島中央部の豪族でしたが、18世紀、サウード家に追われてクウェートに移住し、クウェートのアミールとなります。その後、オスマン帝国に編入されますが、19世紀末、イギリスの保護国となります。第1次世界大戦でオスマン帝国が敗北し、オスマン帝国領内のイラクとともにイギリスの委任統治領（事実上の植民地）となります。

1961年、イギリスから独立し、立憲君主国家となります。現在のアミールは15代目のサバーハ4世です。

しかし、クウェートの立憲君主制は名目上のことでしかなく、実際にはアミールが実権を握っています。1986年以降、一方的に閉鎖された国民議会の再開を求め、大規模な民主化運動が起き、政府と激しく対立しました。

隣国のイラクは、米英の都合によって分離されたクウェートを返還せよと求めていました。

イラクのサダム・フセイン大統領はクウェートの民主化運動の混乱に乗じて、1990年に侵攻し、一時併合します。翌年、アメリカを中心とした多国籍軍とイラクとの間で湾岸戦争が勃発し、イラク軍をクウェートから撤退させました。

なぜ、オマーンの君主は「スルタン」なのか

湾岸地域のなかで、昔から最も強大な力をもっていたのがオマーンです。オマーンはペルシア湾の玄関口にあたるホルムズ海峡を有し、ペルシア湾全域の制海権を握っていました。ペルシア湾からつながるインド航路やアフリカ航路も抑えており、インドや東アフリカとの海上交易で栄えました。

18世紀にブーサイード家の支配が固まり、現在にいたります。19世紀前半、東アフリカ沿岸の貿易拠点のザンジバルを支配し、東アフリカ沿岸一帯を併合します。オマーンと東アフリカに跨がる海上帝国として「オマーン帝国」を名乗り、ブーサイード朝の君主は「スルタン」の称号を使用するようになります。

スルタンは、イスラム世界において皇帝や王の意味で使われますが、狭義の意味で、皇帝です（Chapter23で詳述します）。ブーサイード家の君主はスルタンを名乗り、オスマン帝国のス

図21-3　オマーン帝国の版図

ルタンに対抗しました。
　19世紀後半、イギリス海軍が進出し、オマーン周辺の制海権を握ると、オマーンは急速に衰え、東アフリカの支配権も失いました。１８９１年、イギリスの保護国となります。
　１９７１年、オマーンはイギリス保護領から独立します。ブーサイード家当主がスルタン位を継承し、絶対君主制を敷いていますが、国名を単に「オマーン」として、かつてのような帝国を名乗りませんでした。現在は14代目のスルタン、カーブース・ビン・サイード・アル・サイードです。
　オマーンのスルタンは首相、国防相、外相、財務相を兼任する独裁権をもっています。そのため、２０１１年、「アラブの春」の影響で、反政府・民主化運動が起きています。

Chapter 22

ムハンマドの末裔がつくった現代のアラブ王国

◆預言者ムハンマドの子孫は現存するのか

イランの指導者で、黒のターバンを巻いている人と白のターバンを巻いている人がいます。現大統領のロウハニはどちらでしょうか。白のターバンです。イランには大統領とは別に、宗教最高指導者がいます。この地位にあるハメネイは、黒のターバンです。ハメネイの前の最高指導者ホメイニやハタミ元大統領も、黒のターバンです。

イランのようなイスラム・シーア派の国にとって、黒のターバンは重要な意味をもっています。黒のターバンを巻くことができるのは、サイイドの法学者のみです。「サイイド」とは、アラビア語で「血筋」を表わす言葉で、イスラムの預言者ムハンマド（英語名はマホメット）の血統を受け継ぐ子孫を意味しています。それ以外の者は、白のターバンと決まっています。

しかし、彼らが本当にムハンマドの血筋を受け継いでいるかどうか、検証の仕様がありません。また、「サイイド」と認められる範囲や定義も、時代や地域によってバラバラです。イスラムでは、日本の皇室のように男系のみを認めてきたのではなく、女系でも認められてきたため、後継者は膨大な範囲に広がっています。

ちなみに、イスラム国（ＩＳ）でカリフを僭称していたバグダディも黒のターバンを巻き、「サイイド」を自称していました。

いずれにしても、イスラム世界で支配者のもつ統治権は、預言者ムハンマドから一元的に派生するものです。そのため、ムハンマドの血筋に近い者こそが支配者としての正統性をもつと考えられ、「サイイド」などの血統が政治的に重んじられています。

イスラムの血統の根拠

預言者ムハンマドには、13人の妻に7人の子がいたといわれます。しかし、男子は皆、夭折《ようせつ》したため、後継者を娘のファーティマに指名します。ファーティマは一族のアリーと結婚し、ハサンとフサインの2子をもうけます。ムハンマドの他の娘は子をなさなかったので、ムハンマドの血を引いているのはファーティマの家系のみです。

ムハンマドが属していた家系はハーシム家で、ムハンマドの曾祖父ハーシムを祖とします。

図22-1　ムハンマド関連家系図

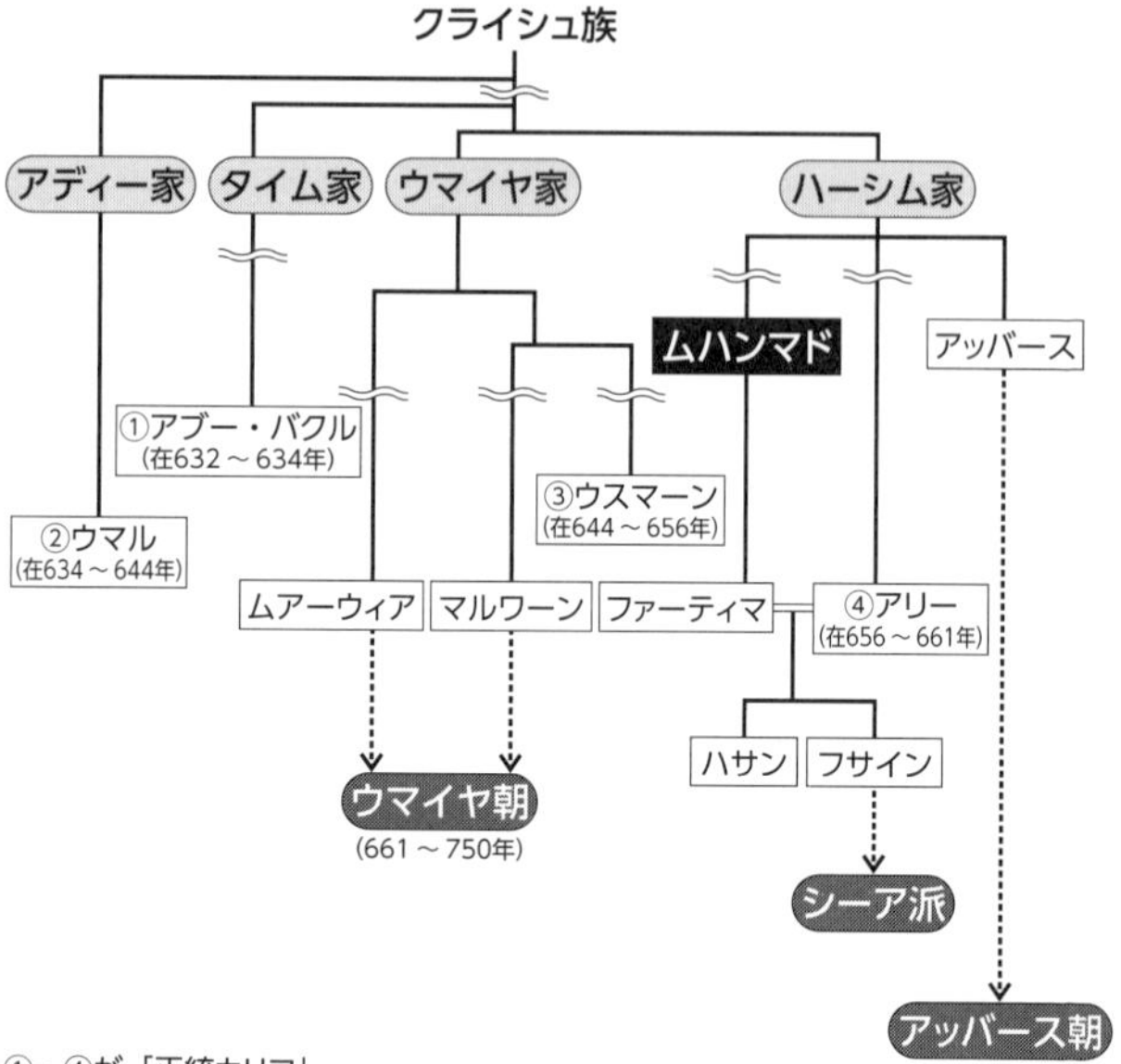

①～④が「正統カリフ」

ハーシム家は、メッカを統治する氏族であったクライシュ族のなかでも名門の家系でした。

632年、ムハンマドが死去すると、後継者を選挙で決めました。この後継者のことを「カリフ（ムハンマドの代理人の意）」といい、632年から661年まで、4代にわたり選挙で選出されます。この4代のカリフは「正統カリフ」と呼ばれます。

ムハンマドの台頭に貢献した初代カリフのアブー・バクルは、ハーシム家の遠縁にあたるタイム家の出身です。2代目カリフのウマルは、さらに遠縁のアディー家の出身です。3代目カリフのウスマーンは、近縁のウマイヤ家の出身です。そして、ファーティマの婿であるアリーが4代目カリフとなります。

ムハンマドの娘ファーティマとその婿のアリーの子孫だけを正統なムハンマドの後継者と認める人々は「シーア・アリー（アリーの信奉者）」、略して「シーア派」と呼ばれるようになります。

ハーシム家は、**図22-1**のようにアリーの家系とアッバースの家系に大きく分かれます。アッバースの家系は750年、アッバース朝を創始し、アッバース家を名乗るようになり、ハーシム家と呼ばれなくなります。つまり、ハーシム家はアリーの家系としてのみ残ります。

ファーティマとアリーの子のハサン系列の子孫を「シャリーフ」と呼び、フサイン系列の子孫を「サイイド」と呼ぶことが一般的です。シャリーフもサイイドも、アラビア語で「血筋」の意味です。

ムハンマドの孫・ハサンは性依存症だった

アリーの家系、つまりハーシム家がカリフ位を継承し、ムハンマドの血筋を受け継いでいくことが誰の目にも明らかに正統であったのですが、ウマイヤ家のムアーウィアが力をつけ、アリーを暗殺します。661年、ムアーウィアは「カリフ」を名乗り、ウマイヤ朝を創始しまし

フサイン・イブン・アリー（1920年代） ムハンマドの孫ハサンの末裔とされる。ハーシム家当主で、「メッカ・アミール」。フサイン・マクマホン協定は履行されず、イギリスに裏切られた。

た。以後、カリフ位はウマイヤ家によって世襲で引き継がれていきます。

一方、ハーシム家の血筋はどうなったのでしょうか。ハサンとフサインの兄弟のうち、兄のハサンは多くの子をもうけたと考えられています。ハサンは性依存症で、手当たりしだいに女性と性的関係をもったといわれていますが、ハサンが関係した女性や産まれた子についての記録が残っておらず、詳細についてはわかっていません。

ハサンの子孫たちはイスラムの聖地メッカのシャリーフとなり、その地位は「メッカ・アミール（メッカ太守）」として引き継がれていきます。

メッカ・アミールはハサンの末裔《まつえい》に歴代引き継がれ、20世紀には有名な人物が現われます。フサイン・イブン・アリーです。この人物は第１次世界大戦中の１９１５年、フサイン・マクマホン協定をイギリスと締結したことで知られます。

ハサンは669年に死去しています。フサイン・イブン・アリーにいたる1200年以上のハサンの系譜を遡及・検証することは不可能なので、本当にハーシム家の血筋を引いているかどうかわかりませんが、イスラム世界では引いているとされています。

アリーの血統を受け継ぐ「イマーム」

一方、ハサンの弟のフサインについて、その系譜がある程度、わかっています。フサインの系譜は次ページの図22-2のように、大きく3つの系列に分かれていきます。イスマーイール派、十二イマーム派、ザイド派の3つです。

フサインは、父アリーの仇を討つためにウマイヤ朝勢力と戦いますが、殺されてしまいます。このフサインの子孫たちをアリーの正式な継承者とする人々が、シーア派です。シーア派は、イスラム教多数派のスンナ派よりも先鋭的な主張をもち、しばしばスンナ派と対立します。

シーア派は、アリーを初代の「イマーム（指導者の意）」とします。このイマーム位がどのように継承されるのかということについて、イスマーイール派、十二イマーム派、ザイド派などの主に3派で主張が割れているのです。

この3派のなかで最も多数派が十二イマーム派で、イランやイラクを中心に多くの信者がい

図22-2　フサイン・シーア派の系譜

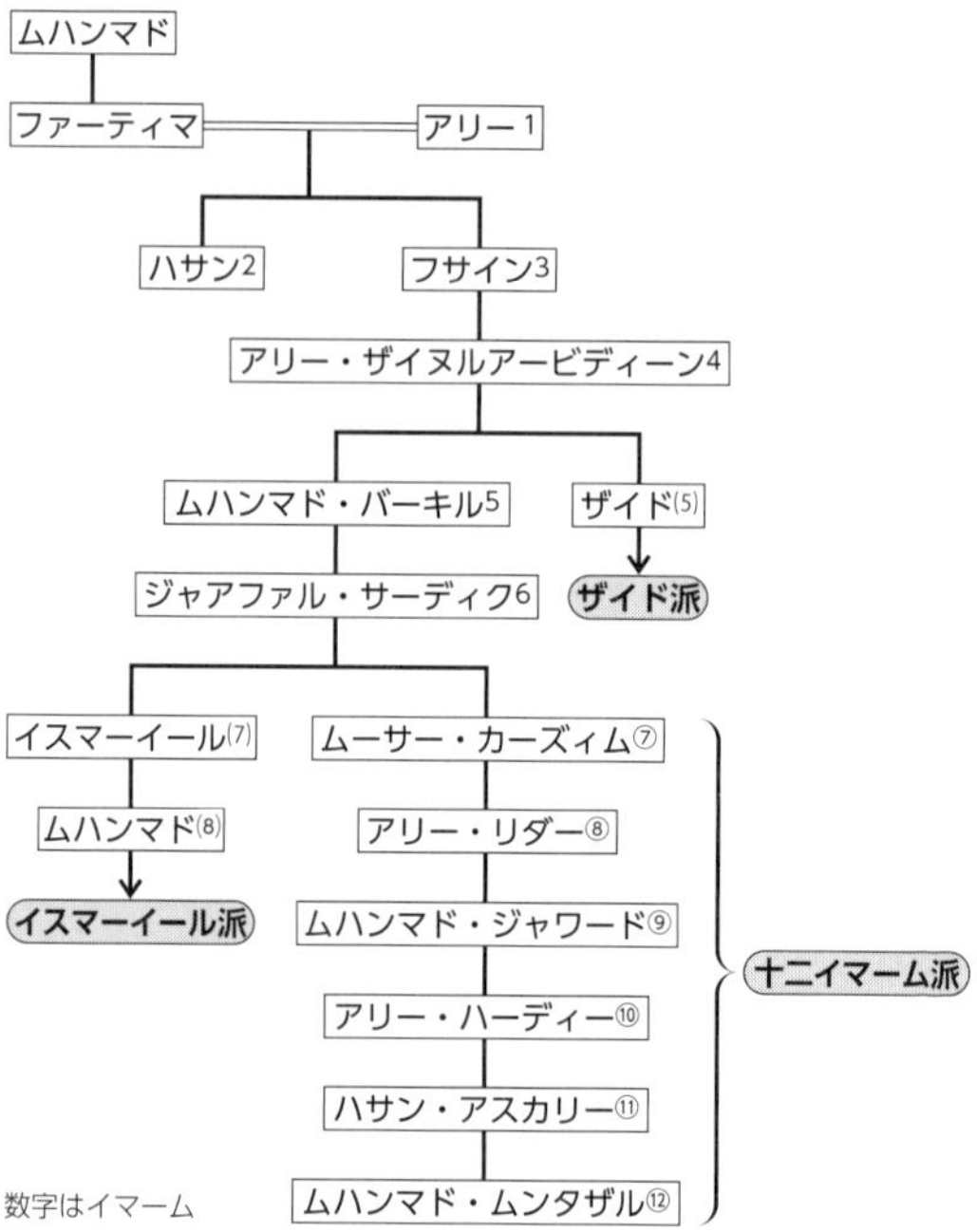

ます。十二イマーム派は、初代アリーから12代ムハンマド・ムンタザルまでの12人をイマームとする派です。イスマーイール派は7代目イマームをイスマーイール派とする派です。

イスマーイール派、十二イマーム派は継承者が絶えますが、イマームは死に絶えたのではなく、人々の前から姿を消し、隠れたのだと主張しています。この「隠れ（幽隠）」のことを「ガイバ」といいます。「ガイバ」の状態にあるイマームは、最後の審判の日にこの世に再臨すると考えられています。

そして、かつてのイマームたちの家族やその子孫たち、彼らの血筋を引く者が「サイイド」とされます。

◆イラク、サウジアラビアの起源

ハサンの末裔であるハーシム家は、前述のようにメッカ・アミールとしてメッカやメディナを中心とするアラビア半島西岸のヒジャーズ地域を支配していました。ハーシム家当主のフサイン・イブン・アリーは1915年、フサイン・マクマホン協定でイギリスと手を組みます。イギリスからの支援もあって、フサインは1916年、ヒジャーズ王国を建国します。

図22-3　ヒジャーズ王国周辺地図

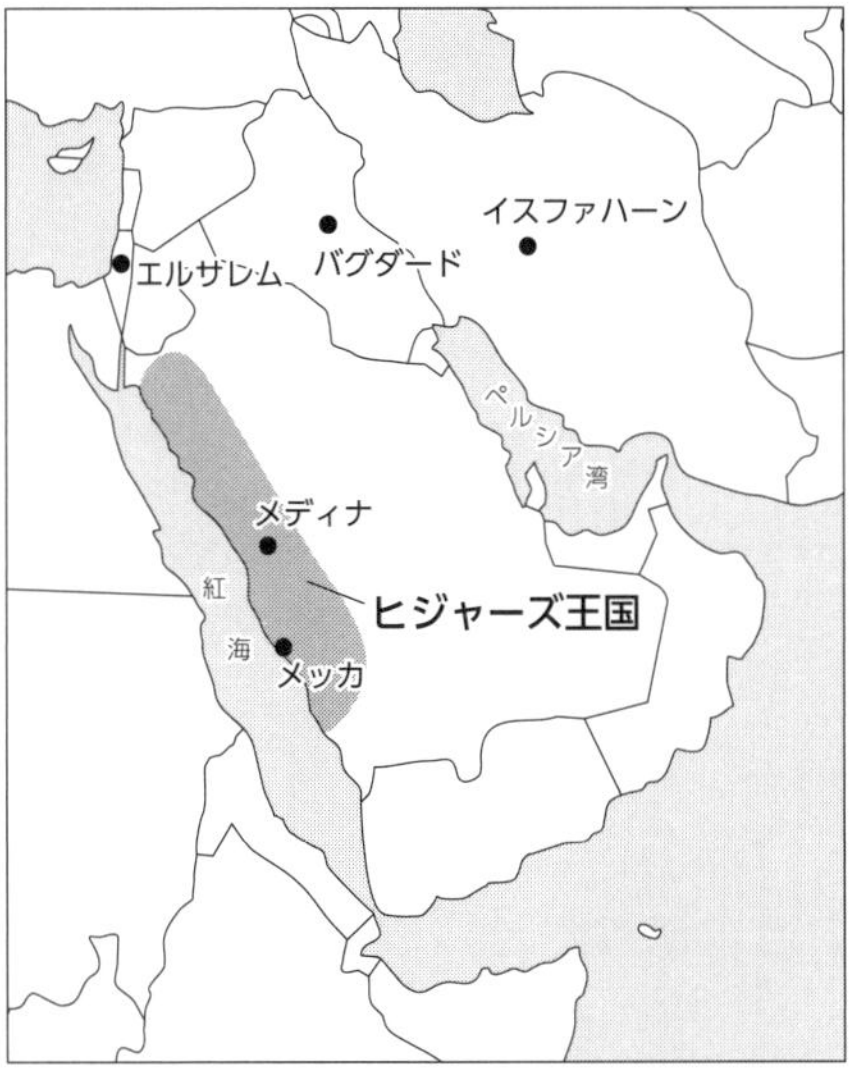

フサイン・マクマホン協定で、イギリスがオスマン帝国の支配下にあったアラブ地域の独立を約束しました。第1次世界大戦後、その約束は守られず、イギリスがオスマン帝国領であったイラクやヨルダンを支配し、フランスが同じくオスマン帝国領であったシリアやレバノンを

図22-4　ハーシム家の派生

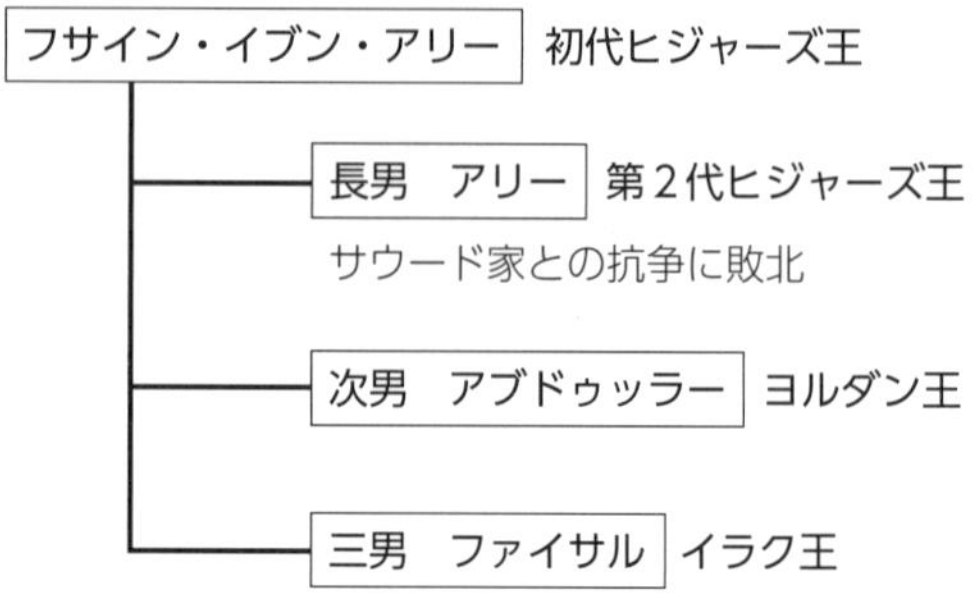

支配します。

イギリスやフランスに支配されたこれらのアラブ地域は、「委任統治領」といいます。委任統治とは国際連盟の委任を受けて統治を担当するもので、事実上、英仏の植民地でした。

これに猛然と反発したハーシム家を宥めるために、イギリスは以下のような措置を取ります。1921年、フサイン・イブン・アリーの次男アブドゥッラーをヨルダン王に据え、三男のファイサルをイラク王に据えました。しかし、このときヨルダンやイラクはイギリスの委任統治領で独立した国家ではなく、ヨルダン王やイラク王はイギリスの傀儡《かいらい》に過ぎませんでした。

イギリスの植民地の王に即位したアブドゥッラーやファイサルの胸中は、複雑であったでしょう。それでも、ハーシム家はイギリスの措置を受け入れました。

第1次世界大戦後、イギリスの支援を受けたアラビア半島中部の支配者サウード家が急速に台頭し、ハーシム家に敵対します。フサイン・イブン・アリーは、サウード家のイブン・サウードに追い詰められ、長男のアリーに譲位して、キプロス島へ亡命しました。

イブン・サウードは1925年、ハーシム家のヒジャーズ王国を滅ぼし、メッカの保護権を奪います。ヒジャーズ王のアリーは、弟のファイサルがいるイラクへ亡命しました。ハーシム家のヒジャーズ王国は2代9年で終わりました。

一方、サウード家はその後も勢力を拡大してアラビア半島を統一し、1932年、サウジアラビア王国を建国し、今日にいたります。サウード家は、ムハンマドの家系とは関係がありません。

イギリスの傀儡だったイラク・ハーシム王朝

フサインの三男ファイサル（ファイサル・アル＝ハーシミー）は、有能な人物でした。ファイサルはフサイン・マクマホン協定を破り、父を裏切ったイギリスに対しても逆に接近し、外交的駆け引きに利用しました。

その結果、ファイサルは前述のように、イギリスによって1921年、イラク国王に据えられ、イラク・ハーシム王朝を開いたのです。

イラクでは、その後、イギリスの植民地支配（委任統治）に対し、激しい抵抗運動が起こり

ファイサル使節団（1919年、パリ講和会議中のヴェルサイユ宮殿にて）。中央がファイサル（当時、王太子）。右後ろにT. E. ローレンス（通称「アラビアのローレンス」）がいる。ファイサルはローレンスをイギリスとの連絡役に活用した。

ます。イギリスはこれを抑え切れず、1932年、イラクの独立を認め、国王のファイサルにイラクを委ねます。イギリスは一応、イラクから撤退しますが、以後も影響力を背後から行使します。

1932年にイラク王国が独立しますが、実態としてイギリスの傀儡が続いていたため、国民の反英意識は強まります。1958年、軍人のカーシム（カセム）は反英米を掲げ、革命を起こします。ハーシム王朝は崩壊し、カーシム軍事政権が成立します。

イラク・ハーシム王朝は、ファイサルが1933年に病死した後、2代の国王が続きます。3代目のファイサル2世（ファイサルの孫）は、カーシムのクーデター部隊に銃殺されました。一部の王族はサウジアラビアに逃げ、ファイサル2世の従兄弟がイラク・ハーシム家の当主として現存しています。

カーシム軍事政権は、反英米を掲げていました。カーシムを危険視するアメリカは、反カーシムのバース党を支援します。1963年、バース党クーデターが成功し、バース党政権が成立します。このバース党のなかから頭角を現わし、1979年に大統領に就くのがサダム・フセインです。

家格を誇るヨルダン・ハーシム王朝

フサイン・イブン・アリーの次男アブドゥッラーは1921年、ヨルダン国王に即位します。アブドゥッラーからアブドゥッラー2世現国王にいたるまで、4代のハーシム家国王が続いています。

ヨルダンも、やはりイラクと同様にイギリスの委任統治領でした。ヨルダンの政情は比較的に安定していたため、イギリスの支配が25年間も続き、1946年に独立します。

ヨルダンは1949年、正式国名を「ヨルダン・ハシミテ（英語読みでハシェミット）王国」と定めました。ハシミテとは「ハーシムの」という意味です。ヨルダン王室は、ムハンマド直系の家系であるハーシムを誇りにしており、自分たちの王室は他の王室とは格が違うとさえ考えています。

ハーシム家の王たち（1920年代）。前列左から順にアリー（ヒジャーズ王）、アブドゥッラー（ヨルダン王）、ファイサル（イラク王）。

初代国王のアブドゥッラーは独立後、エルサレムを含むヨルダン川西岸地区の領有を主張して、「パレスチナの王」を称しました。1950年には、エルサレムを含むヨルダン川西岸地区を領土に加えます。そのため、アブドゥッラーは過激派パレスチナ人の反発を買い、1951年、エルサレムを訪問中に暗殺されました。1967年の第3次中東戦争で、ヨルダン川西岸地区はイスラエルに奪われます。

1952年、憲法が制定され、国王を元首とする立憲君主制に移行します。国王は首相任命権を有しており、一定のレベルで権力を保持しています。

現国王のアブドゥッラー2世とラーニア王妃は浪費が激しく、国民から批判されています。

この他、1918年から1962年に存在したイエメン王国の王家は、ハーシム家の血統（フ

図22-5 ヨルダン歴代国王（ハーシム朝）

国王	在位期間
アブドゥッラー１世	1923～1951年
タラール１世	1951～1953年
フセイン１世	1953～1999年
アブドゥッラー２世	1999年～

サインの孫のザイドの子孫）を引いていると称していました（２８６ページ図22-2参照）。

ザイド派のイマームが８９７年にイエメンに拠点を置き、その子孫がイマーム位を歴代、継承したとされます。そして、１０００年以上後の１９１８年、当時のイマームがオスマン帝国からの独立を宣言し、イエメン王国を建国しました。しかし、クーデターで１９６２年に王制が打倒されました。現在、イエメンは大統領制を敷く共和国です。

Chapter 23

スルタンやシャーはなぜ、消えたのか

カリフとスルタンはどう違うのか

アッバース朝最後のカリフのムスタアスィムは、モンゴル人勢力に捕らえられ、監禁されます。「お前が貯め込んだ財宝を食べて生きよ」と、朝昼晩の3食の代わりに、金銀・宝石を盛りつけた大皿が独房に差し入れられました。ムスタアスィムは、飢えて死にます。

ムスタアスィムは、財宝に執着しました。フラグ・ハン率いるモンゴル勢力が迫る状況で、ムスタアスィムは兵士たちにろくに食糧も支給せず、自分の財宝を貯め込んでいました。兵士たちは、カリフへの忠誠心を失い、戦わずして逃げます。

1258年、フラグはアッバース朝の首都バグダードを占領しました。フラグはムスタアスィムのケチさと無能を罵倒しました。「国や兵士よりも財宝が大事なのか!」。フラグはムスタアスィムを屈辱するため、3食に財宝の大皿を差し入れて飢え死にさせたのです。

ムスタアスィムはモンゴルの処刑儀礼に則り、絨毯にくるまれて騎兵に踏み殺されたとする説もあります。いずれにしても、カリフの権威は地に堕ちました。

カリフはムハンマドの死後、ムハンマドの代理人としてイスラム世界に君臨しました。「カリフ（Caliph）」は「ハリーファ（khalifa）」というアラビア語の英語読みで「代理人」や「後継者」という意味があります。正統カリフ時代を経て、ウマイヤ朝（661～750年）、アッバース朝（750～1258年）の君主にカリフ位は引き継がれていきます。時代を経るにつれて、カリフは腐敗していき、人心を失います。

イスラム世界では、カリフの他にスルタンという権威者がいました。スルタンはアラビア語で「権威」という意味で、皇帝を表わします（広義で王の意味も含みます）。

11世紀には、アッバース朝カリフはすでに力を失っており、外来のトルコ人勢力セルジューク朝に統治を委ね、スルタン位を授けました。初代スルタンは、セルジューク朝の創始者トゥグリル・ベクで、強大な軍隊を率いていました。

以後、カリフは宗教的指導権のみを残し、世俗の統治権をスルタンが担います。そのため、カリフとスルタンの関係は西洋の教皇と皇帝の関係にたとえられます。

オスマン帝国のカリフ位強奪

11世紀に強勢を誇ったセルジューク朝の分派から軍団を形成し、台頭したオスマン・ベイは、小アジアのアナトリア半島を本拠に1299年、オスマン帝国を建国しました。オスマン・ベイはセルジューク朝の後継者としてスルタン（皇帝）を名乗り、オスマン1世となります。彼の子孫が歴代、スルタン位を引き継ぎます。

オスマン帝国は、14世紀にビザンツ帝国の領域であるバルカン半島に進出し、アドリアノープルを攻略します。

さらに、1453年、ビザンツ帝国の首都コンスタンティノープルを攻略し、1000年続いたビザンツ帝国を滅ぼしました。そして、コンスタンティノープルをイスタンブルと改称し、帝国の首都とします。

9代目スルタンのセリム1世は、軍隊の銃武装化を積極的に進めます。その結果、セリム1世は1514年にイランのサファヴィー朝を打破、1517年にエジプトのマムルーク朝を征服し、イスラムの覇権を握りました。セリム1世は、マムルーク朝に亡命していたアッバース朝の最後のカリフを捕らえます。

アッバース朝は、前述のように、1258年、ムスタアスィムの時代に滅ぼされています。アッバース家王族の生き残りがマムルーク朝に庇護され、カリフ位を継承していました。セリム1世は、その生き残りのカリフからカリフ位を奪い、オスマン帝国のスルタンがカリフを兼ねるスルタン・カリフ制を成立させます。つまり、オスマン帝国の君主はスルタン（俗権指導者）とカリフ（聖権指導者）の権限をあわせもつイスラム最強の君主となったのです。

スルタン位・カリフ位は、オスマン帝国の君主に歴代引き継がれていきます。カリフは、ムハンマドの後継者としてウマイヤ家やアッバース家というムハンマドの家系に引き継がれ、血統を重んじてきました。しかし、カリフ位はオスマン帝国の君主に奪われ、ムハンマドとは何の関係もないトルコ系異民族に引き継がれます。

それまで俗権指導者であるスルタンは、実力者が担うとしても、聖権指導者たるカリフは血統原理により、その正統性が保障されてきました。しかし、イスラムはセリム1世が打ち立てたスルタン・カリフ制以降、血統原理を失います。

本来、このような血統原理が崩れれば、大混乱が発生するものです。しかし、オスマン帝国はイスラム諸民族に対し、税を軽減するなどの寛容な政策をとり、巧みな協調路線によってイスラム世界を1つにまとめ上げることに成功します。とくに、ムハンマドの血統に近いアラブ人たちの反発に配慮し、さまざまな恩恵を与えたのです。

オスマン帝国はどのように滅びたのか

セリム１世の子、10代目スルタンのスレイマン１世の時代の16世紀前半に、オスマン帝国は最盛期を迎えます。

スレイマン１世はハンガリーを征服し、この地を足掛かりとして、さらにヨーロッパの奥深くへと進撃し、１５２９年、ハプスブルク・神聖ローマ帝国の本拠ウィーンを包囲します。ウィーンを攻略することはできませんでしたが、オスマン帝国はヨーロッパを震撼させました。

スレイマン１世（1530年、ウィーン美術史美術館蔵）　後宮の女奴隷ヒュッレムを寵愛し、皇后にした。後年、ヒュッレムや他の妃たちが自分の子をスルタンの後継者にするため、激しく争い、これに廷臣たちも巻き込まれ、政治が乱れた。

オスマン帝国の強勢は17世紀中ごろまで続きましたが、１６８３年、第２次ウィーン包囲の失敗でハンガリーを喪失し、衰退していきます。19世紀には、ヨーロッパ列強の侵略を受けます。近代化を試みますが、中途半端に終わり、挫折しました。

オスマン帝国はイギリスの侵略に対抗するため、第1次世界大戦でドイツに味方しますが、敗れました。スルタンのメフメト6世は、イラク・パレスチナ・ヨルダンをイギリスに、シリア・レバノンをフランスに割譲します。

メフメト6世の妥協的な態度に怒った軍人のムスタファ・ケマルたちは猛然と反発し、オスマン帝国政府を敵視し、臨時政府をつくります。メフメト6世はケマルらを「逆賊」と罵り、激しく対立しました。

最終的に、ケマルら臨時政府軍がオスマン帝国政府軍を破り、実権を掌握します。1922年、ケマルはスルタン制とカリフ制を分離し、スルタン制を廃止することを宣言します。こうして、623年続いたオスマン帝国は滅亡しました。

翌年、トルコ共和国の成立が宣言され、初代大統領にはケマルが就任します。首都は、イスタンブルからアンカラに移されました。

◆オスマン家を許さなかったムスタファ・ケマル

最後のスルタンは36代目で、ケマルを「逆賊」と罵ったメフメト6世でした。メフメト6世

ドルマバフチェ宮殿を去るメフメト６世（1922年）

はマルタ島に亡命する際、「ハーレム（後宮）にいる5人のかわいい妻を私のもとへ送り届けてくれ」と言い残しています。この発言からも、オスマン帝国のスルタンが堕落した生活を送っていたことがわかります。

スルタン位は廃された一方、カリフ位はメフメト6世の従弟のアブデュル・メジト2世が引き継ぎます。トルコ共和国の建設後も、オスマン家の血統をカリフとして残すべきだとする世論があり、ケマルらもこれを容認しました。

しかし、これは一時的な措置に過ぎませんでした。ケマルは、トルコの近代化のためにはイスラム主義を放棄せねばならず、カリフという権威者を残してはならない、という考え方をもっていました。ケマルは１９２４年、トルコ共和国憲法を制定し、政治と宗教の分離を定め、カリフ制を廃止しました。

６３２年、ムハンマドが死去して以降、カリフ位は「ムハンマドの代理人」として、１２９2年間、継承されてきましたが、ケマルによって絶たれてしまいます。アブデュル・メジト2世をはじめ、オスマン家の皇族はすべて国外追放処分となります。

アブデュル・メジト２世（1923年） 最後のカリフ。温厚な学者肌の人物で、政治に興味を示さなかったが、ケマルにより廃された。

ケマルは、オスマン家と激しく敵対した過去から、オスマン家を「祖国の敵」として容赦しなかったのです。

ケマルはその後、イスラム暦を廃止し、太陽暦を採用し、女性解放などの近代化政策を行ないます。アラビア文字を廃止し、トルコ語の表記をローマ字にあらためます。トルコの近代化に努めたケマルに対し、議会は「アタテュルク（「トルコの父」の意味）」の尊称を贈りました。

１９９２年、オスマン家の旧皇族は帰還を認められます。旧皇族たちの多くがトルコ共和国で暮らしており、オスマン家の現在の当主は45代目デュンダル・アリ・オスマンです。エルドアン・現トルコ大統領は「新オスマン主義」を掲げ、イスラム主義を強めながら、過去の栄光を取り戻すことを主張しています。

◆イランの王「シャー」の系譜

イスラム世界でスルタンやカリフの称号の他に重要な称号が、「シャー」です。シャーはペルシア語で「王」の意味です。古代のアケメネス朝ペルシアやササン朝ペルシア以来、イランの君主たちが使った称号です。

16世紀初頭、イラン人のイスマーイール1世がサファヴィー朝を創始します。イスマーイール1世はシャーを正式な称号として用い、定着させました。サファヴィー朝はシーア派を掲げ、スンナ派のオスマン帝国と戦います。オスマン帝国の君主スルタン（皇帝）に対抗するため、「シャハーンシャー（王のなかの王、つまり皇帝）」という称号を掲げることもありました。

5代目シャーのアッバース1世のとき、新首都イスファハーンが建設され、サファヴィー朝は最盛期を迎えます。

シャー位は歴代サファヴィー朝君主に引き継がれ、イランの次の王朝のカージャール朝（18世紀末創始）や、パフレヴィー朝（20世紀前半創始）でも、君主はシャーを称しました。

第1次世界大戦後、軍人のレザー・パフレヴィー（レザー・ハーン）はクーデタにより実権を握り、1925年、カージャール朝を廃します。そして、シャーを称し、パフレヴィー朝を創始しました。1935年、国名をペルシアから「イラン」に変更します。

第2次世界大戦中、レザー・パフレヴィーはナチス・ドイツに接近したため、イギリスやソ連の圧力で退位させられ、子のレザー・シャー・パフレヴィー2世がシャーに即位します。

最後のシャー

レザー・シャー・パフレヴィー2世は、イギリスの資本により近代工業化を進めていきます。改革は順調で、イラン民族資本が成長しますが、矛盾が生じます。イラン民族資本が成長すればするほど、利権をもつイギリスに反発し、イギリスと協調していたパフレヴィー2世に批判が向けられたのです。

イラン民族資本は、首相モサデグとともに1951年、イギリス資本のアングロ・イラニアン石油会社（現在のブリティッシュ・ペトロリアム）の国有化を宣言し、イギリスを排除しようとします。

パフレヴィー2世はモサデグに対抗するため、イギリスのみならず、アメリカにも頼ります。パフレヴィー2世から支援の要請を受けたアメリカはイランへの進出のチャンスと考え、モサデグ派を諜報活動や武力で排除します。これ以降、米英はイランへの監視を強め、国王パフレ

２度目の王妃ソラヤーのタバコに火を付けるパフレヴィー２世（1950年代）
敬虔なシーア派教徒の多いイランで、王が王妃に対し、このような行動を取ること自体がイラン国民の反発を買う原因となった。

ヴィー2世との連携を強化します。

パフレヴィー2世は、米英の資金で「白い革命」と呼ばれる近代工業化を推進します。「白」は右派資本主義のことを表わし、左派共産主義の「赤」とは反対のものです。パフレヴィー2世は、上からの近代化を強行しました。

しかし、また同じ矛盾が生じます。工業化により台頭する民族資本は、米英の影響力を排除しようとします。イラン民族資本は前回の失敗を踏まえ、強力なリーダーを担ぎ上げます。シーア派最高宗教指導者ホメイニです。イラン国民はホメイニに従い、米英を排除するべく立ち上がり、１９７９年、イラン革命となります。

パフレヴィー2世は退位し、エジプトに亡命します。こうして、古代ペルシア以来、イランに君臨してきたシャーが廃絶されました。

パフレヴィー2世の長男クロシュ・レザー・パフレヴィーは、アメリカを拠点にイラン民主化運動にかかわっています。独裁者の息子が民主化運動とは、皮肉なことですが……。

1980年、ホメイニの指導で反米のイラン共和国が成立します。ホメイニは「アメリカ文化の模倣をやめよ。厳格なイスラムの規範に従え」と呼びかけ、パフレヴィー2世の近代化を否定しました。

ホメイニは石油国有化に踏み切り、石油輸出を制限したため、石油の国際価格が急上昇し、第2次石油危機が発生しました。米英は、イランの利権を失ったのです。アメリカは、ホメイニ政権を潰すため隣国のイラクを全面支援し、1980年、イラン・イラク戦争が始まります。

イラン共和国とアメリカとの確執はこのとき以来のもので、昨今ではトランプ大統領が2018年にイラン核合意から離脱し、イランへの圧力姿勢を強めています。

第10部

アフリカ、アメリカ

Chapter 24

なぜ、アフリカには3つの王国しか残らなかったのか

◆半裸の少女たちの祭り

荒涼とした大地に、10歳代の少女たち約5万人が上半身裸で踊る光景――。

アフリカのエスワティニ王国（旧国名はスワジランド王国）の伝統的な祭り「ウムランガ」です。英語で「リード・ダンス」と呼ばれます。少女たちは大きな葦（リードReed）を刈り取って王宮に捧げ、国王ムスワティ3世の前でダンスを披露します。

15人以上の妻をもっているとされるムスワティ3世は、少女たちのなかから新しい妻を選びます。国王に選ばれた少女やその一族は、富貴を与えられます。祭りを一般人も見ることができ、国内外から観光客を集めています。

この祭りの舞台裏で売買春が行なわれ、問題になっています。親元を離れて祭りにやって来た少女たちはベースキャンプに宿泊し、そこに群がってきた男たちが少女を連れ出します。少

女たちが付近の川で丸裸になって体を洗っている際に、男たちが連れ出すこともあるようです。

エスワティニ王国では性に対して開放的なこともあり、エイズ感染者が急増し、人口の30％を占めています。この国の人口は約１００万人です。

ムスワティ3世は、祭りの演説で少女たちにエイズ予防を呼び掛けていますが、そもそもこの祭り自体が、国王が少女を物色するためのものであるので、国王の演説には説得力もなく、実際に効果もありません。

ムスワティ3世は２０１８年4月、自身の誕生日と独立50年を祝う式典で、国名をスワジランドからエスワティニに変更すると発表しました。エスワティニとは、現地語で「スワジの地」を意味します。スワジランドの名は、イギリスの植民地時代にイギリスによってつけられたため、国名への反感がもともとあったのです。

図24-1　エスワティニ王国周辺地図

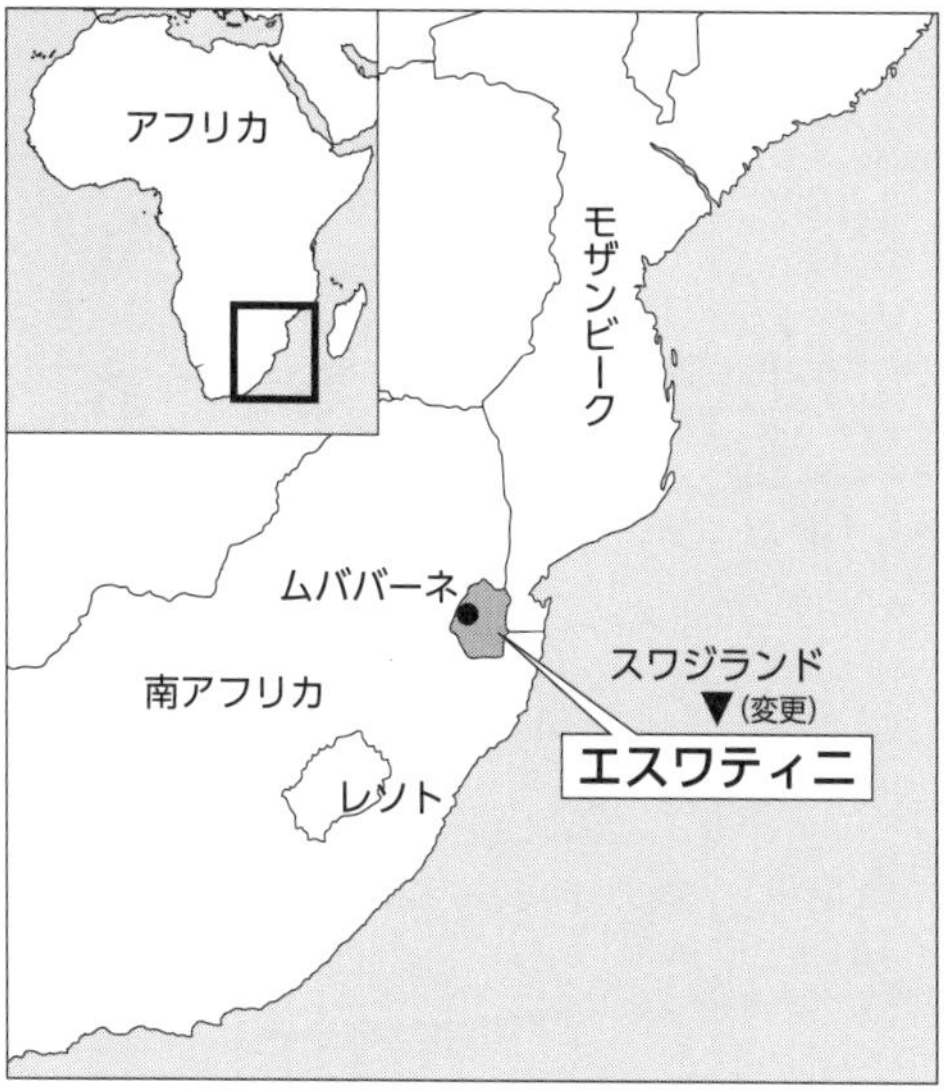

スワジランド王国は絶対王政

16世紀、スワジ族率いる首長ドラミニがこの地域に定住しました。以来、ドラミニ家が支配者となり、現在の国王ムスワティ3世にいたります。

19世紀、南アフリカを植民地にしていたオランダ系ボーア人（ブーア人）がスワジをたびたび侵略するようになります。スワジ族はボーア人に対抗するために結束し、スワジ王国を建国します。スワジ王国はイギリスに支援を求めますが、逆に利用され、１８９０年代、ボーア人とイギリス人により共同支配されてしまいます。

１８９９年、イギリス人とボーア人との利権争奪戦争であるボーア戦争が起き、イギリスが勝利すると、スワジ王国は１９０２年、イギリス領となります。ドラミニ王室の存続は認められました。

イギリスは１９１０年、ケープ州やトランスヴァール州などをイギリス領南アフリカ連邦として統合します。南アフリカ連邦は自治権を与えられていましたが、この自治権を行使し、統治にあたっていたのはオランダ系ボーア人たちでした。スワジは、この南アフリカ連邦とは別に、イギリスが直轄支配した地域でした。

1934年、南アフリカ連邦が独立しますが、スワジへのイギリス支配は続きます。1968年、スワジの独立が認められ、スワジランド王国となります。

独立後、総選挙で王党派が圧勝したことにより、1973年、当時の国王ソブーザ2世は憲法を廃止し、絶対王政を敷きました。この体制は今日まで続いており、民主化運動も起こっていますが、国王がこれを弾圧しています。

80年近く在位したソブーザ2世の後を継ぎ、子のムスワティ3世が1986年に即位しました。ムスワティ3世は、ドラミニ朝の8代目の国王になります。父と同じく絶対王政を敷き、民主化運動やデモ・ストに対し、非常事態宣言を出すなどして弾圧しています。

エスワティニ王国では、現在、失業率が約25%に達し、エイズ感染が拡大するなど、多くの問題を抱えています。しかし、ムスワティ3世は妻を15人以上ももち、贅沢三昧していると国民から批判されています。また、ムスワティ3世は2018年、中国の支援欲しさに、それまで国交のあった台湾と断交する可能性があることに言及しています。

「天空の王国」レソト

今日、アフリカには3つの王国が残っています。エスワティニ王国（旧スワジランド王国）・

レソト王国・モロッコ王国の3つです。

レソト王国（位置は309ページ図24-1参照）は、「天空の王国」とも呼ばれます。国土全体が標高1400メートルを超える山岳地帯にあり、「天空」の絶景が広がり、世界中の観光客を魅了しています。現在、人口は約188万人です。

16世紀以来、ソト族がレソトに独立した勢力圏を形成してきました。1818年、ソト族の族長のセーイソ家のモショエショエ1世がレソト王国を創始します。

レソト王国はエスワティニ王国と同じく、オランダ系ボーア人の侵略を受けたため、イギリスの保護を求めます。それをイギリスに逆利用され、1868年、イギリスの保護領となります。イギリスの支配が続きながらも、セーイソ王朝の存続は認められました。

1966年、イギリスから独立し、セーイソ家のモショエショエ2世を国王とするレソト王国が成立します。立憲君主制が敷かれますが、政情が安定せず、1980年代以降、軍のクーデターが頻発します。現在の国王は、モショエショエ2世の子のレツィエ3世です。

◆ムハンマドの末裔を称するモロッコ王室

モロッコ王室は、預言者ムハンマドの末裔《まつえい》を称しています。王家のアラウィー家は、アラブ

図24-2　アラウィー朝モロッコの勢力拡大（17世紀後半）

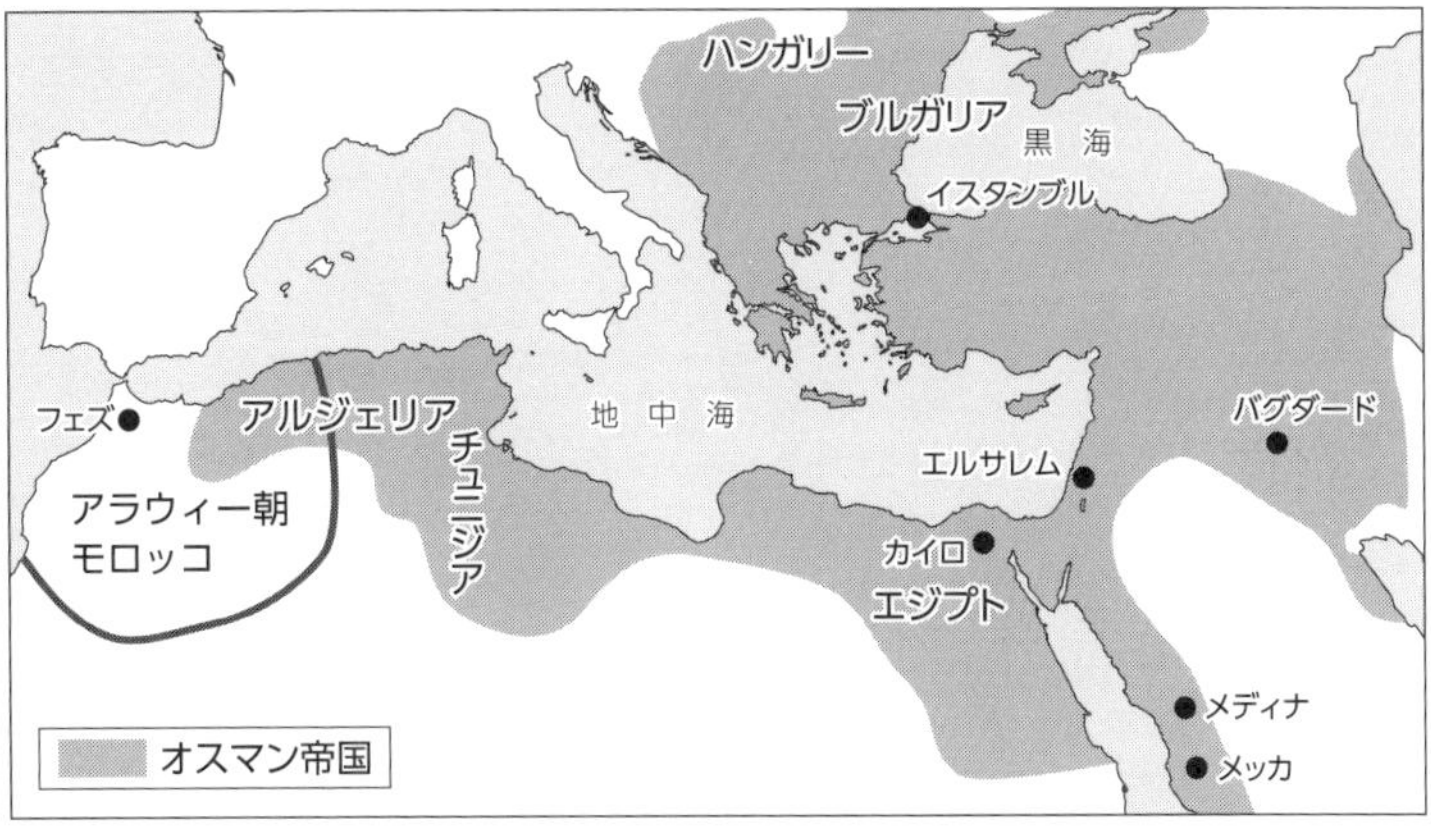

のハーシム家と同じく、アリーの子ハサン（Chapter22参照）の血統を引いているとされます。

アラウィー家の祖マウラーヤは13世紀後半、交易のためにアラビア半島からモロッコにやって来て、一族が定住しはじめます。このマウラーヤが、ハサンの末裔（シャリーフ）であるとされます。

勢力を拡大したアラウィー家は1631年、アラウィー朝を創始します。アラウィー朝はモロッコの豪族たちを従え、1640年、スルタンを名乗り、オスマン帝国のスルタンに対抗します。アルジェリアの領有をめぐり、オスマン帝国と戦います。17世紀後半、アラウィー朝はフェズに首都を定め、全盛期を迎えます。

19世紀後半、イギリス・スペイン・フランスが進出して、不平等条約の締結を強いられます。そして、1912年、フランスがモロッコを保護国化し、事

図24-3　独立後のモロッコ歴代国王
（アラウィー朝）

国王	在位期間
ムハンマド５世	1957年～1961年
ハサン２世	1961年～1999年
ムハンマド６世	1999年～

実上の植民地とします。

フランスは１９５４年、インドシナ戦争に敗北し、同じく植民地にしていたアルジェリアで独立戦争が勃発するなど、追い詰められていきます。この機に乗じて、アラウィー家のムハンマド5世がフランスと交渉し、独立を認めさせます。

１９５６年、モロッコ王国が成立、ムハンマド5世はそれまでアラウィー家の君主が使っていたスルタンの称号を使わず、１９５７年以降、「国王」の称号を使いました。

ムハンマド5世は立憲君主制にもとづく国家体制を構築しますが、国王の強い権限を残します。現在の国王は、ムハンマド5世の孫のムハンマド6世です。

かつてアフリカには32の王国があった

アフリカでは、古代において、エジプトのファラオ（「王」の意）が王国を形成しました。

アフリカ東部はエジプトやアラビア半島の外敵勢力に囲まれ、それらに対抗するために強大な王権が必要とされ、王国が存立しましたが、西・中南部アフリカでは外敵勢力がなかったため、集権的な王国は必要とされず、諸部族が分立していました。

しかし、中世の8世紀以降、イスラム商人との交易がアフリカ全域で始まると、交換物資として使われた黄金などの管理をめぐって強い王権が必要とされました。ニジェール川流域に8世紀ごろに誕生したガーナ王国などが、その代表です。

北アフリカでイスラムの諸王朝が成立し、中・南部でもアフリカ部族独自の諸王朝が形成され、14世紀ごろには、アフリカ全体で、大きなものだけでも32の王国がありました。

この時代に、ニジェール川流域で、ガーナ王国に続き、マリ王国が最盛期を迎え、マンサ・ムーサ（カンカンムーサ）王が登場します。マンサ・ムーサ王は熱心なイスラム教徒で、メッカへの巡礼の際、カイロなどの道中の都市で大量の金を使いました。そのため、金の価値が値下がりし、カイロではインフレが発生しました。マンサ・ムーサ王の巡礼の一行は家臣6万人、奴隷1万2000人からなり、奴隷にはそれぞれ約2キロの重さの金の延べ棒を持たせていました。

アフリカ南部のザンベジ川流域では、15世紀にモノモタパ王国が成立します。この王国のジンバブエ石造遺跡から、高度な宮殿文化が栄えていたことがうかがえます。

アフリカの諸王国は16世紀以降、隣接する勢力と互いに争い、衰退・滅亡していき、分裂が進みます。17～18世紀にはヨーロッパが進出して、アフリカを支配しはじめます。1900年ごろまでには、アフリカ全土がエチオピアとリベリアを除いて、ヨーロッパ列強により分割されてしまいました。

なぜ、独立アフリカは王国にならなかったのか

第2次世界大戦後、アフリカ各地で独立運動が本格化します。独立運動の指導者が民衆を率いて戦い、独立後、その指導者が共和国の大統領などの元首になるというケースがほとんどでした。1957年に独立したガーナのエンクルマ大統領、1958年に独立したギニアのセク・トゥーレ大統領などが、その代表です。

続いて、1960年、ナイジェリアなど、アフリカの17か国が一斉に独立を達成したため、この年は「アフリカの年」と呼ばれます。その主要な国として、ナイジェリア（イギリスから）・コンゴ（ベルギーから）・トーゴ（フランスから）・カメルーン（フランスから）・ソマリア（イタリアから）・マダガスカル（フランスから）などがあります。

これらの国は、共和国となりました。それぞれの国に、王になってもおかしくない有力な部族や首長がおり、またかつての王族の生き残りもいましたが、独立運動家の勢力が戦後、主導

権を握り、王国となる道を選ばなかったのです。

独立運動の兵士たちのほとんどが貧しい庶民であったため、王族や貴族に対する反発がありました。指導者たちは共和制によって、富を庶民に広く分散することを、建て前にしなければなりませんでした。

しかし、彼らが打ち立てた共和国では、政治がまともに機能せず、暴動が頻発しました。そのため、指導者が独裁化し、人民を抑圧します。また、植民地時代にはなかった飢餓が発生するなど、発展の機会を失います。

図24-4 アフリカ主要国

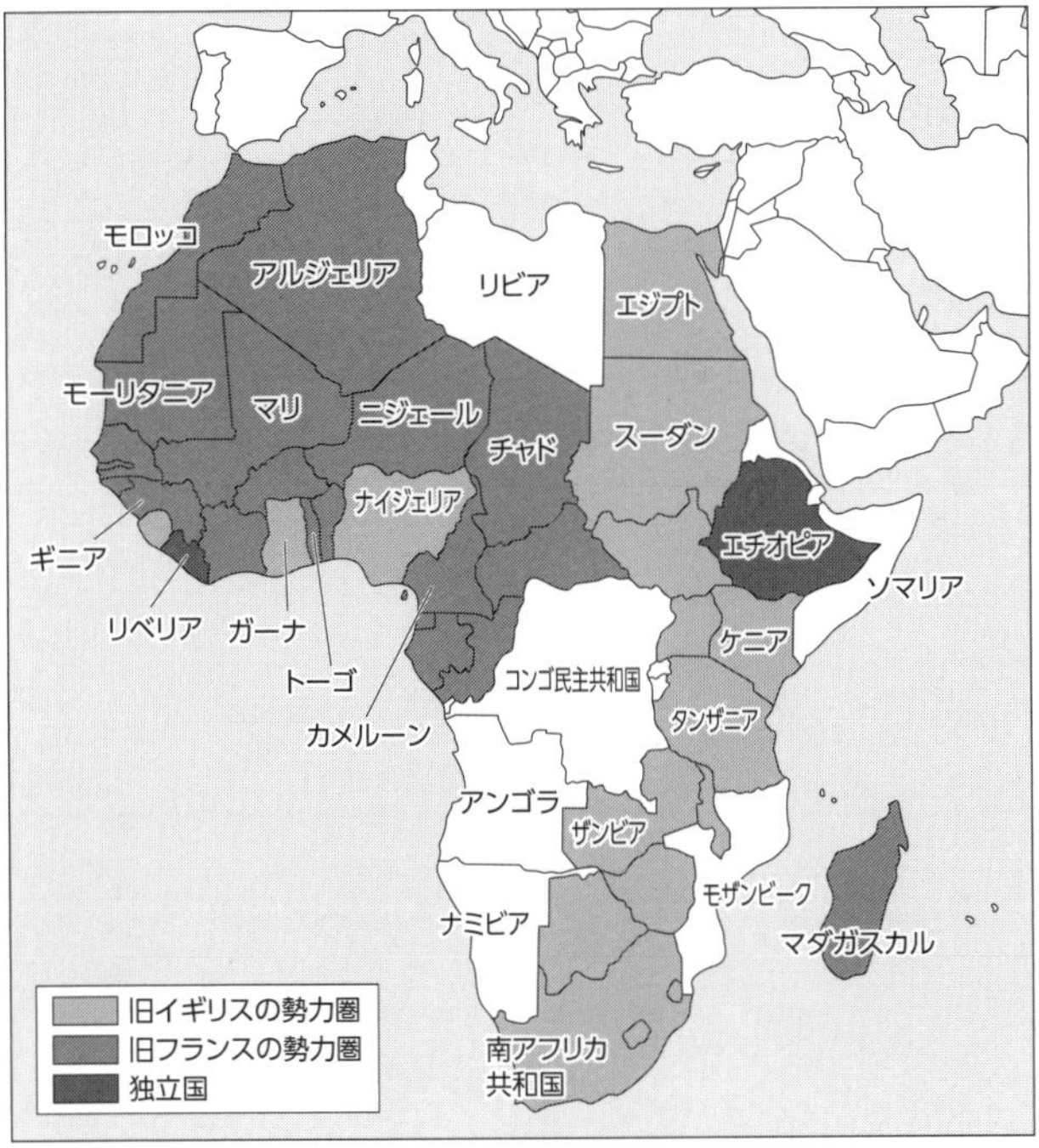

王国が崩壊した国、エジプト・リビア・チュニジア

こうしたなかで、王国として独立した数少ない例が1922年に独立したエジプト、1941年に独立したエチオピア（帝国として独立。後段で詳述）、1951年に独立したリビア、1956年に独立したモロッコとチュニジアです。これに、前述のエスワティニやレソトも加わります。

エジプトは古代王朝時代、ピラミッド建設などに見られるように繁栄しましたが、地政学上、アフリカとヨーロッパ、さらに中東をつなぐ位置にあり、外来勢力の侵略に晒《さら》されました。ローマ帝国、オスマン帝国、そして近代においてはイギリスの侵略です。

第1次世界大戦後、エジプトで反英運動が強まります。イギリスは1922年、エジプトの王国（ムハンマド・アリー朝）としての独立を認めます。しかし、このときのエジプト王はイギリスの傀儡《かいらい》で、イギリスが大きな影響力をエジプトに残していました。

エジプト王国は立憲君主制を敷きますが、政情が安定しませんでした。1952年、軍がクーデター（エジプト革命）を起こし、国王ファールーク1世を追放しました。翌年、クーデターの指導者ナギブが大統領に就任し、共和国を樹立しました。1956年に有名なナセルが大

統領に就任し、エジプトを率います。

リビアはオスマン帝国領でしたが、1911年のイタリア・トルコ戦争でイタリアに割譲され、植民地化されます。第2次世界大戦中の1943年にイタリアが敗戦した後、リビアをイギリスとフランスが共同統治します。このとき、イギリスがキレナイカ地方の首長ムハンマド・イドリースを利用し、石油資源の利権を握りました。

リビアは1951年、イギリスの支援でムハンマド・イドリースが国王に据えられ、イドリース1世となり、王国として独立します。イドリース1世は、イギリスの石油利権を保全する傀儡王でした。イドリース1世は国民の反発を買い、1969年、カダフィらによるクーデターが起こります。イドリース1世はエジプトに亡命しました。カダフィは共和国の樹立を宣言し、事実上の元首となりました。

イドリース1世（1965年） イギリスに便宜を図るばかりの国王に対し、クーデターを起こしたカダフィは国民の英雄になった。

チュニジアもオスマン帝国領の一部でした。1883年、フランスはチュニジアを保護領にして支配し、戦後の1956年に独立を認めます。このとき、フランスはオスマン帝国下でチュニジア総督（ベイ）を世襲していたフサイン家の当主ムハンマド8世アル・アミーンを国王に担ぎ出して、背後から操ります。
しかし、傀儡王に対する不満が高まり、翌1957年、首相のブルギバが一方的に王制を廃止し、共和国の樹立を宣言します。大統領となったブルギバは、社会主義体制を敷きました。

◆エチオピアはなぜ「帝国」だったのか

19世紀末のエチオピア皇帝メネリク2世は、イタリアの侵略をアドワの戦いによって撃退しています（第1次エチオピア戦争）。メネリク2世は、独立を維持した偉大な皇帝として有名です。

メネリク2世（1910年代） アドワの戦いでは、自ら軍を率いて戦った勇敢な皇帝でもあった。

しかし、1935年のイタリア・ムッソリーニ政権の猛攻（第2次エチオピア戦争）には耐えられず、翌年、首都アディスアベバが陥落し、植民地にされてしまいます。当時の皇帝ハイレ・セラシエは、亡命しました。1941

年、イギリスの支援によりイタリア軍を排除し、皇帝ハイレ・セラシエがアディスアベバに帰還し、独立します。

1974年、革命が起こり、ハイレ・セラシエが追放されます。革命政権はソ連の援助を得て、急進的な社会主義化を進めました。1991年、社会主義政権は崩壊しました。

かつてエチオピアは帝国で、その君主は「皇帝」でした。彼らは、何を根拠に帝国や皇帝を称していたのでしょうか。

イクノ・アムラクは1270年、皇帝を称し、エチオピア帝国を建国しました。イクノ・アムラクは紀元前10世紀に活躍した古代イスラエル王国の聖王ソロモンの末裔と称していました。

ハイレ・セラシエ（1934年） エチオピアのラスト・エンペラー。専制政治を敷き、改革を怠ったため、経済が停滞し、クーデターの原因となった。

そのため、彼の建てた王朝はソロモン朝と呼ばれます。実際には、ほとんど根拠はありませんが、イクノ・アムラクはソロモン王の末裔として、「王のなかの王」たる皇帝の称号こそ自分にふさわしいと考えたのでしょう。また、エチオピア帝国の最大阪図は現在のソマリア・ジブチ・ケニア・南スーダン・アラビア半島の一部までおよび、帝国の名に値するものであったともいえます。

それでも、イクノ・アムラクが皇帝を称したことに、充分な根拠や名分があったとはいえません。皇帝位はイクノ・アムラクの子孫に受け継がれ、帝国や皇帝の名が既成事実化していきます。

イクノ・アムラクの創始したソロモン朝は複数の王朝に中断させられ、皇帝の存在しなかった時代もあります。しかし、ソロモン朝の血統は受け継がれ、皇帝位とともにラスト・エンペラーのハイレ・セラシエが１９７４年に追放されるまで続きました。

イスラム教が誕生する以前から、エチオピアにはキリスト教が伝わり、普及していました。エチオピアのキリスト教は、コプト派と呼ばれます。コプトとはアラビア語で、「エジプト」を意味する言葉です。エチオピア皇帝は歴代、熱心なコプト派信者で、キリスト教を保護しました。

Chapter 25 なぜ、アメリカは王をもたなかったのか

なぜ、インカ帝国は「帝国」なのか

かつて、アメリカ大陸に存在した代表的な君主国が、インカ帝国とアステカ王国です。インカ帝国の君主は「サパ・インカ」と呼ばれました。インカは「王」を、サパは「唯一の」を意味し、唯一の王、つまり皇帝となるのです。

インカ帝国の版図であった現在のエクアドル、ペルー、チリ、アルゼンチンには、もともとインディアン部族が複数の王国や首長国を形成しており、クスコ周辺の小さな部族に過ぎなかったケチュア族（＝インカ族）がこれらの周辺部族を併合し、勢力を拡大していきます。

1438年、ケチュア族の首長パチャクテクが諸王国をまとめ、各王の上に君臨するサパ・インカとなり、インカ帝国を創始しました。インカ帝国の皇族は血統を重んじたため、一族の近親結婚を繰り返しました。

一方、メキシコ高原に成立したアステカ王国は「帝国」と表記されることもありますが、その君主は歴代、「トラトアニ（王）」を称しているため、「王国」とするべきです。

アステカ（チチメカ）族が12世紀中ごろ、メキシコで勢力を拡大し、１３７５年、族長のアカマピチトリがトラトアニに即位して、アステカ王国を建国します。

インカ帝国のサパ・インカも、アステカ王国のトラトアニも、神の化身と崇められ、宗教的指導者としての地位は確立されていましたが、世俗権力は必ずしも強くはなく、国内の各部族が群雄割拠しており、それを抑える力をもっていませんでした。

16世紀、インカ帝国もアステカ王国もスペイン人に侵略され、崩壊します。スペイン人は内部の部族抗争を巧みに利用し、彼らを戦わせることで侵略を効果的に進めていきました。

なぜ、ラテン・アメリカには王国が残らなかったのか

スペイン人は、インカ帝国やアステカ王国の黄金を略奪しました。その後、植民地にして、現地インディアンたちを奴隷として酷使します。

18世紀には、インディアンの過去の栄光を復興しようとする「インディアン主義」が広がります。１７４２年、インカ帝国最後の皇帝アタワルパの末裔を名乗る男が現われ、インカ帝国

の再興を民衆に訴え、反乱を起こしました。1746年、リマは大地震に襲われます。アタワルパの末裔を名乗る男は「地震はインカの神の怒りである」と民衆に告げて不安を煽り、反乱をアンデス一帯に拡大させました。

しばらくすると、アタワルパの末裔を名乗る男は行方不明となり、反乱は収束していきます。しかし、その後もインディアン主義を掲げる反乱が断続的に発生しました。

図25-1 イギリス王を君主とするカリブ国家

ベリーズ
バハマ国
ジャマイカ
セントクリストファー・ネイビス連邦
アンティグア・バーブーダ
セントルシア
セントビンセントおよびグレナディーン諸島
バルバドス
グレナダ

1775年、アメリカ合衆国の独立戦争が始まると、それに影響を受けた独立運動がラテン・アメリカでも始まります。独立運動の指導者たちによって、19世紀前半にラテン・アメリカ諸国がスペインから独立していきます。

各国は独立後、独立運動の指導者たちが主導権を握り、大統領制の共和国を建設します。今日、ラテン・アメリカには33の国がありますが、王国は1つも残っていません。インカ帝室の末裔とされる者を担ぎ出してインカ帝国を復興し、立憲君主制国家を樹立しようとした地主などの保守派もいましたが、大部分の貧困層・兵士たちに配慮し、共和制が採択されました。

一方、イギリスのエリザベス女王を共同君主とするカリブ海地域の小群島国家があります（前ページ図25－1参照）。これらの9つの国家はかつてイギリス領で、イギリス王を名目上の君主とする立憲君主制を敷いています（王国ではありません）。

ハワイはカメハメハ1世が1795年にカメハメハ朝を創始します。しかし19世紀後半、アメリカ移民が激増し、1893年、移民による革命が起き、王朝は倒れ、共和制となります。その後、1898年にアメリカに併合されました。

◆スペイン軍人がメキシコ皇帝に

19世紀前半、ラテン・アメリカ諸国が共和国として独立していきますが、例外がメキシコとブラジルでした。

アグスティン・デ・イトゥルビデは、スペイン軍の司令官としてメキシコに赴任、ミゲル・イダルゴらの独立運動を弾圧しました。しかし、デ・イトゥルビデはしだいに独立運動に共感し、また自分の野心を満たすために独立勢力と協調するようになります。デ・イトゥルビデは、独立勢力とともにスペイン軍を排除し、1822年、メキシコを独立させます。

そして、自ら皇帝に即位して、アグスティン1世を名乗りました。王ではなく皇帝を名乗ったのは、デ・イトゥルビデが王としての血統がないことを自覚しており、またナポレオンが皇帝を名乗ったことの影響も受けたからです。いずれにしても、皇帝としての名分はデ・イトゥルビデにはありませんでした。

メキシコは豊かな穀倉地帯が広がり、地主などの保守派が強大な力をもっていました。アグスティン1世の帝政を支持したのは、これらの保守層でした。

しかし、多数の貧困層の反発を買い、帝政は1年も経たないまま、1823年、崩壊しました。アグスティン1世はイギリスに亡命しました。

その後、メキシコは混乱期を経て、1835年、共和国となります。1864年から、再び帝政となります（メキシコ第2帝政）。

なぜ、ハプスブルク帝族がメキシコ皇帝になったのか

メキシコ第2帝政で新たに皇帝となったのは、オーストリアのハプスブルク家のフェルディナント・マクシミリアンでした。マクシミリアンの兄は、オーストリア皇帝フランツ・ヨーゼフ1世です。なぜ、ハプスブルク帝族の一員がメキシコにやって来たのでしょうか。

1861年、メキシコ共和国の自由主義者ベニート・フアレス大統領は、国債の利払い停止

を一方的に宣言し、債権者のフランス、スペイン、イギリスを怒らせます。フランス皇帝のナポレオン3世は、これを機にメキシコへの侵略を始めます。

このとき、イギリスは中国に対するアロー戦争の処理に追われ、メキシコ介入への余裕はありませんでした。スペインも政情不安定で、実質的に動くことができたのはフランスだけでした。また、アメリカも南北戦争の最中で、介入できませんでした。フランスは3万人の兵力を送り、1863年、メキシコ・シティを陥落させました。

メキシコの有力者や保守派は、自由主義のファアレス政権に反発し、君主制を樹立しようとしていました。ナポレオン3世は、かつてのスペイン王領時代の栄華を思い起こさせるハプスブルク帝室のマクシミリアンをメキシコ皇帝に担ぎ出します。

メキシコの有力者たちは、現地生まれのスペイン人でした。この現地生まれのスペイン人にとって、フランスは侵略者であり、警戒すべき相手でした。スペイン・ハプスブルク家と同じハプスブルクの血筋をひくマクシミリアンならば、メキシコ皇帝としての正統性があり、メキシコの保守派を納得させられるとフランスは考えたのです。

マクシミリアンは当初、フランスのナポレオン3世を信用しませんでした。マクシミリアンはフランスの傀儡になることもわかっていましたが、自ら死地に赴く覚悟をし、メキシコ皇帝になります。マクシミリアンは、世継ぎではないことに激しい不満をもっており、小国でも、またフランスの傀儡でも、一国一城の主になれることをよしとしたのです。

皇帝マクシミリアンの処刑

マクシミリアンは、進歩的な思想の持ち主でした。オーストリアが当時、自由主義者やハンガリーの独立運動家を弾圧しているのを批判しています。

『皇帝マクシミリアンの処刑』（エドゥアール・マネ画、1868年、マンハイム市立美術館蔵） この絵を見た文学者のゾラは、「マクシミリアンはフランスに殺された」と言った。

メキシコ皇帝になったマクシミリアンは、自由主義的な改革を行ないます。インディアンを農奴化する農地貸与制度を廃止するなどして、保守派有力者の怒りを買う一方、フアレスら自由主義者は君主制を否定していたため、マクシミリアンを支持しません。マクシミリアンは、孤立を深めていきます。

フアレスら自由主義者は１８６５年、南北戦争を終えたアメリカの支援を得て、マクシミリアンやフランス軍に対し、反乱を起こします。

メキシコ保守層から見放されていたマクシミリアン政権は、脆弱でした。また、フランスの隣国のプロイセンがビスマルクの指導のもと、勢力を拡大していたため、ナポレオン3世はマクシミリアンを裏切り、フランス軍をメキシコから撤退させはじめます。

1867年、マクシミリアンは反乱軍に捕えられます。フアレスは、個人的にマクシミリアンに好意を抱いていましたが、彼を処刑しました。

メキシコは共和国に戻りますが、フアレスの自由主義路線はメキシコを混乱させるばかりでした。フアレスの死後、軍人のポルフィリオ・ディアスが1876年、クーデターを起こし、独裁体制を敷きます。

ブラジル皇帝は奴隷制を廃止した

ブラジルも「帝国」でした。ブラジルは16世紀以来、ポルトガルの植民地でした。スペインがナポレオンに侵略されると、1808年、ポルトガル王族（ブラガンサ家）はブラジルに逃れました。王が滞在していたブラジルは、ポルトガル本国と対等な「王国」に昇格されます。

ナポレオンが失脚した後、1821年、ジョアン6世はポルトガルのリスボンに帰還しました。ジョアン6世はポルトガル国王とブラジル国王を兼位し、王太子ドン・ペドロをブラジル摂政として、現地で統治にあたらせました。

ジョアン6世はブラジルに対し重税を課して圧力を強めたため、現地の地主保守層（ポルトガル人の入植者）が反発しました。王太子ドン・ペドロは野心家で、地主保守層と組んでポルトガル本国に対抗します。ドン・ペドロは１８２２年、独立を宣言し、ブラジル帝国（ブラガンサ朝）とし、自ら皇帝に即位します。

ブラジル皇帝ドン・ペドロ（ジョン・シンプサンの作品の模写、1935年、サン・パウロ州立ピナコテッカ美術館蔵）「私の血の色は黒人と同じ色である」と述べ、白人優位主義を否定し、また王侯貴族の血統主義も嫌った。

ドン・ペドロが王ではなく、皇帝を名乗ったのは、同年5月にメキシコ皇帝を名乗ったアグスティン1世に影響を受けた可能性があります。ドン・ペドロは、同年10月に即位しています。また、広大なブラジル諸地域を統治する君主は「皇帝」がふさわしいとも考えたようです。いずれにしても、皇帝を名乗る充分な名分はありませんでした。

ドン・ペドロは進歩的な考えを

もっており、奴隷制廃止などの諸改革を行なおうとして、地主保守層と対立しました。

１８２６年にポルトガル本国で父王ジョアン６世が死去し、ドン・ペドロはポルトガルの王位継承権を主張しましたが、本国の保守派はドン・ペドロの継承権を認めず、ドン・ペドロの弟を新国王に擁立しました。ドン・ペドロは弟や保守派と争います。

ドン・ペドロはブラジルでも孤立していき、１８３１年、ブラジル皇帝位を長男のペドロ２世に譲位しました。ペドロ２世の治世は、58年間続きます。ペドロ２世も父と同じく、進歩的な考えをもち、１８８８年、奴隷制廃止を断行しました。これに怒った地主保守層が軍部と組み、翌年、クーデターを起こします。ペドロ２世は廃位され、ポルトガルに亡命、ブラガンサ朝ブラジル帝国は崩壊しました。

以後、ブラジルは共和国となります。混乱期が続き、１９３０年代にヴァルガス大統領が独裁体制を敷き、政情を安定させました。

ワシントンは王になることを固辞した

アメリカは１７７５年、独立戦争で、イギリス本国の支配を排除しました。当時のイギリス国王ジョージ3世は、アメリカを手放さざるを得なかったことを死ぬまで悔やみ続けたといいます。

アメリカ建国にかかわった人々は王制のイギリス支配を打倒したため、王制を嫌悪していました。そのため、大統領制を選択します。

独立戦争の指導者ワシントンが初代大統領に選ばれました。当初、ワシントンを国王に据えようとする軍部の動きもありましたが、ワシントンがこれを拒否し、王制がアメリカ建国の精神に反するものであると主張しています。

ワシントンは人々の話によく耳を傾け、共和主義者として質素に振る舞い、ヨーロッパの王族を真似るようなことはしませんでした。「閣下」という敬称で呼ばれることを嫌ったため、「ミスター・プレジデント」という呼称が定着します。

ワシントンは人の話をよく聞きながらも、決断力と行動力がありました。ワシントンの名声は高まり、大統領職2期目を周囲から要請されます。ワシントンはこれを断りますが、最後は要請に従います。3期目を要請されたときには、断固として拒否しました。そのため、大統領職は2期までという慣習がつくられました。

この慣例を破ったのが、フランクリン・ルーズヴェルト大統領です。第2次世界大戦中を理由に、4選しました。ルーズヴェルトは1945年に病死しますが、彼のような厚顔無恥な人間は病死しなければ、5選6選ということもあり得たでしょう。

1951年、アメリカ合衆国憲法修正第22条によって、正式に大統領は2期までと定められました。

◆カナダの王はエリザベス女王

カナダは立憲君主制の国家であり、国王がいます。カナダの国王はイギリス国王エリザベス2世です。

カナダは、もともとイギリスの植民地でした。南北戦争後、アメリカ合衆国の力が強まり、合衆国がカナダを併合する可能性が高まりました。イギリスはカナダを懐柔するため、1867年、自治権を与えて半独立させます。1931年、カナダの完全独立を認めます。

独立後も、カナダはイギリスと緩やかな連合関係を維持します（イギリス連邦に所属）。その連合関係の証しとして、共通の国家元首（イギリス王）を戴こうという規定がウェストミンスター憲章で定められました。この規定により、今日でもカナダはイギリス王を名目上の君主としているのです。

オーストラリアもカナダと同じく、イギリスとの連合関係を有し、イギリス王を共通の国家元首としています。オーストラリアも、かつてイギリスの植民地でしたが、1942年に独立を認められました。

しかし、その後、オーストラリアでは独立国家としてイギリス王を国家元首にしているのはおかしいとする世論が巻き起こり、1999年、共和制への移行を問う国民投票が実施されました。共和制移行に反対する票が過半数を超え、共和制は実現しませんでした。

カナダやオーストラリアの他に、ニュージーランド、パプアニューギニア、ソロモン諸島、ツバルなど、また前述のカリブ国家9か国（325ページ図25-1参照）を合わせ、計16か国（イギリスを含む）がイギリス王を共通の国家元首としています。

名目上の君主とはいえ、エリザベス女王がこれら16か国の国家儀式や公式行事の主催者となることもあり、儀礼的な国事行為や祝電の送付など、少なからぬ公務を担っています。

おわりに

「○○人は信用できない」

われわれはよく、こんな言い方をします。国がデタラメであれば、国民もデタラメ。国民がデタラメであれば、国もデタラメ。「○○人」のレベルは彼らの国のレベルと比例しています。「○○人」について、彼らの王（皇帝）の歴史を見れば、彼らが自分たちの国に、どのように向き合ってきたかがわかります。王（皇帝）は国そのものであるからです。王室（帝室・皇室を含む）の歴史はそれにかかわった人々とその子孫たちの本性、そして彼らの社会の実態を映し出します。

王（皇帝）が辿《たど》った歴史はその国の、また、その国民の「履歴書」です。この「履歴書」はウソをつきません。この「履歴書」によって、「○○人は信用できない」あるいは「できる」と判断することには、合理性があります。

では、日本の「履歴書」についてはどうでしょうか。日本人は皇室を敬い、今日まで一貫して、皇室とともに国の歴史を歩んできました。とくに、本書のなかでも、強調して論じたとおり、日本は「正統主義（レジティミズムlegitimism）」を貫きました。

天皇の存在があったからこそ、日本は近代化に成功し、欧米列強とも肩を並べる存在になりました。明治維新の時代の日本人は天皇を頂点とする立憲君主制とともに、絶妙な政治バランスで諸改革に取り組みました。われわれはその偉大な功績を再認識しなければなりません。

世界各国の多くの王室は悲惨な終わり方をしています。国民や外敵に追放されたり、処刑されたりしました。世界の王朝が頻繁に変わるなかで、日本の皇室だけが万世一系を維持し、天皇は今日、世界に唯一残る「皇帝（emperor）」となっています。その存在は「世界史の奇跡」といえます。

このような日本の皇室の歴史を世界の王室のそれと比べてみれば、日本という国の歴史がいかにまともなものであったかが、はっきりとわかります。われわれ日本人はまともな国の国民として、過去にそうであったように、これからも、まともな道を歩んでいかねばなりません。

われわれは中国人や韓国人と同じアジア人で、見た目は似ています。しかし、われわれが彼らと何が決定的に違うのかといえば、それは「歴史の歩み方」です。悲惨な歴史を背負った民族、栄光の歴史を背負った民族、過去を誰にも変えることはできません。そして、われわれは現在、そのような壮大な歴史の文脈のなかに生かされています。

私は43歳を超えましたが、私をはじめ多くの人がこの歳になると、周囲の人々に対し、「この人には、国の意識というものがあるかどうか」ということが、さりげなく気になるものです。「国家観」とか、そういう難しい高度なものではなく、「国の意識」という肌感覚のようなものです。

「国の意識」のない人間は自分の周りの小さな世界だけで思考が止まっています。国があっての自分の幸せです。国を尊重できない人はその国の社会や人も尊重できないでしょう。これは日本人であろうと外国人であろうと同じです。

私は大学卒業後、予備校講師となり、世界史を高校生や浪人生に教えてきました。2015年、自民党の公募に合格し、大阪府議会議員選挙に出馬するために、予備校を退職しました。選挙には落選しました。落選後、何か仕事をして生計を立てなければならず、執筆業をはじめることにし、今日にいたります。長年、教育の現場にいた私が非常に危惧していることは、日本の歴史教育が質量ともに貧弱過ぎるということです。

学校現場には、歴史に対する思考力や洞察力を充分に養成する場も時間もほとんどありません。そして、何よりも恐ろしいのは、現場の多くの歴史教師の能力があまりに低劣であるという事実です。教師自身が歴史の意味や内実をほとんど理解せず、教科書をなぞっているだけ。

日本の歴史教育はそれで許されてしまうのです。歪んだ「国の意識」を植え付けるため、ウソやデタラメを教える教師も少なくありません。

日本には、素晴らしい歴史があります。それが世界の歴史と比較して、どういう意味をもっているのか。そういう、根源的かつ巨視的な視点での歴史教育など、微塵《みじん》もありません。まともな歴史教育なくして、いったいどうやって、筋の通った次の世代の日本人を育てることができるのでしょうか。

私はこれではいけない、何とかしなければならないとの思いで、日々、執筆を続けております。

最後に、この本を手にとっていただきました読者の皆様に、心から御礼を申し上げます。

2018年11月

宇山卓栄

参考文献

愛新覚羅浩『流転の王妃の昭和史』（中公文庫）２０１２年
愛新覚羅溥儀（著）、小野忍（翻訳）『わが半生―「満州国」皇帝の自伝』〈上・下〉（筑摩叢書）１９７７年
青山和夫『古代メソアメリカ文明――マヤ・テオティワカン・アステカ』（講談社選書メチエ）２００７年
浅見雅男、岩井克己『皇室１５０年史』（ちくま新書）２０１５年
足立啓二『専制国家史論』（ちくま学芸文庫）２０１８年
池内恵『サイクス＝ピコ協定　百年の呪縛』（新潮選書）２０１６年
石井知章『Ｋ・Ａ・ウィットフォーゲルの東洋的社会論』（社会評論社）２００８年
石川博樹『ソロモン朝エチオピア王国の興亡―オロモ進出後の王国史の再検討』（山川出版）２００９年
岩佐淳士『王室と不敬罪　プミポン国王とタイの混迷』（文春新書）２０１８年
梅棹忠夫『文明の生態史観』（中公文庫）１９９８年
江村洋『ハプスブルク家』（講談社現代新書）１９９０年
大垣貴志郎『物語メキシコの歴史―太陽の国の英傑たち』（中公新書）２００８年
岡田英弘『モンゴル帝国から大清帝国へ』（藤原書店）２０１０年
岡田英弘『チンギス・ハーンとその子孫もうひとつのモンゴル通史』（ビジネス社）２０１５年
小田部雄次『李方子　一韓国人として悔いなく』（ミネルヴァ書房）２００７年
加藤康男『禁城の虜　ラストエンペラー私生活秘聞』（幻冬舎）２０１４年
時事通信社（編集）『世界王室最新マップ』（新潮ＯＨ！文庫）２００１年
新城道彦『朝鮮王公族―帝国日本の準皇族』（中公新書）２０１５年
鈴木董『オスマン帝国　イスラム世界の「柔らかい専制」』（講談社現代新書）１９９２年
竹中亨『ヴィルヘルム２世－ドイツ帝国と命運を共にした「国民皇帝」』（中公新書）２０１８年
深町英夫『孫文――近代化の岐路』（岩波新書）２０１６年

藤崎一雄『ビルマのラストエンペラー　ティーボー王とスーペャ・ラ王妃』（創英社／三省堂書店）２０１８年
古田拓也『ロバート・フィルマーの政治思想――ロックが否定した王権神授説』（岩波書店）２０１８年
本馬恭子『徳恵姫　李氏朝鮮最後の王女』（葦書房）１９９８年
本村凌二（監修）、造事務所（編集）『30の「王」からよむ世界史』（日経ビジネス人文庫）２０１８年
八幡和郎『世界の王室うんちく大全』（平凡社新書）２０１３年
李方子『流れのままに』（啓佑社）１９８４年
ダロン・アセモグル（著）、ジェイムズ・A・ロビンソン（著）、鬼澤忍（翻訳）『国家はなぜ衰退するのか　権力・繁栄・貧困の起源』〈上・下〉（早川書房）２０１３年
アンドリュー・ウィートクロフツ（著）、瀬原義生（翻訳）『ハプスブルク家の皇帝たち―帝国の体現者』（文理閣）２００９年
C・ヴェロニカ・ウェッジウッド（著）、瀬原義生（翻訳）『イギリス・ピューリタン革命―王の戦争』（文理閣）２０１５年
C・ヴェロニカ・ウェッジウッド（著）、瀬原義生（翻訳）『オラニエ公ウィレム―オランダ独立の父』（文理閣）２００８年
エルンスト・カッシーラー（著）、宮田光雄（翻訳）『国家の神話』（講談社学術文庫）２０１８年
ギド・クノップ（著）、平井吉夫（翻訳）『世界王室物語―素顔のロイヤル・ファミリー』（悠書館）２００８年
パトリス・ゲニフェイ（著）、神田順子（翻訳）、谷口きみ子（翻訳）『王たちの最期の日々』〈上・下〉（原書房）２０１８年
パトリス・ゲニフェイ（著）、ティエリー・ランツ（著）、鳥取絹子（翻訳）『帝国の最期の日々』〈上・下〉（原書房）２０１８年
カール・シュミット（著）、田中浩（翻訳）、原田武雄（翻訳）『独裁―近代主権論の起源からプロレタリア階級闘争まで』（未来社）１９９１年
アレクシス・ド・トクヴィル（著）、小山勉（翻訳）『旧体制と大革命』（ちくま学芸文庫）１９９８年
エドマンド・バーク（著）、佐藤健志（翻訳）『フランス革命の省察―「保守主義の父」かく語りき』（ＰＨＰ研究所）２０１１年
ケイト・ハバード（著）、橋本光彦（翻訳）『ヴィクトリア女王の王室：側近と使用人が語る大英帝国の象徴の真実』（原書房）２０１４年
ジョナサン・ハリス（著）、井上浩一（翻訳）『ビザンツ帝国　生存戦略の一千年』（白水社）２０１８年
ジャン=クリストフ・ビュイッソン（著）、ジャン・セヴィリア（著）、神田順子（翻訳）、土居佳代子（翻訳）『王妃たちの最期の日々』〈上・下〉（原書房）２０１７年

ニーアル・ファーガソン（著）、山本文史（翻訳）『大英帝国の歴史上‐膨張への軌跡』（中央公論新社）2018年
デイヴィッド・フロムキン（著）、平野勇夫（翻訳）、椋田直子（翻訳）、畑長年（翻訳）『平和を破滅させた和平―中東問題の始まり（1914‐1922）』〈上・下〉（紀伊國屋書店）2004年
ビョルン・ベルゲ（著）、角敦子（翻訳）『世界から消えた50の国 1840‐1975年』（原書房）2018年
ニッコロ・マキァヴェッリ（著）、河島英昭（翻訳）『君主論』（岩波文庫）1998年
ニッコロ・マキァヴェッリ（著）、永井三明（翻訳）『ディスコルシ ローマ史論』（ちくま学芸文庫）2011年
ウィリアム・H・マクニール（著）、増田義郎（翻訳）、佐々木昭夫（翻訳）『世界史』〈上・下〉（中公文庫）2008年
アンガス・マディソン（著）、政治経済研究所（翻訳）『世界経済史概観 紀元1年～2030年』（岩波書店）2015年
ドミニク・リーベン（著）、袴田茂樹（監修）、松井秀和（翻訳）『帝国の興亡〈上〉―グローバルにみたパワーと帝国』（日本経済新聞社）2002年
ドミニク・リーベン（著）、袴田茂樹（監修）、松井秀和（翻訳）『帝国の興亡〈下〉―ロシア帝国とそのライバル』（日本経済新聞社）2002年
ユージン・ローガン（著）、白須英子（翻訳）『アラブ500年史：オスマン帝国支配から「アラブ革命」まで』〈上・下〉（白水社）2013年
ユージン・ローガン（著）、白須英子（翻訳）『オスマン帝国の崩壊：中東における第一次世界大戦』（白水社）2017年
フランシス・ロビンソン（著）、小名康之（監修）『ムガル皇帝歴代誌』（創元社）2009年

宇山卓栄（うやま　たくえい）
1975年、大阪生まれ。慶應義塾大学経済学部卒業。代々木ゼミナール世界史科講師を務め、著作家。テレビ、ラジオ、雑誌など各メディアで、時事問題を歴史の視点でわかりやすく解説。おもな著書に、『世界一おもしろい世界史の授業』（KADOKAWA）、『世界史は99％、経済でつくられる』『朝鮮属国史—中国が支配した2000年』（以上、扶桑社）、『「民族」で読み解く世界史』（日本実業出版社）などがある。

教養《きょうよう》として知《し》っておきたい
「王室《おうしつ》」で読《よ》み解《と》く世界史《せかいし》

2018年12月20日　初版発行

著　者　宇山卓栄
発行者　吉田啓二

発行所　株式会社日本実業出版社　東京都新宿区市谷本村町3−29 〒162-0845
大阪市北区西天満6−8−1 〒530-0047
編集部　☎03-3268-5651
営業部　☎03-3268-5161　振　替　00170−1−25349
https://www.njg.co.jp/

印刷／厚徳社　製本／共栄社

この本の内容についてのお問合せは、書面かFAX（03−3268−0832）にてお願い致します。
落丁・乱丁本は、送料小社負担にて、お取り替え致します。

ISBN 978-4-534-05657-3　Printed in JAPAN